HR
赋能
书系

HUMAN
RESOURCE

HR赋能
招聘入职法律风险
预防与处理指南

周晓明　刘诗瑾　郑孟孟 / 编著

法律出版社
LAW PRESS·CHINA
——北京——

图书在版编目(CIP)数据

HR 赋能：招聘入职法律风险预防与处理指南 / 周晓明，刘诗瑾，郑孟孟编著. -- 北京：法律出版社，2023

ISBN 978-7-5197-6995-6

Ⅰ. ①H… Ⅱ. ①周… ②刘… ③郑… Ⅲ. ①劳动争议－处理－中国－指南 Ⅳ. ①D922.591-62

中国版本图书馆 CIP 数据核字(2022)第 151471 号

HR 赋能：招聘入职法律风险预防与处理指南
HR FUNENG：ZHAOPIN RUZHI FALÜ FENGXIAN YUFANG YU CHULI ZHINAN

周晓明　刘诗瑾　郑孟孟　编著

策划编辑 朱海波
责任编辑 朱海波
　　　　 李　军
装帧设计 臧晓飞

出版发行 法律出版社
编辑统筹 法律应用出版分社
责任校对 邢艳萍
责任印制 刘晓伟
经　　销 新华书店

开本 710 毫米×1000 毫米 1/16
印张 19　　字数 310 千
版本 2023 年 6 月第 1 版
印次 2023 年 6 月第 1 次印刷
印刷 固安华明印业有限公司

地址：北京市丰台区莲花池西里 7 号(100073)
网址：www.lawpress.com.cn
投稿邮箱：info@lawpress.com.cn
举报盗版邮箱：jbwq@lawpress.com.cn

销售电话：010-83938349
客服电话：010-83938350
咨询电话：010-63939796

书号：ISBN 978-7-5197-6995-6　　定价：75.00 元

凡购买本社图书，如有印装错误，我社负责退换。电话：010-83938349

前　言

我自2008年开始从事律师工作,迄今已经有十余年历史。我的律师执业领域主要是企业常年法律顾问工作。十余年来,我们团队累计服务了数十家中大型企业,这些企业的员工加起来有数万人之多,劳动纠纷问题的解答和处理便成为我们提供服务的主要内容。企业与我们外部律师对接的主要人员就是HR,我们对他们的需求和担心最为清楚,我们的工作很大程度上其实是帮助HR应对各种劳资纠纷的状况,这也是我们写作这三本书的初衷。

我们见过许多企业因为对劳动法的不够重视而遭受损失的事情:比如2008年劳动合同法颁布不久的时候,某公司整个设计部门的人都没有签劳动合同,被判赔一百多万未签订劳动合同的双倍工资;比如有公司在劳动者到达退休年龄后返聘,但是未给劳动者购买社会保险,劳动者上班途中发生车祸身故,公司被判赔近百万元;比如有的公司入职审查不够细心,未及时发现冒用他人身份证件入职的劳动者,后该劳动者因工死亡,公司被判承担工伤赔偿责任;比如有的公司在劳动合同到期后,未及时与劳动者续签合同,导致被判赔未续签劳动合同的双倍工资。凡此种种,都是深刻的教训。

这些都是原本可以避免的法律风险,这些事务的处理都是HR的工作,因此,我们希望撰写一本劳动法书籍,面向HR群体,帮助他们更为深刻地理解劳动法,减少工作中的困惑,使他们能够为用人单位避免相关的法律风险。两年前,法律出版社的朱海波编辑给我提到了这三本书的构思,我觉得非常好,便欣然应允,接下了这个任务。如今这三本书终于得以面世,首先应该感谢他。

我们将整个内容分为三本书,分别对应劳动者"入职""在职"和"离职"问题,争取把这个领域的主题全部囊括进来:

在"入职篇",我们分为三章,总共写了24个主题。这些主题包括招聘管理、招聘广告、招聘面试、就业歧视、录用条件、入职通知书的设计、如实告知义务、禁止担保和收取费用,还包括入职申请表、入职审查、劳动关系的建立、劳动合同的订立、劳动合同无效、集体劳动合同、试用期、岗位说明书、入职欺诈，以及劳务派遣招聘、非全日制用工、业务外包、外国人就业、招录在校学生、招录离退休人员、非法用工等问题。这些问题是用人单位在招聘和入职过程中经常面对的问题，是企业用工开始的时候，如果能够得到规范的处理，许多风险都可以防范于未然。

在“在职篇”，我们分为七章，总共写了 27 个主题，林林总总，在内容上颇具规模，是三本书中篇幅最长的。该篇包括劳动合同管理、劳动合同中止、无固定期限劳动合同、劳动合同变更这些劳动合同管理问题，也包括规章制度、员工奖惩、绩效考核、薪酬与工资、工作时间、加班与加班费、休假、带薪年休假、医疗期与病假、考勤管理、保密义务、培训与服务期、竞业限制这些员工管理问题，还包括社会保险、工伤、职业病、女职工保护、未成年人保护、残疾人保护、劳务派遣、业务外包、工会、股权激励这些问题。这些问题是劳动者在岗期间用人单位会经常碰到的问题，因为在职的时间是一个较长的过程，HR 难免会碰到上述形形色色的状况，对这些知识的全面掌握，是良好的劳动关系管理的基础所在。

在“离职篇”，我们分为四章，总共写了 17 个主题，包括试用期劳动合同的解除、协商解除劳动合同、劳动者单方解除劳动合同、用人单位解除劳动合同、经济性裁员、劳动合同终止、离职程序、劳动者退休、经济补偿金、赔偿金、违约金这些离职问题，也包括劳动争议协商程序、劳动争议调解程序、劳动争议仲裁程序、劳动争议诉讼程序、劳动争议的证据、劳动争议的执行这些争议解决问题。这些问题是劳资双方解除劳动合同关系的过程中需要面对的问题，HR 要是处理不当，仍然会给用人单位带来较大的法律风险。

在每一个主题的讲解中，我们力求简单明晰，通俗易懂。我们通常会分为七个部分来完成：第一部分是实务精讲，讲解这一主题涉及的相关法律知识；第二部分是案例说法，结合案例来说明这一主题所存在的法律风险；第三部分是风险应对，内容是告诉 HR 如何应对这一主题常见的法律风险；第四部分是操作指引，则是更为清楚地告诉 HR 应该如何处理具体的事务；第五部分是疑难解答，该部分是以问答的方式解答本主题较为疑难的问题，减少 HR 在操作中的困惑；第六部分是法条链接，在这一部分我们会将本主题常用的法律规定汇总于此，便于 HR 检索和引用；第七部分是文书工具，我们会将本主题常用的文书列明于此，放在每本书的最后部分，HR 们可以方便地参考并使用。

我们希望通过对用工过程中的劳动法知识的系统性编写，使公司HR及对劳动法实务感兴趣的人能够较为全面地掌握这一领域的知识。至少会有一个工具书，能够为他们的工作提供一些帮助。这三本书篇幅较大，涉及劳动关系管理的方方面面，我们的水平有限，疏漏之处在所而免，希望各位读者包涵。

周晓明

2023年1月于广州

目　录 CONTENTS

第三章 多元化用工

文书工具附录

第一章

招聘与录用

第一节 招聘管理

实务精讲

一、招聘的概念及作用

招聘是人力资源管理的重点内容，主要是指用人主体为引进人才，满足其用工需求，通过信息传播载体向目标群体发布招聘信息，并选择合适候选人的活动，通俗来讲，就是招人活动。

从传统意义上讲，招聘活动可以理解为，由用人主体，载体、对象构成。招聘中的用人主体通常是企业、其他组织，但个人、国家机关也能成为招聘的用人主体（此处的用人主体不能等同于《劳动合同法》中的用人单位）。因此，从招聘主体上可以分为政府招聘、企业招聘、个人招聘等。招聘活动中的信息传播载体包含广告宣传单、报纸、广播、电视、互联网等，现今社会最常被使用的招聘渠道是专门的招聘网站或微信公众号等通信软件。招聘活动中的对象一般就是指符合标准的候选人。从现代意义上讲，招聘除上述构成元素外，还可能包含用人主体和用人单位之间的中间方，如政府的就业机构、第三方招聘咨询公司（如猎头、劳务中介等）和招聘专家顾问等。

如果说招聘活动可以用关键词概况，那么应该是以下几个关键词：灵活、创新、快捷、多元、反馈、支持。灵活指的是招聘环节的衡量标准不应过于死板，应当具有一定的应变性。创新是指招聘活动不仅应当推陈出新，同时还要与众不同，以此提升招聘信息对求职者的吸引力，从而达到用人主体择选优秀候选人的目的。快捷是招聘效率应当快速。如合适的求职者面试通过后是快速向其发出录用通知，还是等待观望以期待更好的求职者，如果持续观望，可能后来的面试者也不如前者优秀，但是前者可能在用人主体观望期间接受了其他公司的录用通知，最终用人主体错失良机。多元是指招聘方案的设置不要过分拘泥于某一标准，盲目筛选，而是尽可能多地包含更多可能性，减轻因某一标准对应聘者的无意识的偏见。反馈是及时修正或继续保持招聘活动进行的重要环节，帮助用人主体评估招聘活动产生的正负影响。

招聘活动的进行需要公司高层的支持，比如，是否施行某一招聘方案以及最终是否决定录用某一候选人都离不开高层。

招聘的主要作用有以下几点：(1)满足用工需求。这是招聘最根本的作用，所有的招聘活动都是建立在引进人才的目的的基础之上。(2)增强活力。如果企业员工从不变动，员工在固定的工作环境之下久而久之就会产生懈怠，这时招聘新的员工进来，给工作环境注入新鲜血液，增加更多可能性。(3)满足企业发展需求，完善公司架构。公司成长得越快，其用工需求越多元。刚刚成立的小公司员工可能一人身兼数职，但是随着企业的发展，就需要逐步扩展财务人员、行政人员、法务人员等，企业架构也通过招聘逐步完善。(4)提升企业竞争力。招聘不仅可以完善公司架构，还可以引进更多高素质人才，这些人才就是企业的核心竞争力。(5)扩大企业品牌影响力。招聘可以是一项长期系统的工作，通过招聘来扩大企业品牌在求职者中的影响力，让更多的人了解公司。

二、招聘的原则

招聘的主要目的是用最有效率的方式招聘到最优秀的候选人，因此一次完美的招聘必须遵守一些原则。

1. 计划性原则

进行招聘工作时，原则上以事先拟定的招聘计划进行，不应随意变更计划，尽量控制招聘活动的可预测性。

2. 平等原则

所有应聘者都有权平等参与，在同等条件下均有权被录用，应避免人为制造的歧视。如求职者不因民族、年龄、种族、性别、宗教信仰不同而受歧视。

3. 遵守国家法律法规

招聘时，最根本的底线是不能违法，一切招聘活动都必须遵守国家的法律，严禁触碰法律底线。比如，严禁招聘童工从事危重工作、发布虚假招聘信息。

4. 竞争原则

竞争原则要求招聘过程中要设置一定的考核机制，通过考核对求职的优劣进行甄选，从而得到最优秀的人才。在实践中，企业在招聘过程中常常会设置笔试、面试两个环节，避免有些考官只注重在面试过程中的主观感受匆忙作出决定。

5. 职能匹配原则

招聘过程中要考虑拟招聘的人与招聘岗位的契合度，有时候优秀的人也不一定是最合适的。如果所录取的员工非常优秀，但眼高手低，缺乏工作热情，不认可公司文化，这样的员工对公司的来说可能并不是最好的选择。

6. 全面原则

录用前应对求职者德、智、体等各方面因素进行综合考核。公司录用员工，不仅需要员工的工作能力，还包含其与人交流沟通能力，同时其身体素质也是员工入职前应当着重考察的（尤其是在有职业病危害因素的企业）。全面考核人才的原则对职业倾向、个性倾向、认知力等多方面的考察项目都有涉及。

三、招聘管理制度的重要性

为保证企业的稳健发展，招聘到高质量员工是关键所在。其中，招聘管理制度不可或缺。招聘管理制度直接影响用人单位人力的构成，是对人力资源进行管理、培训等工作的重要前提，也是企业人力资源管理工作中的一项基础工作。招聘到符合企业发展的高素质人才，不仅可以给企业发展带来新的管理思想，促进企业发展进步，同时，招聘广告本身也利于扩大企业在市场的影响力，提高外界了解企业的可能性。

完善招聘制度，科学、合理地制定招聘工作中的具体流程，利于企业更加全面和精确地洞悉员工求职的动机和目标，从而有利于挑选出符合企业发展目标的应聘者，利于企业招聘和保留更多优秀的人才，减少因员工不适应工作岗位而离职给用人单位导致的损失。最近几年，企业员工离职越来越普遍、越来越快速，导致企业招聘工作更加频繁。因此，为解决人才不断流失，甚至人才短缺的问题，建立科学的、健全的、完善的招聘管理制度，对企业来说是刻不容缓的。

因此，完备的招聘管理制度不仅影响是否可以招聘到高素质员工，还可以帮助企业更高效地找到最合适的员工，利于企业拥有合理的人才结构和储备。

四、招聘管理制度的内容

一般而言，招聘管理制度的内容主要包括基本招聘管理制度和进阶招聘管理制度。

（一）基本招聘管理制度

基本招聘管理制度通常包含如下内容。

1. 招聘原则。招聘原则是对招聘制度起到普遍约束力的原则，主要用于规范用人单位招聘行为，是用人单位在招聘工作的总体方针。

2. 招聘计划制度。招聘计划制度主要是针对公司招聘需求拟定的一系列规划，主要包括用人单位年度人力资源的规划、招聘需求及招聘优先顺序等内容。

3. 招聘职责。招聘职责主要是指，在招聘过程中参与招聘的各主体的职权划分，具体而言就是明确用人单位高层、招聘专员的职责、职权。

4. 招聘渠道的管理。招聘渠道多少可能直接影响公司是否能找到理想的员工，而对招聘渠道的管理主要涉及对派遣公司、猎头、中介及网站的管理行为进行规范，包括引进新的招聘渠道、选择招聘渠道等内容。

5. 招聘流程。招聘流程主要是对启动招聘、组织面试、发布招聘广告、进行简历筛选等行为进行规定。

6. 试用期管理。试用期不仅是公司和员工互相考察的重要期间，还是公司培养员工适应公司文化和公司管理制度的重要时期。试用期管理的主要目的是促进新人快速融入团队，主要内容包括试用期间的约定、试用期的考核标准及考核、试用期的培训、上岗的流程、转正流程等。

（二）进阶招聘管理制度

与基本招聘管理制度不同，进阶招聘管理制度是为解决招聘过程中用人单位可能遇到的一些实际问题而制定的相关制度，主要包括招聘与面试制度、甄选录用制度、面试指导细则、内部员工推荐制度、内部招聘制度、新员工入职及培训制度等。

1. 招聘与面试制度。招聘与面试制度的目的是促进公司快速发展，为公司招聘到适合人才，而且应以该制度来处理与员工应聘相关的面试事宜。

2. 甄选录用制度。甄选录用制度通常是指公司现有的人员经过内部调整，仍不能满足经营管理和发展需求时，用人单位以公开招聘方式为公司引进人才时应依据的制度。

3. 面试指导细则。面试指导细则是为更有效地进行面试工作，有效选出公司发展所需人才而制定的规则。

4. 内部员工推荐制度。内部员工推荐制度适用于以下情形：需要猎头招聘并且可以公开招聘的职位；冷门职位，技术较偏职位、行业内较少职位、对资源和背景有特殊要求的职位；批量招聘职位，如电话销售、客服、软件工程师等数量要求比较多的岗位,公司总是希望员工将同学和朋友介绍进来,加快招聘速度;公司中高管,老板的朋友圈优秀的人较多,如果能让老板在内部推荐工作中发挥重要作用,积极参与内推工作,也能帮助用人单位在更短的时间内招到更优秀的员工,但是内推并非用人单位优先考虑的招聘措施,大部分用人单位为避免产生任人唯亲等问题,基本对内部员工推荐人员持反对态度的。近些年,由于国内环境的变化,用人单位为招到合适的员工,也逐渐接受了将内部员工推荐人才制度作为拓宽人才招聘渠道的途径。

5. 内部招聘制度。内部招聘对用人单位来讲是一件利大于弊的事情:第一,内部招聘有助于提高员工工作的积极性,为员工职业发展指明道路,这样不仅有利于留住人才,还能使员工整体素质更优秀;第二,内部招聘省下了向外发布招聘信息,筛选简历的流程,有利于促进招聘效率的提高;第三,老员工对公司的制度与文化更为熟悉,能以最快的速度适应岗位;第四,有利于提高公司内部绩效,内部人才调剂利于促进部门之间的合作。

6. 新员工入职及培训制度。新员工入职与培训制度主要目的在于提高用人单位对新员工的培训与管理效率。新员工入职与培训制度主要包括入职流程、制度和新员工入职培训制度两方面内容。

操作指引

一、招聘管理的流程

招聘管理的具体流程如下:

1. 发布招聘信息阶段。(1)要拟定招聘信息,首先需要确定招聘需求,所以该阶段第一步应当是在企业内部初步统计企业的招聘需求。(2)商议招聘计划。一般来说,企业高层不一定完全会按照招聘需求进行招聘,这就需要在招聘需求的基础上进行相应调整。对招聘需求进一步细化和调整,这也就是确定招聘计划。招聘计划通常会确定招聘岗位、人数、岗位要求和薪资等。其中岗位要求的设计应当科学合理,符合企业需要,若岗位要求设置得过于局限可能导致符合要求的应聘者寥寥无几,设置得过于宽泛又可能导致应聘者过多,增加简历筛选的工作量。(3)拟定招聘信息文案。招聘信息文案的优劣直接会影响公司能否在短时间内吸引较多优秀的求职者。招聘信息文案不仅要包含招聘的基本信息,如公司名称、应聘岗位、工作时间及岗位要求等,还应包括一些能体现竞争力的信息,如五百强企业、上市公司、包食宿、公司团建,公司工作环境好的还可以附上公司图片等。(4)选择招聘信息发布渠道。招聘渠道的选择直接决定能否吸引众多优秀的求职者。招聘渠道少,不受人关注,则可能导致企业长期无法找到合适的求职者。目前常见的招聘信息发布渠道有专门的招聘网站,如58同城、前程无忧、智联招聘等。此外,现在还有专门的求职公众号,这类公众号的粉丝都是求职者,如果可以选定此类微信公众号发布招聘信息,也能获得较多求职者的关注。

2. 人员筛选。人员筛选环节是整个招聘流程中较为重要的环节,这个环节也可以分为简历筛选、笔试筛选、面试筛选、部门主管筛选。(1)简历筛选是最基础的筛选,HR直接用简历内容(或求职者填写的应聘人员登记表)对比招聘岗位要求,将不符合岗位要求的人员直接淘汰。(2)笔试筛选并不一定必然存在于每个招聘中,通常存在于某些专业技术岗位,企业通过笔试来考察应聘者的技能水平,专业知识水平。(3)面试筛选是招聘中最常见的筛选方式,考官通过求职者在面试过程中的表现,进行判断面试者是否为合适的候选人。(4)部门主管筛选是求职者被录用前的最后一道关卡。部门主管往往根据求职者的简历、笔试、面试的综合表现进行评定,并选出最终最合适企业的优秀人才。

3. 录用。录用也可以再细分为三步:录用通知、确定薪酬、办理入职手续并签订相应协议书。(1)确定录用后和告知薪酬一般是同步进行的,企业会对通过考核的求职者发出录用通知,并告知其薪酬状况、工作时间、工作要求等内容。(2)办理入职手续并签订协议。若求职者接受录用,则双方进一步沟通入职的后续事宜。其中包括为入职者办理入职手续,入职者与企业签订劳动合同或试用协议等。

二、制定内部员工推荐制度的注意事项

内部员工推荐应做到以下几点:第一,内部员工推荐制度中严格限制HR员工和用人部门经理职权,明确限制具有招聘职能员工不能通过内部推荐制度招聘其所推荐的人员;第二,设定完善的公平招聘规则,禁止推荐人直接招聘被推荐人,避免在招聘过程中出现任人唯亲等不公平现象;第三,设定内部推荐奖励政策,应对向企业成功推荐人才的推荐者给予适当奖励。

内部员工推荐案例:某互联网公司内部员工推荐

某互联网公司为发展公司业务,需要招聘一名移动端开发总监,在当地市场上适合此招聘要求的人才较少,而公司已接到订单,希望快速招到人。于是HR在把职位开放给猎头的同时做了一个非常吸引人的内部推荐悬赏海报。在邮件发出去第二天,人力资源部便收到了销售部同事推荐的一份简历,较为匹配。HR做完电话沟通,整理好候选人相关信息,随简历一起递交总经理。总经理当天就通知安排面试,面试过程非常顺利。HR原本针对这个职位已做好挑战准备,没想到不到一周就顺利完成了。

候选人渠道来源:HR从销售同事口中得知,候选人是他以前项目合作公司的技术骨干,在合作的过程中,发现候选人能带领团队较高质量地完成项目交付,故结下了很好的合作友谊!

三、制定内部招聘制度的注意事项

内部招聘时应注意以下几点:第一,公平、公正性。招聘制度及流程应当公开透明,同时也应避免内部员工以内部推荐的形式将不符合招聘要求的人员招入公司。第二,激励性。适用内部推荐时,可根据内部员工的平常表现,工作能力等执行相应的招聘政策,尽量避免太过严苛的招聘标准,激发内部员工的积极性。第三,明确内部招聘的适用范围。在招聘制度设立之初,就应当明确哪些岗位可以适用内部推荐,哪些岗位不适用,以此来降低滥竽充数的风险。

用人单位可遵循以下几个程序,进行内部提拔:

首先,要发布工作公告。把用人单位职位空缺的信息通过适当方式传达给企业内的所有员工。该信息主要包括职位名称、该职位上司姓名、所属部门、工作内容的简单描述、薪资等级、技能评定的方法、工作场所、资格要求及对候选人选拔的方法等。

其次,查阅人事记录以发现合适的候选人。招聘人员可审阅以往人事记录或利用申请表而重新建立新的人事记录。通过审查人事记录,可发现哪些候选人从事的工作低于他们具有的知识水平及能力水平,也可通过这种方式,发掘哪些候选人是具有发展潜力的;[①]同时,也可发现哪些员工现已具备担任空缺职位能力和背景。

---

① 参见胡八一:《这样激励最有效——员工激励十大方法》,北京大学出版社2011年版,第1页。

最后,要建立人才技能库。用人单位可对全部员工所具有的工作技能进行统计,并做好相应登记进行存档。假如日后用人单位需要寻找具备某个技能的员工,可直接查找人才技能库进行匹配合适员工。

四、制定新员工入职及培训制度的注意事项

新员工入职及培训应注意以下几点:第一,新员工入职流程制度的主要内容应为入职必需文件、入职手续办理、入职审查、员工入职体检员工档案建立等几个方面;第二,新员工培训制度应包括新人需要培训内容、采取何种方式培训、培训时长为多久、培训的具体要求以及培训的考试方法等内容。①

五、如何制作招聘计划书

招聘计划书是指用人单位在招聘活动正式启动前,对拟招聘员工的数量、岗位及岗位要求、招聘流程作出事先安排的一种文书。此种文书通常是先由用人单位人事管理部门向主管领导提出的,而后经过主管领导审批通过形成的最终同时也会以招聘信息或招聘广告的形式向社会公布。招聘计划书的公开不仅是吸引广大求职者,也是为了便于应聘人员了解用人单位的应聘要求并根据其自身能力和意愿进行求职,提高求职者和企业需求的契合度。因此,一份完善的招聘计划书不仅有助于企业对招聘的各个环节把控,招聘主管部门按照招聘计划行事,还有利于应聘人员按照招聘计划书中的相应要求进行准备,提高招聘效率。

招聘计划书的主要内容包括拟聘用的岗位、岗位要求、福利待遇、工作地点、简历投递方式、招聘流程和招聘组织等。

1. 对拟聘的岗位和岗位要求应作出充分的说明,便于应聘人员自查是否符合招聘条件以及自主选择是否应聘,尤其是岗位要求应当尽量详细具体,如有的岗位要求高学历人才,有些技术岗要求具备一定专业资格证书、有些岗位要求具备外语能力等。若不详细列明,可能浪费企业和求职者双方的时间。

2. 福利待遇、工作地点、简历的投递方式等基本信息也应做相应说明。一般来说,企业在招聘过程中只会公布较为抽象的福利待遇水平,以及大致的薪资范畴,如

---

① 参见张苏宁主编:《老 HR 教你轻松做招聘——实操案例版》,中国铁道出版社 2017 年版,第 15 ~ 16 页。

购买五险一金、××岗销售专员薪资待遇5k～8k等。工作地点也最好明确列明，防止面试通过后因工作地点远近问题导致求职者放弃入职。简历的投递方式一般写在招聘计划书最后，便于求职者阅读完招聘信息后进行简历投递。

3. 招聘流程和招聘组织。招聘计划书的内容是一般是向社会公布的，但是招聘流程和招聘组织一般不会在第一时间告知求职者。招聘流程一般是求职者投递简历并被人事部门通知进入下一轮考核之后才被告知的。招聘流程一般是指笔试、面试以及录取的环节的具体情况。招聘组织则是指参与招聘工作及招聘考核工作的部门和具体负责人以及相互之间在招聘活动中职责的划分。

文书工具

《招聘管理制度》【见书尾文书，文书编号：NO. 01】

《招聘管理实施细则》【见书尾文书，文书编号：NO. 02】

《招聘计划书》【见书尾文书，文书编号：NO. 03】

第二节　招聘广告

实务精讲

一、招聘广告的功能

用人单位为吸引优秀、适合的人才前来应聘，通常会通过向社会大众发布招聘广告的方式让潜在的应聘者了解相关招聘信息。与录用条件不同，招聘广告不是确定录用应聘者唯一的条件，招聘广告不用详细列明应聘者应具备的某些具体条件。在内容方面，招聘广告只是对招聘条件的宏观概括，其主要内容包括用人单位基本情况、招聘岗位基本要求以及应聘者需要具备的条件，如学历、工作经历等条件。

招聘广告与劳动合同也存在根本差异。在实务中，部分用人单位和应聘者可能不清楚招聘广告的法律性质，如果招聘广告的内容与劳动合同不一致，用人单位是否需承担法律责任这一问题上尚无统一的理解或看法，所以，有必要对招聘广告与劳动合同进行区分。招聘广告与劳动合同的主要区别表现在以下几个方面：在参与主体上，招聘广告是用人单位主动发布的，是用人单位一方的行为，而劳动合同是用人单位与劳动者协商一致后达成的协议，劳动合同是用人单位与劳动者双方的行为；在性质上，招聘广告是要约邀请，其面向的是不特定多数社会公众，其一般不具有法律约束力，但劳动合同生效后，则对用人单位与劳动者具有约束力，因为劳动合同是用人单位和应聘成功的劳动者通过协商达成的一致协议。①

二、招聘广告的内容

《就业服务与就业管理规定》第 11 条第 2 款规定，招用人员简章应当包括用人单位基本情况、招用人数、工作内容、招录条件、劳动报酬、福利待遇、社会保险等内容，以及法律、法规规定的其他内容。《北京市关于加强人才招聘广告管理的通知》第 3 条规定，招聘广告应如实公布拟聘用人员的数量、岗位、条件和待遇等相关信息。《广东省劳动厅、广东省工商行政管理局、中共广东省委宣传部关于加强招聘广告管理的通知》第 3 条规定，招聘广告内容应包括招聘工种、对象、人数、工资福利待遇等。根据以上规定，用人单位招聘广告主要包括以下几方面内容：拟招聘的对象即岗位或者职位，招聘人数、工作内容、应聘者条件、招聘程序、待遇等。

三、招聘广告的禁止事项

（一）招聘广告禁止就业歧视

每个招聘岗位的岗位要求都存在一定差异，用人单位通常会根据不同的工作岗位设定不同的基本条件，并直接在招聘广告中予以体现。但是招聘广告也应符合下列法律规定，否则某些岗位要求可能被认为就业歧视。《就业服务与就业管理规定》第 4 条规定，劳动者依法享有平等就业的权利。劳动者就业，不因民族、种族、性别、宗教信仰等不同而受歧视；《就业促进法》第 27 条第 1 款规定国家保障妇女享有与男子平等的劳动权利，第 28 条规定各民族劳动者享有平等的劳动权利。用人单位招用人员，应当依法对少数民族劳动者给予适当照顾；《北京市关于加强人才招聘广

① 参见肖胜方主编：《劳动合同法下的人力资源管理流程再造》，中国法制出版社 2016 年版，第 7 页。

告管理的通知》第6条第1款规定，招聘广告不能以民族、宗教信仰为由拒绝聘用或者提高聘用标准；第2款规定，除国家规定的不适合妇女工作的岗位外，招聘广告不能以性别为由拒绝招聘妇女或者提高对妇女的招聘条件。

实务中，不少用人单位往往忽视上述法律规定，也忽视了就业歧视这一问题，无论是否为招聘岗位所必需，在招聘广告中随意限定应聘人员的条件，抬高劳动者就业的门槛，结果可能产生各种各样的就业歧视。[①] 因此，招聘员工时，用人单位的招聘广告中应规避涉及就业歧视的信息，防止就业歧视这一问题。

（二）招聘广告禁止虚假信息

虽然招聘广告要能吸引潜在应聘者的眼球，起到激发求职者积极应聘的作用，在法律层面招聘广告是要约邀请，招聘单位一般不用承担相关法律责任，但用人单位应充分考量单位的形象和公信力，在招聘广告中用人单位不应为追求轰动效应而进行夸大其词的宣传，其内容也不应脱离现实发布虚假信息，进行虚假宣传。

而且，根据《就业服务与就业管理规定》第14条和第67条的规定，用人单位招用人员不得提供虚假招聘信息，发布虚假招聘广告。用人单位违反规定的后果：由劳动保障行政部门责令改正，并可处以1000元以下罚款；对当事人造成损害的，应当承担赔偿责任；《北京市关于加强人才招聘广告管理的通知》第9条规定，用人单位、广告经营者、广告发布者发布虚假或者其他违反《广告法》规定的人才招聘广告，由工商行政管理部门依照《广告法》的有关规定予以处罚；《广东省劳动厅、广东省工商行政管理局、中共广东省委宣传部关于加强招聘广告管理的通知》第7条规定，严禁发布虚假、失效招聘广告（信息），不得抄袭他人的招聘广告。实践中也存在一些涉及虚假宣传被告上法庭的例子，如某公司为了提升企业的知名度，在招聘广告中打出“年薪50万招聘全国市场销售部经理”的广告语，但公司又难以兑现此工资标准，结果导致公司被拖进诉讼泥潭，同时又对公司形象造成损害，得不偿失。

因此，用人单位发布招聘广告，应保证发布的招聘信息真实、有效，否则，用人单位会因发布不实招聘信息而受到相应处罚或承担相应法律责任。

---

① 参见肖胜方主编：《劳动合同法下的人力资源管理流程再造》，中国法制出版社2016年版，第8页。

案例说法

案例1：招聘广告中的就业歧视

2016年7月，大学刚毕业不久的孙某梅在招聘网上找寻心仪的工作，当看到一家心仪的公司在招聘自己能胜任的岗位时，她毫不犹豫地投递出了自己的简历，然而在投递出去后才发现，这家公司招聘信息除基本条件外，还附加了个"只限男性"。

当看到这家公司的附带条件时，孙某梅很委屈，明明自己各方面条件都十分吻合，如果因为性别问题而被排除在外，她实在不能接受，咨询了大学的辅导老师后，孙某梅了解到用人单位在招聘信息上添加性别歧视内容的行为，属于招聘广告涉嫌就业歧视。于是劳动监察大队就接到了孙某梅的投诉，表示有一家公司在招聘网站上发布带有性别歧视的招聘信息，她要求劳动监察大队对该公司的违法行为进行查处，并赔偿她的损失。

劳动监察大队收到孙某梅的投诉后，依法对这家公司的招聘信息进行了核实，经确认，这家公司在招聘信息中写明"仅限男性"的条件，确实存在就业歧视的情况。根据《劳动法》第13条、第85条，《就业促进法》第27条以及《劳动保障监察条例》第18条的规定，劳动监察大队向该公司送达了限期改正通知书，要求这家公司在3日内删除招聘信息中带有性别歧视的相关信息，并且不得以性别限制为由拒绝招聘女性或者提高女性的录用标准。

案例2：由招聘启事引发的劳动争议

某餐饮公司在网站发布信息招聘厨师，写明了工作时间为10时至22时，两人一班轮流上班，加班有足额加班费。周某应聘入职，1年后认为该公司实际上班时间为9时至24时，遂起诉公司要求支付加班费，并以拖欠加班费为由解除劳动关系，要求经济补偿金。

毫无疑问，周某获得了赔偿。虽然审理机关认为周某虽难以对加班进行举证，但根据公司招聘启事中的工作时间和公司未办理综合工时制备案的事实，推定了周某实际存在加班情况，因此支持了周某的诉求，要求该公司支付经济补偿金。

风险应对

一、风险点：就业歧视条款

招聘文案中出现就业歧视相关的聘用要求表述，或者招聘过程中负责招聘的工作人员出现就业歧视相关的表达，都有可能给用人单位带来被起诉或追究责任的法律风险。平等就业作为被宪法保护的公民权利，应当得到用人单位的重视。

【HR 防范策略】

《就业服务与就业管理规定》第 20 条规定，用人单位发布的招用人员简章或招聘广告，不得包含歧视性内容。这些歧视性内容具体为劳动者的民族、种族、性别、宗教信仰、户籍以及其他歧视性内容。法律赋予劳动者平等就业权是宪法确定公民平等权的具体体现，采取区别对待、排斥或者其他任何违反平等权的条款都是侵害劳动者权利的行为。注意招聘广告不可出现歧视性内容，不要对性别、年龄、户籍、婚育等进行限制；用人单位不得以传染病病原携带者为由拒绝录用。

二、风险点：招聘启事显示的工作时间与实际出勤时间不一致

招聘启事中对工作时间作出了具体承诺，若双方此后未在劳动合同中进行相应变更，则实践中一般认为双方执行招聘启事中的有关工作时间的标准。若劳动者实际工作时间比招聘启事中注明的工作时间长，劳动者还可以主张加班工资，甚至以用人单位拖欠加班工资为由主张经济补偿金。

【HR 防范策略】

无论是对用人单位和还是对劳动者个人来说，招聘启事与实际出勤长期不一致，且没有相关证明或经济支付的情况，都可以持劳动者出勤考勤表、工资支付记录、倒休等其他相关记录（这些记录均需带有劳动者本人的签字确认），以此证明劳动者没有加班，加班已倒休，或者用人单位已支付了加班费用。

因此招聘启事要尽量避免硬性规定，如待遇要用区间形式表示，考勤、休假等管理制度均释为依照国家法律规定办理等，以防增加用人单位被诉的风险。若用人单位实行综合工时制，要按规定程序备案。例如，某公司招聘人事行政，工作时间写明 8:00 ~ 17:30，劳动合同也写明日工作时长 8 小时，但劳动者每日上班超过 8 小时，便可以收集以上证明要求用人单位支付加班费用，用人单位应引起高度重视。

操作指引 5

一、招聘广告的编写标准

一份好的招聘广告可以在短时间内吸引更多符合用人单位要求的求职者应聘，提高招聘的效率。因此如何写好一份招聘广告是用人单位需要格外重视的。招聘广告的编写标准主要包含两个方面的内容，即招聘广告的格式和内容，①下文详细展开讲解。

招聘广告的格式。无论是发布在招聘网站上的招聘广告，还是发布在微信公众号上或其他载体上的招聘广告，广告的字体和间距都因载体的不同而不同，因此没有完全统一的字体和字符间距。所以常说的招聘广告的格式主要指的是招聘广告的结构安排。招聘广告的结构一般由标题、正文、尾部组成。(1)招聘广告的标题。标题是最先被关注的内容，应该简明扼要，突出重点，能抓住人的眼球，并使得求职者感觉该信息“与我有关”。常见的招聘广告标题：××公司＋诚聘＋岗位；诚聘＋人才；你想成为国际项目工程师/×××师吗；××岗位！＋××大平台福利多＋20岗＋五险一金等。(2)正文。正文一般由企业简介、招聘职位与人数、招聘要求(招聘要求又包含学历要求、工作经验要求、专业要求、年龄要求等)、工资福利待遇。(3)尾部。尾部通常由投递简历方式，联系地址组成。

二、招聘广告的制作要领

招聘广告的好坏对应聘者的素质和企业竞争产生直接影响，但同时招聘广告也类似于向求职者推广的文案，因此在制作招聘广告时可以参考西方推销学中的“爱达”公式。“爱达”公式也称 AIDA 推销模式，是指一名成功的推销员，首先要把顾问的吸引力(A：attention)转移到其欲推销的产品之上，顾客对产品产生兴趣后(I：interest)才会产生购买欲望(D：desire)，然后才会进一步进行购买的行为(A：action)。

---

① 参见孙宗虎、王瑞永编著：《人力资源管理流程设计与工作标准》，人民邮电出版社 2012 年版，第 67 页。

招聘广告的制作要领也可以简要归纳为获得关注、产生兴趣、激起愿望、调动行为。(1)获得关注。招聘广告要想成功,第一步首先应获得求职者的关注,所以广告标题和内容都要有吸引力,能让人耳目一新。(2)产生兴趣。获得求职者的关注后还要进一步使其对招聘广告产生兴趣,所以招聘广告内容要针对求职者的普遍需求,并给出相应的答案,使求职者对招聘广告产生兴趣。(3)激起愿望。求职者产生兴趣后,需要进一步激起求职者的愿望,使其想要成为公司员工。(4)调动行为。这是最为关键的,招聘广告的终极目的就是要调动求职者投递简历或者参加应聘的行为。评价一个招聘广告成功与否,看应聘人数的多少就知道了。

法条链接

1.《就业促进法》

第二十七条 国家保障妇女享有与男子平等的劳动权利。

用人单位招用人员,除国家规定的不适合妇女的工种或者岗位外,不得以性别为由拒绝录用妇女或者提高对妇女的录用标准。

用人单位录用女职工,不得在劳动合同中规定限制女职工结婚、生育的内容。

第二十八条 各民族劳动者享有平等的劳动权利。

用人单位招用人员,应当依法对少数民族劳动者给予适当照顾。

2.《就业服务与就业管理规定》

第四条 劳动者依法享有平等就业的权利。劳动者就业,不因民族、种族、性别、宗教信仰等不同而受歧视。

第十一条 用人单位委托公共就业服务机构或职业中介机构招用人员,或者参加招聘洽谈会时,应当提供招用人员简章,并出示营业执照(副本)或者有关部门批准其设立的文件、经办人的身份证件和受用人单位委托的证明。

招用人员简章应当包括用人单位基本情况、招用人数、工作内容、招录条件、劳动报酬、福利待遇、社会保险等内容,以及法律、法规规定的其他内容。

第十四条 用人单位招用人员不得有下列行为:

(一)提供虚假招聘信息,发布虚假招聘广告;

(二)扣押被录用人员的居民身份证和其他证件;

（三）以担保或者其他名义向劳动者收取财物；

（四）招用未满16周岁的未成年人以及国家法律、行政法规规定不得招用的其他人员；

（五）招用无合法身份证件的人员；

（六）以招用人员为名牟取不正当利益或进行其他违法活动。

第六十七条 用人单位违反本规定第十四条第（二）、（三）项规定的，按照劳动合同法第八十四条的规定予以处罚；用人单位违反第十四条第（四）项规定的，按照国家禁止使用童工和其他有关法律、法规的规定予以处罚。用人单位违反第十四条第（一）、（五）、（六）项规定的，由劳动保障行政部门责令改正，并可处以一千元以下的罚款；对当事人造成损害的，应当承担赔偿责任。

3.《北京市关于加强人才招聘广告管理的通知》

三、用人单位公开发布人才招聘广告，应出具有关部门批准其设立的有效证明文件或营业执照以及其他相关证明文件，如实公布拟聘用人员的数量、岗位、条件和待遇等相关信息。

六、发布人才招聘广告不得有下列情形：

（一）以民族、宗教信仰为由拒绝聘用或提高聘用标准；

（二）除国家规定的不适合妇女工作的岗位外，以性别为由拒绝招聘妇女或提高对妇女的招聘条件；

（三）侵犯其他单位及求职应聘人员的合法权益或以不正当手段招聘人才；

（四）以人才招聘为名谋取不正当利益，以各种名义向求职应聘人员收取费用，要求求职应聘人员以其财产、证件做抵押；

（五）未经应聘人员同意，擅自发布、泄露求职应聘人员的资料和信息，擅自使用求职应聘人员的技术、智力成果。

九、用人单位、广告经营者、广告发布者发布虚假或其他违反《广告法》规定的人才招聘广告，由工商行政管理部门依照《广告法》的有关规定予以处罚。

4.《广东省劳动厅、广东省工商行政管理局、中共广东省委宣传部关于加强招聘广告管理的通知》

三、《招聘广告证明》的广告词须符合广告法规和劳动法规的有关规定，内容包括招聘工种、对象、人数、年龄、性别、工资福利待遇等。广告内容一经劳动部门核准，不得随意更改，且必须在广告中如实发布。《招聘广告证明》有效期为一个月。

七、社会职业介绍机构发布招聘广告或信息，须有用人单位的委托书，要与用人单位及时沟通招聘情况，已完成招聘的，不得继续发布。收费项目要公开标价，自觉接受物价部门和群众的监督。严禁发布虚假、失效招聘广告（信息），不得抄袭他人的招聘广告。

文书工具

《公司招聘广告》【见书尾文书，文书编号：NO. 04】

第三节 招聘面试

实务精讲

一、招聘面试的作用

招聘面试是在特定场景下用人单位经精心设计，考官通过面对面观察应聘者，全面检验应聘者知识、能力和经验等的一种考试活动。通过面试环节，招聘单位和应聘者能够进行双向交流，互相了解，帮助双方作出是否聘用决定或是否接受聘用的决定。招聘面试主要目的有以下几个：第一，了解应聘者的求职积极性与工作期望；第二，考察应聘者的仪表、性格、知识、能力、经验等方面；第三，获取笔试考核中难以获得的有关应聘者的相关信息。

二、招聘面试的分类

面试分类的方式较多，一般而言有以下几种分类方式：①

1. 按照面试主体数量可以分为个人面试、小组面试、无领导小组面试。(1)个人

① 参见张苏宁主编：《老 HR 教你轻松做招聘——实操案例版》，中国铁道出版社 2017 年版，第 73～74 页。

面试,即只有一个面试者对一个面试官或同时对多个面试官的面试。(2)小组面试是多个候选人同时参与某个面试。(3)无领导小组面试。这种面试通常会给面试者一个可供讨论的主题,然后面试者分为正反两组进行讨论或者不分组直接进行自由讨论。在这种面试中,面试者可以选择是否主导发言走向和对发言进行归纳总结分析。这种面试有个特点,考官不再发问,而是作为旁听者,对候选人的发言行为进行记录评价并最终选择优秀的候选人。

2. 按照面试的技术可以分为情景面试、压力面试。(1)情景面试。情景面试突破了常规面试中主考官和应试者"一问一答"的模式,旨在通过情景模拟让候选人进入设定的角色和特定环境中,并考察候选人在设定的环境下行为表现。这种面试方式灵活多样,所展现的是应试者的全面才华,更有利于主考官对应试者的素质作出更全面、更深入、更准确的评价。(2)压力面试。压力面试是穿插在其他面试中的一种面试,不是一种单独的面试,这种面试主要是通过考官咄咄逼人式发问,给应试者造成压力,考察应试者抗压能力的一种面试。

3. 按照面试的形式可以分为面对面面试、电话面试、视频面试等。(1)面对面面试。面对面面试是最传统的面试形式,是面试者与考官面对面交流的一种面试方式。(2)电话面试。电话面试是指考官与面试者通过在电话中进行沟通交流,考官考察面试者是否符合公司要求的一种面试形式。(3)视频面试。视频面试俗称线上面试,是面试者和考官通过视频连线的方式进行面试的一种考核方式。

4. 其他分类方式。除上文提及的分类方式外,还可以按照面试的进程分为初试、复试、笔试。

三、常见的招聘面试形式

不同的面试形式考察应试者不同的能力。实践中,用人单位常常会对不同岗位的不同应试者采用不同的面试形式,甚至在不同的面试阶段,交叉使用多种面试形式,以达到公司选录人才的目的。

1. 无领导小组。上文已经对无领导小组面试进行了简单介绍,现在详细阐述这种面试形式。根据是否确定应试者的角色,无领导小组面试可以分为定角色无领导小组面试和不定角色无领导小组面试。无领导小组面试通常由 5 ~ 10 名应试者组成,各候选人平等讨论给定的特定问题,考官根据应试者的表现情况,判断应试者的人际交往能力、性格,尤其是应试者的分析能力、组织能力、领导能力、表达和沟通能力等。对一些综合性较强的岗位,用人单位往往采用这一种面试形式。这种面试形式的优势在于由应试者自行发挥,并与其他应试者的其他特质互相作用在一起,发生奇妙的碰撞,可以帮助考官了解应试者更为真实的性格和能力。但是,对一些专业性要求高的技术岗,可能采用笔试测验应试者的能力更为合适。

2. 笔试。笔试是一种常见的传统面试方式,是指用人单位采用书面形式让候选人回答一定问题,以此考察候选人的专业知识能力。笔试的优点是根据候选人的回答判断其专业能力,相对较为公平,而且考官进行评判的标准也较为统一,评估工作容易开展。但是这种面试形式也有一定的缺点,过于局限,缺乏灵活性,考试题目不可能覆盖全部内容,也过于机械,不利于考察候选人是否具有灵活的应变能力和其他方面的能力。

3. 电话视频面试。相较于传统面试形式,电话视频面试只是改变了进行面试的媒介工具,这种面试使用了电话或视频连线进行非现场面试。电话视频面试更为经济快捷,开展起来也更为方便,不受空间约束。但是,由于其是借助设备连线,故对设备及双面网络要求高,必须同时在持有设备并在网络通畅条件下才可进行,否则可能造成不便。此外,电话面试还无法观察双方的肢体语言以及应试者的精神面貌,无法让考官有个更为全面的判断。

4. 答辩和演讲。答辩和演讲都是以回答问题为主的一种面试形式,考官会事先准备一些开放性题目,考生随机抽取并就抽中的题目即兴回答,考官再根据考生的回答进行追问或质疑,双方来回辩驳。答辩和演讲的优点:有利于考察应试者的应变能力、心理素质和实际工作能力,也有利于考官进行评分。但也存在不足:考试所抽取的题目并不相同,而且题目缺乏针对性,可能导致不公平的现象产生。

案例说法

案例1:用人单位招聘面试标准不明确,导致招聘到的劳动者不适合企业发展要求[①]

兴途公司是一家新建的中小型日用品生产和销售企业,由于市场销量好,业务

---

① 参见肖胜方主编:《人力资源管理流程再造》,中国法制出版社2011年版。

量大幅增加，但因物流运转的不顺畅和物流成本的增加，公司迫切需要一位优秀的物流管理人才。一次偶然的机会，人力资源部门经理了解到王某有多家大型企业的物流管理经验且业绩突出，在业内享有盛名，是个不可多得的优秀物流管理人才，便以丰厚薪酬吸引其前来公司应聘。公司老总求贤若渴，简化面试程序，通过交谈发现王某的业务能力很强，便当即拍板，聘任王某为物流部经理。但1个月后，王某便提出辞呈，不想在公司继续做下去了，原因主要在于：一方面，王某善于创新和打破常规，而其直接上司保守稳重，双方经常意见不合而冲突不断，王某和公司同事相处也不愉快，萌生孤独感；另一方面，由于公司是一家新建企业，各项制度尚不健全，管理流程也较为混乱，束缚了王某的发展，王某空有一身能力却无从施展。

由案情可知，兴途公司对人才的选用并没有明确的标准，仅仅注重劳动者的业务素质，而忽视了对劳动者个人素质的综合考虑，忽视了劳动者的个人预期与公司提供的平台是否吻合。上述案例给人力资源管理部门的提示：选人不在于应聘者是否为本行业最优秀的人才，而在于其是否用人单位可以聘用的合适人才，因此用人单位选才要因地制宜，结合本单位的发展前景、企业文化、岗位需求等确定招聘面试的录用标准；用人单位在招聘人员时要做好充分的准备，从多方面考察和综合评价应聘者，不能急于求成或只关注应聘者的业务能力，而忽视团队精神、合作能力、协调能力、领导能力等其他方面的综合考量。

案例2：招聘考核时发生工伤，用人单位负赔偿责任①

卢女士在交行北京分行职工餐厅面试考核时，被和面机绞断右前臂，但由于对银行给付的工资、护理费等数额不满，卢女士将银行诉至法院。北京市西城区人民法院一审要求交行北京分行支付近5000元护理费。

2006年5月18日，卢女士到交行北京分行下属亚运村支行的职工餐厅工作，双方既未签订劳动合同，也未就工资标准进行约定。第二天，卢女士参加了面试考核，在使用和面机时绞断了右前臂，后被劳动部门认定为工伤三级，安装了14万余元的特殊假肢，卢女士为此患上了抑郁症。由于双方没有约定工资标准，因此单位事发后按北京市最低工资标准支付工资并缴纳社会保险。卢女士认为，虽然她没有与单位约定工资，但应该按单位每月8000余元的平均工资标准享受医疗期间的工资。

① 案例来源：2008年2月25日北京晚报。

此外,她还请求法院判令单位支付其护理费、精神损害赔偿金、假肢费用等近155万元。

对卢女士的要求,银行认为,卢女士是临时招用的午餐炊事员,又是在面试时出现的工伤,情况特殊,谈不上约定工资等问题。卢女士要求享受平均工资不能成立。银行还提出反诉,要求卢女士返还银行为其垫付的医疗费余额7500余元。

法院认为,卢女士在工作期间发生工伤事故,单位应按照相关规定支付其核定伤残等级之前所发生的工资、医疗费、护理费等相关费用。卢女士受伤后没有再工作,因此单位给予最低工资标准并无不妥。此外,法院认为假肢费用应从工伤保险基金中支出,而且精神赔偿金于法无据,因此均未支持。最终,法院要求交行北京分行支付近5000元的护理费,同时要求卢女士返还银行垫付的医药费余额7500余元。

风险应对

一、风险点:简历处理不当所造成的隐私权侵权

用人单位在招聘面试中的风险主要为对应聘者的简历处理不当,侵犯应聘者的隐私权,进而因隐私管理工作不当引发信任危机。同时,若将应聘者个人信息非法向第三方泄露或公开,用人单位会面临承担相应法律责任的风险。

应聘者无论是否能被录用,都要准备、递交自己的求职简历,这些简历往往会涉及许多个人隐私内容,如姓名、住址、个人照片、联系电话、身份证号、工作经历等。从法律上讲,简历是应聘者的私人物品,如果招聘广告中没有声明"概不退还",其所有权应该归应聘者所有。如果HR粗心大意,没有引起足够的重视,可能会泄露应聘者的个人信息,从而侵犯他们的隐私权,触犯法律。

负责招聘的HR是用人单位的代表,享有知情权,即对应聘者的个人情况信息进行了解的权利。作为应聘者,具有自己的人格尊严和工作隐私权,即享有对个人信息资料进行支配的权利。因此,法律确认企业对应聘者相关个人信息的知情权,乃为维护企业在经营隐私管理工作方面的正当权益之所需。个人信息的披露和相关决策应该由其自己来决定,而不是受其他人控制。同样,在用人单位与劳动者所形成的互动关系中,应该给劳动者留下必要的隐私空间,否则,很容易导致以下几个

方面的后果[1]:第一,劳动者对用人单位的忠诚度下降;第二,劳动者的安全感将会缺失,而这将削减员工的自觉性和能动性;第三,容易导致劳动者的报复性行为,给用人单位带来不必要的损失;第四,会影响用人单位内部的正常人际关系。在一个团体中,没有个体隐私,在团队内部也无法形成正常的人际关系。

【HR 防范策略】

用人单位在招聘面试过程中,HR 应重视以下几点内容,以此来规避招聘面试过程中侵犯应聘者隐私权的风险。

第一,隐私管理工作过程公开[2]。公开对隐私工作管理的过程和结果的处理方法,既体现了对应聘者的尊重,也在一定程度上规避了由于侵犯隐私而被起诉的法律风险。例如,在招聘广告中,尽量写清楚简历所需要的内容,不需要的则不要求应聘者必须提供。面试时如果要录像,则必须征得应聘者的同意;面试结束后,简历是存档还是予以销毁,都应有明确的规定。

第二,收集的内容必须与工作相关。用人单位 HR 了解应聘者隐私时,必须把握与工作需要相关的原则。对应聘者个人信息资料的收集和保存的范围也应当限制在与企业经营管理工作有直接关系,从而为雇佣关系所必需的资料范围内。与企业经营管理工作有一定关系,但并非雇佣关系所必需的信息资料,如婚姻状况等,应当在事先得到应聘者同意或者书面通知应聘者且不表示反对的情况下,方能收集和保存。宗教信仰、家庭生活等与企业经营管理工作无关,纯属应聘者私人领域的信息资料,HR 则无权了解和收集。

第三,遵守保密性原则。除非获得司法授权或法律部门另有规定,否则不能将收集的个人信息向任何第三方泄露或公开。HR 应采取相应的安全措施加以保护与保密。例如,体检报告,许多人都觉得体检报告被用人单位"窥视",侵犯了个人隐私权。虽然体检报告属于个人的隐私,应该受到保护,但是否侵犯了劳动者的隐私权,关键在于体检报告的公开范围。若单位在接到体检报告后,不正当扩大了体检结果的知晓范围,造成了对当事人隐私的不正当扩散,使不特定的多数人知晓了当事人的隐私,用人单位应当承担一定的侵权责任。

---

① 参见叶盛、岳文赫主编:《人力资源开发与管理》,清华大学出版社 2012 年版。

② 参见脚注①。

二、风险点：用人单位未对应聘者做背景调查

招聘过程中 HR 应当做好充分的背景调查，不充分的背景调查可能给后续用工带来隐患，造成自身损失。例如，劳动者应聘时还有竞业限制方面的约束，然而 HR 不曾主动询问调查过这方面的信息内容，纵使劳动者可能存在隐瞒、欺诈的可能性，用人单位可以此根据劳动合同相关内容进行追责，但事已至此，已经切实给用人单位用工造成了不便与风险。

【HR 防范策略】

劳动者的主体资格是劳动法规定的公民成为劳动者应当具备的条件，包括劳动权利能力和劳动行为能力。劳动权利能力一般是指年满 18 周岁的成年或部分体艺行业年满 16 周岁满足并一定条件才具有参与劳动权利的资格。劳动行为能力主要是能够以自己的行为参与劳动享受劳动权利和承担劳动义务的能力。因此，用人单位在招聘过程中要对招聘人员的年龄、体力、智力、行为自由等方面进行筛选，避免违法用工；当招用高级人才或特定技能的劳动者时，要重视对其所负的相关保密义务、竞业限制进行了解调查，避免潜在用工法律风险。

为避免违法用工，用人单位可根据应聘者提供的原工作经历信息，做适当的背景调查。尤其是针对重要岗位，可以请专业机构对应聘者进行背景调查；用人单位可以通过学信网等官方网站验证应聘者学历、学位的真伪；录用员工时应当注意核实员工与原单位解除/终止劳动关系的情况，并要求员工提供终止、解除劳动合同通知书或离职证明，必要时可查看员工以往的社保缴费情况（以确保原用人单位已做“中断”处理）、档案存放情况等，以规避劳动用工法律风险；对高管、技术岗位等特殊岗位需确认应聘者与原单位是否存在竞业限制。

另外，用人单位要注意核实拟录用的企业高层管理人员、高科技人才是否与其他企业签有保密协议、竞业限制协议，录用上述人员是否会影响上述协议的履行，是否会导致企业因此受到不必要的牵连。同时，用人单位也要考量员工提供的重要信息是否有侵犯他人商业秘密之嫌，建议用人单位请员工就此出具情况说明。面试工作分析、岗位测评做得越充分、越全面，招聘时的标准就越明确，对人才的把握就更准确。

三、风险点：招聘考核时应聘者的人身安全保障风险

招聘考核环节是招聘过程中必不可少的一环，用人单位在招聘考核环节也要做

好相应的安全防范措施，避免在此环节发生人身伤害事故。招聘考核环节，虽然双方是否会建立劳动关系尚处于不确定状态，若应试者受到人身损害事故，用人单位还是需要承担民事赔偿责任。一般用人单位面临两种可能的法律责任：工伤赔偿责任和侵权责任。司法实践中，在面试环节应试者遭受人身损害的，在这种特殊情形下，法院可能采用举证责任倒置，若用人单位不能证明劳动关系不存在，则法院可能推定劳动关系成立，从而判定用人单位承担工伤赔偿责任①。即使用人单位可以证明双方未建立劳动关系，仍有可能因其未尽到安全保障义务，而被要求承担民事赔偿责任。由此可见，用人单位在面试考核环节也要做好安全保障措施，防止应聘者受到人身损害。

【HR 防范策略】

用人单位可以采取以下措施防范面试考核环节中的用工风险：

考核开始前：(1)用人单位应公示完备的招聘流程，并公布公司通知应聘者录用的具体方式。(2)提前检查有关设备和操作环境的安全性，确保已进行安全检查，且检查结果无误。(3)提前准备安全告知书。(4)其他。如果是人身安全风险较大的行业，可以考虑提前购买商业保险。

考核过程中：(1)确保应试者佩戴了安全防护用具，而且现场也有专业人员进行安全保护。如建设工程项目的应聘者若进入施工场地面试，则应确保其佩戴了安全帽等防护用具。(2)用人单位应告知应聘者操作注意事项，提醒其注意安全，并要求其签收安全告知书。(3)考官应避免当场以口头的方式告知其已被录取。录取通知尽量采用书面、邮件等可留痕的方式。

操作指引

一、招聘面试的基本流程

(一)招聘前的准备工作

在招聘前，用人单位应做好以下准备工作，以便招聘工作的顺利进行，高效选出

① 北京市第一中级人民法院作出的(2017)京01民终9484号民事判决书采用这种观点。

用人单位需要的劳动者:根据定期的人力资源分析表,查看各部门是否有编制内的岗位空缺;当用人部门出现招聘需求时,查看招聘岗位是否与分析岗位相吻合;在没有岗位变化时,用人部门需提供岗位工作说明书,以明确招聘候选人的条件;人力部门结合岗位职责,组织架构,对岗位说明书进行评估,查看该岗位现有工作是否较以前发生了改变。用人单位可以结合前任主要工作内容,周边同事对该岗位的工作评价进行工作梳理;如有工作内容和技能的变化,重新界定工作职责;准确描述岗位职责,确定工作需要的必备技能,细化工作中的难点;决定招聘的方式并实施。

(二)招聘中筛选简历

用人单位做好招聘前的准备工作之后,第二步就是要在招聘中筛选简历,其具体内容如下:结合招聘前对岗位的分析,设定最低筛选简历的要求;筛选简历的过程中,结合简历筛选技巧,对基本符合条件的简历进行评估;对简历进行分类,基本类、优先考虑类。

(三)邀请及面试

用人单位招聘面试的第三步就是邀请应试者进行面试。用人单位邀请应试者进行面试,应包括以下几方面的内容:结合简历的分类,优先选择候选人的面试;制订面试计划,并详细记录邀请人、应邀人、面试人的分析登记;电话通知面试地点、时间、注意事项,并掌握邀约技巧;进行初试,初试前准备好面试的问题、注意事项等;面试过程中,结合面试问题、面试评估表等客观依据,进行综合评价;对面试候选人进行评估分析,确定复试人选;电话通知复试人的时间、地点、注意事项;结合复试结果进行评估,确定录取人。

二、招聘面试的方法

设计面试时,用人单位应明确以下几点:第一,明确选人标准和选人原则。对此,用人单位一般存在误区,认为单位招用的人才必须是应聘者中最优秀的人才,只看重应聘者某一具体方面的能力,不考虑单位自身发展所需人才,由此导致招用的劳动者其实并不符合用人单位发展需求。第二,根据岗位需求明确设计面试内容。一般来讲,面试内容需具有较强的针对性,涉及面试时应着重考察招聘岗位所需的能力，以此来确定岗位与面试者的匹配度。[①] 因此，用人单位可采取结构性面试，非结构性面试、情景面试、心理测试、小组面试等多种组合方式来综合考察应聘者，例如，通过小组面试来测试应聘者的领导能力、团队协作能力和逻辑思维能力，进而对应聘者是否符合应聘岗位要求作出客观评价。

三、用人单位面试相关注意事项[②]

1. 应聘者的资格审查。人力资源部门应当根据岗位要求对所有应聘者的资料的真实性进行审查，并进行相应的背景调查。其中应主要审核以下几个方面的材料：(1)身份证件的真实性。面试时应查验对方身份证是否真实，有无冒充他人身份，伪造身份证件以及是否成年等。(2)核查学历、学位证书的真实性，防止应聘者以虚假学历欺诈用人单位获取入职资格。(3)审查资格证书、专业技能证书的真实性，确保应聘者具备相应职业资格或职业技能。(4)核实应聘者工作经历的真实性。必要时可根据应聘者提供的原工作单位联系方式进行核实是否在职情况，防止应聘者伪造工作经历或公司误雇未离职员工，给公司带来不必要的纠纷。

2. 面试过程中注意事项。(1)合理选取面试环境。若选择公开场合进行面试，则不免给应聘者不安全的感觉，甚至让面试者不敢畅所欲言。若选择过于隐蔽的场所进行面试，也不免给面试者心理压力，甚至感觉公司不正规。所以选择面试地点、环境时应尽可能地营造出轻松、自然的氛围。(2)提前查看面试者的资料，了解面试者的基本情况，并根据面试者自身情况有所侧重地发问。(3)考官发言要尊重对方人格。(4)及时记录面试者的表现及面试结果。

3. 介绍公司时的注意事项。(1)对公司信息的介绍应准确、真实，不做过分夸大或虚假陈述。(2)应详细介绍公司文化和工作环境、工作氛围等。(3)尽量避免提及公司的敏感话题，如领导之间的不和传闻。(4)鼓励求职者提问，让求职者发表其自己的看法或者对公司的期望。

---

① 参见肖胜方主编：《劳动合同法下的人力资源管理流程再造》，中国法制出版社 2013 年版。

② 参见徐伟编著：《人力资源管理工具箱》(第 3 版)，中国铁道出版社 2019 年版，第 27 页。

法条链接

《民法典》

第一千零三十二条 自然人享有隐私权。任何组织或者个人不得以刺探、侵扰、泄露、公开等方式侵害他人的隐私权。

隐私是自然人的私人生活安宁和不愿为他人知晓的私密空间、私密活动、私密信息。

第一千零三十三条 除法律另有规定或者权利人明确同意外,任何组织或者个人不得实施下列行为:

(一)以电话、短信、即时通讯工具、电子邮件、传单等方式侵扰他人的私人生活安宁;

(二)进入、拍摄、窥视他人的住宅、宾馆房间等私密空间;

(三)拍摄、窥视、窃听、公开他人的私密活动;

(四)拍摄、窥视他人身体的私密部位;

(五)处理他人的私密信息;

(六)以其他方式侵害他人的隐私权。

第一千零三十四条 自然人的个人信息受法律保护。

个人信息是以电子或者其他方式记录的能够单独或者与其他信息结合识别特定自然人的各种信息,包括自然人的姓名、出生日期、身份证件号码、生物识别信息、住址、电话号码、电子邮箱、健康信息、行踪信息等。

个人信息中的私密信息,适用有关隐私权的规定;没定规定的,适用有关个人信息保护的规定。

文书工具

《招聘面试考核相关表单》【见书尾文书,文书编号:NO.05】

(具体包括面试录用标准、面试表格设计、面试问题设计)

第四节　就业歧视

实务精讲

一、就业歧视的概念

目前,我们主要从两个方面来界定就业歧视的概念:一是国际法文件中对就业歧视概念的界定,如有的学者在研究就业歧视问题时引用来自国际劳工组织下的定义。国际劳工大会 1958 年通过的《就业和职业歧视公约》(第 111 号公约)第 1 条中对就业歧视的完整定义如下:"为本公约目的,'歧视'一语指:第一,基于种族、肤色、性别、宗教、政治见解、民族血统或社会出身的任何区别、排斥或特惠,其效果为取消或损害就业或职业方面的机会平等或待遇平等;第二,有关成员在同雇主代表组织和工人代表组织——如果这种组织存在——以及其他有关机构磋商后可能确定其效果为取消或损害就业或职业方面的机会平等或待遇平等的其他区别、排斥或特惠。"二是基于法律实践,学者们对就业歧视的概念进行的概括总结。就业歧视就是指没有法律上的合法目的和原因而基于种族、肤色、宗教、政治见解、民族、社会出身、学习方式、性别、户籍、残障或身体健康状况、年龄、身高、语言等原因,采取区别对待、排斥或者给予优惠等任何违反平等权的措施侵害劳动者劳动权利的行为。

二、就业歧视的类型

就业歧视可分为观念歧视、行为歧视和制度歧视三类。

1. 观念歧视。人人在观念中都可能会对特定的人或者特定人群抱有某种偏见或者不适当的评价,这种纯粹观念性的歧视属于个人的思想自由的范畴。一个人私下认为或者表达他并不喜欢某类人是合法的,法律并不禁止。

2. 行为歧视。观念上的歧视一旦表达为某种歧视性行为,就可能进入法律的视野了。法律是一种行为规范,无论是积极歧视行为还是消极歧视行为,只要观念表达为某种可以客观表达的行为,这种歧视行为就可能要为法律所禁止。比如,公开在招聘启事上写明不要女性而又没有具体法律上的依据,或者公开声称不招用某个特定民族的成员等。有些行为歧视会表达为在工作场合骚扰女性、同性恋者，或对他们制造敌视环境，使他们的就业权不能完整地实现。

3. 制度歧视。制度歧视比对个体劳动者的行为歧视要隐蔽得多，它们更多的是公权机关进行政策制度时表达出来的对某个特定群体的排斥。比如，法律规定农村户口者不能报考公务员，或者只招收本地户口者等。制度性歧视更加隐蔽，但是对特定群体伤害更大，因为这是以公权也就是国家、全社会的名义，公开将某个特定群体予以差别化、劣势化，是一种更深地贬损群体人格尊严的方式，甚至会在全社会形成对特定群体的歧视文化。所以，制度性歧视，也是法律禁止的范畴。我国《宪法》《立法法》《行政诉讼法》都可以成为对抗和否定制度性歧视的政府行为及政策立法的重要依据。

三、就业歧视的表现形式和后果

（一）就业歧视的表现形式

就业歧视的表现形式主要包括性别、民族、种族、宗教信仰、残疾等歧视。《劳动法》第 13 条规定："在录用职工时，除国家规定的不适合妇女的工种或者岗位外，不得以性别为由拒绝录用妇女或者提高对妇女的录用标准。"《就业促进法》第 3 条第 2 款规定："劳动者就业，不因民族、种族、性别、宗教信仰等不同而受歧视"；第 30 条规定："用人单位招用人员，不得以是传染病病原携带者为由拒绝录用。"《残疾人保障法》第 38 条第 2 款规定："在职工的招用、转正、晋级、职称评定、劳动报酬、生活福利、休息休假、社会保险等方面，不得歧视残疾人。"

（二）就业歧视的后果

就业歧视可能会导致用人单位被就业者起诉，也可能会受到相应的行政处罚。《就业促进法》第 62 条规定："违反本法规定，实施就业歧视的，劳动者可以向人民法院提起诉讼。"《劳动法》第 105 条规定："违反本法规定侵害劳动者合法权益，其他法律、行政法规已规定处罚的，依照该法律、行政法规的规定处罚。"

案例说法

案例1:用人单位以年龄不符为由拒绝录用,被判支付精神损害抚慰金

陈某某,1958年9月18日出生,截至2015年11月已年满57周岁,持有效期限自2010年5月7日至2020年5月7日的驾驶证,准驾车型含A1。广州市某公司拟招聘大客车司机,其在2015年7月8日填报的《计划招聘需求表》中载明"岗位名称:大客车司机;岗位职责:驾驶营运客车或公交车;学历:不限;专业:不限;性别:男;年龄:18~45岁;工作年限:1年以上驾驶经验;其他条件:有A1牌驾驶证;需求数量:10名;备注:月均工资5000元,缴纳五险一金"。2015年11月18日,原告陈某某前往广州市人力资源市场增城区分市场求职。2015年11月30日,广州市人力资源市场增城区分市场推荐陈某某到广州市某公司应聘,并出具了《职业介绍推荐信》。当日,广州市某公司以陈某某超出招聘年龄为由不予录用,并填写《反馈信息》,上载明:"陈某某(先生/小姐)于2015年11月30日前来我单位面试,我单位决定不录用。不录用原因:由于陈某某已经超出我司招聘年龄。"

陈某某诉至法院。法院认为,被告运输公司抗辩称拒录原告陈某某的原因仍有其他,如无客运运输从业资格证,无提供3年以上客车驾驶员经验材料等,但该抗辩并未否认原告年龄不符合要求是其拒绝录用原告的原因之一。劳动者的平等就业权依法受到国家法律保护,任何公民都平等地享有就业的权利和资格,不因民族、种族、性别、年龄、身高、宗教信仰、经济能力等受到限制。原告陈某某应聘的大客车司机岗位,公安部自2012年9月12日颁布的《机动车驾驶证申领和使用规定》(已失效)第50条第1款、第2款"年龄在60周岁以上的,不得驾驶大型客车、牵引车、城市公交车、中型客车、大型货车、无轨电车和有轨电车;持有大型客车、牵引车、城市公交车、中型客车、大型货车驾驶证的,应当到机动车驾驶证核发地车辆管理所换领准驾车型为小型汽车或者小型自动挡汽车的机动车驾驶证"已对驾驶各车型的年龄作出了强制性规定。而原告陈某某持有准驾车型为A1的驾驶证,依法可驾驶大型客车至60周岁。现被告运输公司在其招聘信息中要求大客车司机年龄为18周岁至45周岁,明显剥夺并损害了包括原告在内的年龄在45周岁至60周岁并持有A1驾驶证这一类群体的平等就业机会。关于被告运输公司提出其招聘18周岁至45周岁的大客车司机不仅是基于公司制度规定,也是基于该工作岗位的高危性、高劳动强度等因素以及用人单位的用人自主权，因此并未构成就业歧视的抗辩。

用人单位的用人自主权应当依法行使，不得侵犯劳动者的平等就业权。公安部已从驾驶人的年龄条件、身体条件、驾驶技能等各方面对各类准驾车型驾驶证的申领以及各类车型驾驶证的审验管理，进行了综合考量并作出了规定，而被告运输公司自行设定的高于部门规章规定的且与个人能力无关的年龄标准显然超出了依法行使用人自主权的界限，侵犯了原告的平等就业权。原告据此要求被告运输公司赔礼道歉和支付精神损害抚慰金的诉讼请求，合理合法，法院予以支持。根据被告的过错程度、侵权行为方式、所造成的后果等因素，酌定被告运输公司向原告口头赔礼道歉并赔偿原告精神损害抚慰金3000元。

【裁判文书编号】

广州市增城区人民法院民事判决书，(2016)粤0183民初901号

案例2：用人单位以应聘者为女性为由拒绝录用，被判赔偿精神损害抚慰金

2013年12月30日，邮政公司(甲方)与某某公司(乙方)签订《劳务派遣协议》，约定乙方于本协议有效期内向甲方提供劳务派遣服务。后某某公司在58同城网站上发布招聘信息，标题为“北京邮政速递员3000加计件”，内容：岗位职责：北京邮政快递员；任职资格：男，年龄：18～45岁，身体健康、无文身、无前科。该招聘信息注明该职位系某某公司介绍、代招，工作单位为邮政公司。

原告邓某某在58同城网上看到某某公司发布的关于邮政公司招聘快递员职位的广告，遂于2014年9月24日向某某公司在线投出简历，当天邓某某接到了某某公司的面试通知电话和短信，某某公司通知邓某某于2014年9月25日到邮政公司的酒仙桥营投部进行了面试，面试过程中人事专员郭某告知邓某某，本单位不需要女性职员，为争取机会，邓某某面试后征得同意在邮政公司酒仙桥营投部试干了2天。9月28日，根据试干结论，双方达成于10月8日签约的意向，邮政公司酒仙桥营投部主任戴某要求邓某某先做入职体检。2014年10月1日，邓某某根据戴某要求前往北海医院做了入职体检。10月8日，邓某某到邮政公司酒仙桥营投部签约，戴某当面告知邓某某需再等1周才能签约。10月18日，邓某某接到李某的电话，得知未被录用。

10月19日，邓某某给李某打电话询问不能签合同的原因，李某确认因为邓某某是女性所以总公司(邮政公司)不批准签合同。邓某某认为邮政公司和某某公司以

性别为由拒绝录用她，侵犯了原告与男子平等的就业权利，同时践踏了邓某某的人格尊严，遂向人民法院提起了诉讼，要求邮政公司和某某公司赔礼道歉、支付精神损害赔偿金50,000元、鉴定费、入职体检费等。

一审法院认为，某某公司虽然在其网站及58同城网站上发布的涉诉岗位的招聘信息均表明任职资格为男性，但某某公司并未因邓某某系女性而拒绝提供就业机会，仍通知邓某某进行面试。本案中，邓某某并未举证证明某某公司对其实施了就业性别歧视的行为，故邓某某要求某某公司承担责任，法院不予支持。邓某某主张赔偿公证费用，缺乏依据，法院不予支持。

邮政公司对邓某某实施了就业歧视，给邓某某造成了一定的精神损害，故法院结合邮政公司在此过程中的过错程度及给邓某某造成的损害后果酌情支持邓某某精神损害抚慰金2000元，邓某某诉讼请求过高部分，法院不予支持。邓某某所提邮政公司书面赔礼道歉的请求，依据不足，法院不予支持。

二审法院认为，本案争议的焦点有二：第一，某某公司与邮政公司在招聘过程中是否存在就业歧视行为；第二，如存在就业歧视行为，对邓某某造成的损害承担何种民事侵权责任。

针对焦点一，某某公司与邮政公司在招聘过程中是否存在就业歧视行为。根据查明的事实，某某公司与邮政公司系用人单位与用工单位关系，某某公司负责与劳动者建立劳动关系。某某公司虽然在其网站上发布的涉诉岗位的招聘信息均表明任职资格为男性，但某某公司并未因邓某某系女性而拒绝提供就业机会，仍通知邓某某进行面试。邓某某在面试、业务观摩、洽谈过程中直接与邮政公司进行接触，某某公司并未参与其中，最后邓某某与邮政公司未建立用工关系，也并非因某某公司所致，因此，现有证据不足以证明某某公司对其实施了就业性别歧视行为。

邮政公司在法院审理中，明确表示该公司投递岗位并未对女性进行限制，可以安排女性进行公司大厦投递工作，未录用邓某某系因沟通不畅所致……在招录过程中，戴某、李某均代表邮政公司履行职务行为，该行为后果应由邮政公司承受。对于邓某某询问丧失应聘机会的原因是否因其为女性时，李某作了肯定的答复，并表示公司人手够了，也没招录过女投递员，能够证明邮政公司拒绝聘用邓某某的原因之一在于其为女性，侵犯了邓某某平等就业的权利，邮政公司应当对此承担侵权责任。

针对焦点二，如存在就业歧视行为，对邓某某造成的损害承担何种民事侵权责任。法律规定,承担侵权责任的方式可以单独适用,也可以合并适用。前述各种责任形式的适用均旨在保护受害人的利益,是否存在侵权责任聚合,应当结合侵权行为、损害后果等因素进行综合判断,只有当一种责任形式不足以保护受害人时,才可以同时适用其他的责任形式予以合并保护。本案中,原审法院结合某某公司和邮政公司的侵权情况以及邓某某受损情况,酌定邮政公司赔偿邓某某精神损害抚慰金2000元,该赔偿损失和邓某某受到的伤害程度能够匹配,邓某某要求邮政公司书面赔礼道歉,依据不足,法院不予支持。邓某某在法院审理中提交的就医材料,不属于二审新证据,不足以作为认定其诉求的定案依据。遂判决维持原判。

【裁判文书编号】

北京市顺义区人民法院民事判决书,(2015)顺民初字第03616号

北京市第三中级人民法院民事判决书,(2016)京03民终195号

案例3:用人单位以应聘者为河南人为由拒绝录用,被判向应聘者支付精神抚慰金、维权费用及登报赔礼道歉

2019年7月,浙江某公司(以下简称某公司)通过智联招聘平台向社会发布了一批公司人员招聘信息,闫某某针对某公司发布的前述两个岗位分别投递了求职简历。据杭州市杭州互联网公证处出具的公证书记载,某公司拒绝录用的原因均为"不合适原因:河南人"。杭州互联网法院判决:(1)被告某公司于本判决生效之日起10日内赔偿原告闫某某精神抚慰金及合理维权费用损失共计10,000元。(2)被告某公司于本判决生效之日起10日内,向原告闫某某进行口头道歉并在《法制日报》公开登报赔礼道歉(道歉声明的内容须经本院审核);逾期不履行,法院将在国家级媒体刊登判决书主要内容,所需费用由被告某公司承担。(3)驳回原告闫某某的其他诉讼请求。该判决目前已生效。

法院生效裁判认为,平等就业权是劳动者依法享有的一项基本权利,既具有社会权利的属性,也具有民法上的私权属性,劳动者享有平等就业权是其人格独立和意志自由的表现,侵害平等就业权在民法领域侵害的是一般人格权的核心内容——人格尊严,人格尊严重要的方面就是要求平等对待,就业歧视往往会使人产生一种严重的受侮辱感,对人的精神健康甚至身体健康造成损害。据此,劳动者可以在其平等就业权受到侵害时向人民法院提起民事诉讼,寻求民事侵权救济。

闫某某向某公司两次投递求职简历,均被某公司以"河南人"不合适为由予以拒

绝，显然在闫某某的案涉招聘过程中，某公司使用了主体来源的地域空间这一标准对人群进行归类，并根据这一归类标准而给予闫某某低于正常情况下应当给予其他人的待遇，即拒绝录用，可以认定某公司因“河南人”这一地域事由要素对闫某某进行了区别对待。

《就业促进法》第3条在明确规定民族、种族、性别、宗教信仰四种法定禁止区分事由时使用“等”字结尾，表明该条款是一个不完全列举的开放性条款，即法律除认为前述四种事由构成不合理差别对待的禁止性事由外，还存在与前述事由性质一致的其他不合理事由，亦为法律所禁止。何种事由属于前述条款中“等”的范畴，一个重要的判断标准是，用人单位是根据劳动者的专业、学历、工作经验、工作技能以及职业资格等与“工作内在要求”密切相关的“自获因素”进行选择，还是基于劳动者的性别、户籍、身份、地域、年龄、外貌、民族、种族、宗教等与“工作内在要求”没有必然联系的“先赋因素”进行选择，后者构成为法律禁止的不合理就业歧视。劳动者的“先赋因素”，是指人们出生伊始所具有的人力难以选择和控制的因素，法律作为一种社会评价和调节机制，不应该基于人力难以选择和控制的因素给劳动者设置不平等条件；反之，应消除这些因素给劳动者带来的现实中的不平等，将与“工作内在要求”没有任何关联性的“先赋因素”作为就业区别对待的标准，根本违背了公平正义的一般原则，不具有正当性。

本案中，某公司以地域事由要素对闫某某的求职申请进行区别对待，而地域事由属于闫某某乃至任何人都无法自主选择、控制的与生俱来的“先赋因素”，在某公司无法提供客观有效的证据证明，地域要素与闫某某申请的工作岗位之间存在必然的内在关联或存在其他的合法目的的情况下，某公司的区分标准不具有合理性，构成法定禁止事由。故某公司在案涉招聘活动中提出与职业没有必然联系的地域事由对闫某某进行区别对待，构成对闫某某的就业歧视，损害了闫某某平等地获得就业机会和就业待遇的权益，主观上具有过错，构成对闫某某平等就业权的侵害，依法应承担公开赔礼道歉并赔偿精神抚慰金及合理维权费用的民事责任。

风险应对

一、风险点：用人单位各种形式的就业歧视

鉴于招聘就业歧视存在一定的法律风险，经济赔偿也许不会太多，但是对用人单位的声誉损害是巨大的。因此，用人单位要重视招聘中就业歧视的法律风险防范，可以从以下几个方面防止就业歧视的法律风险。

【HR 防范策略】

有的用人单位在招聘公告中写明“只招男性”，也有的用人单位对应聘者的身高作出明确要求，有些则拒绝“乙肝”患者的求职，或者对求职者的年龄进行限制，这些做法都有其经济上的原因，但都不符合法律的规定。劳动者的平等就业权依法受到国家法律保护，任何公民都平等地享有就业的权利和资格，不因民族、种族、性别、年龄、身高、宗教信仰、经济能力等因素受到限制。若用人单位招聘员工时，因求职者的民族、性别、年龄、身高等因素而对他们差别对待，将涉嫌就业歧视，并面临相应的法律风险。

第一，注意招聘启事的措辞。

《就业促进法》第 3 条明确规定，劳动者依法享有平等就业和自主择业的权利。劳动者就业，不因民族、种族、性别、宗教信仰等不同而受歧视。因此，用人单位在招聘词中，应该尽量避免出现带有歧视性的字眼、语句。

可以通过以下三个方面避免歧视的产生：(1)合理地确定各岗位的招聘条件，结合岗位特点和要求考虑招聘条件，保证招聘条件的正当性和合理性；(2)制定招聘广告或简章时，减少其中的刚性条件，在设置和表达招聘条件时可以采用“优先”等措辞。比如，“年龄 × × 以下”“男性优先”“不招 × × 人”等，特别是要求应聘者不得患有“病毒性肝炎”“乙肝”之类的语句也要尽量避免。

第二，招聘的考评环节要尽量避免歧视性言行。

在招聘考评环节，要特别注意两个方面的事情：一方面参与招聘考评的人员需尽可能避免出现具有歧视性的言行和举止，这是最易引发就业歧视争议的环节之一；另一方面在招聘考评资料中同样要尽可能避免出现带有歧视性的字眼。

第三，拒绝录用或面谈通知、缘由答复也要慎重。

需要特别注意的是，在拒绝录用或面谈通知、缘由答复中，无论是书面形式还是

口头形式，一定要避免使用具有歧视性的缘由，这是最易引发就业歧视争议的“重灾区”，用人单位应该特别慎重。从诉讼举证的角度考虑，在不录用相关人员时使用隐性筛选的方式，切不可直接以就业歧视的理由不予录用。

二、风险点：用人单位歧视“乙肝”患者

用人单位以各种理由和各种形式歧视“乙肝”患者仍较为常见，这种做法常常会给用人单位带来一定的法律风险。比如有些用人单位在招聘启事中明确表示拒绝招录“乙肝”患者，有些用人单位则采取让应聘者“自愿”做“乙肝”检查，有些则在得知劳动者是“乙肝”患者时不予录用，甚至解除劳动合同。这些做法都属于就业歧视，严重损害了求职者的平等就业权。

【HR 防范策略】

医学上早已确认了乙肝病毒携带者可以正常生活、就业，这一部分人的平等就业权利不应受到侵害。早在 2005 年开始，我国就不断出台了禁止乙肝歧视的法规规章，从《公务员录用体检通用标准》、《关于维护乙肝表面抗原携带者就业权利的意见》到《普通高等学校招生体检工作指导意见》等，逐步取消了公务员考试、企事业单位招聘等对于乙肝病毒携带者的不当限制。2007 年 5 月，原卫生部等几个部门联合发布的《关于维护乙肝表面抗原携带者就业权利的意见》指出，用人单位在招工时不得进行乙肝检测，并且“各级各类医疗机构在对劳动者开展体检过程中要注意保护乙肝表面抗原者的隐私权”。因此，对于用人单位来说，要注意以下几个方面：一是禁止在招聘启事中出现不招录乙肝患者的文字，以免被应聘者投诉；二是禁止在招聘过程中，要求应聘者进行“乙肝”检测，也不能变相以应聘者“自愿”的形式进行“乙肝”检测；三是禁止以应聘者属于“乙肝”患者而拒绝录用。

三、风险点：用人单位入职孕检

对于孕妇，用人单位无疑要承担更多的劳动保护义务，比起其他普通员工来说，这意味着增加运营成本，用人单位自然不希望出现这样的情况，为了免除其对孕妇的法定义务，用人单位往往采取在入职前进行孕检的方式来排除怀孕女性员工的就业机会，达到不招录怀孕女员工的目的。然而，此举虽可从源头上降低怀孕女工的招录，降低用工成本，却因侵犯人权，构成就业歧视，违反相关法规而遭受社会的诟病，不仅让用人单位名誉受损，还可能给用人单位带来行政处罚。

我国有相关法律法规保护孕妇的就业权利，例如，《就业促进法》第3条规定，劳动者依法享有平等就业和自主择业的权利。劳动者就业，不因民族、种族、性别、宗教信仰等不同而受歧视。《就业促进法》第27条规定，国家保障妇女享有与男子平等的劳动权利。用人单位招用人员，除国家规定的不适合妇女的工种或者岗位外，不得以性别为由拒绝录用妇女或者提高对妇女的录用标准。用人单位录用女职工，不得在劳动合同中规定限制女职工结婚、生育的内容。用人单位招用人员，要求女性应聘者进行入职前孕检，其实质目的是"不准备录用已怀孕人员"，这属于提高对妇女的录用标准情形，违反该条法律的规定，构成就业歧视。另《就业促进法》第62条规定，违反本法规定，实施就业歧视的，劳动者可以向人民法院提起诉讼。《就业促进法》第68条规定违反本法规定，侵害劳动者合法权益，造成财产损失或者其他损害的，依法承担民事责任；构成犯罪的，依法追究刑事责任。因此，用工单位招录员工时，要求女性应聘者进行入职前孕检，已经构成就业歧视或侵权，可能招致应聘者的起诉或者投诉，也可能因为媒体报道，给用人单位的声誉带来负面影响。

【HR防范策略】

用人单位在招录员工时要求孕检的行为不值得提倡，要特别注意这方面的法律风险防范，具体需要注意的几个方面如下：

第一，招聘启事的撰写。要杜绝在招聘启事中出现歧视性内容，不应在招聘启事中明示或暗示拒绝招录孕妇。《就业促进法》第3条规定，劳动者依法享有平等就业和自主择业的权利。劳动者就业，不因民族、种族、性别、宗教信仰等不同而受歧视。曾有用人单位招用人员，以应聘人员是女性或者传染病病原携带者为由拒绝录用，被判令支付精神抚慰金，并引起媒体报道。

第二，不能在应聘者不知情的情况下进行孕检。用人单位要求入职前做体检，体检内容应根据工作要求而定，一般仅对耳、鼻、喉等五官，身高、体重等基本身体功能做体检，若在应聘者不知情的情况下对劳动者做孕检，属侵犯劳动者隐私，用人单位应在征得劳动者同意的情况下进行孕检。

第三，通过孕检报告确认应聘者无怀孕后再向应聘者发出《录用函》的做法也存在法律风险。一般用人单位会给劳动者发出《录用函》的同时要求劳动者携带孕检报告及其他相关材料前来办理入职，此时用人单位已对应聘者承诺将与其缔结劳动合同，虽然尚未正式签订劳动合同，但用人单位若在此时拒绝签订劳动合同，属缔约过失，需承担相关民事责任，如赔偿劳动者体检费用、车船费等为准备相关入职资料所需的合理支出。

第四，依法为女职工购买生育保险，可减少用人单位的损失。女职工休产假期间用人单位需正常发放工资，发放工资应与劳动者生育前平均工资一样，不得减少，购买了生育保险的女职工可享受生育津贴、生育医疗费报销等生育保险待遇，生育津贴按照职工所在用人单位上年度职工月平均工资计发，生育津贴不足部分由用人单位补充。当用人单位无法避免招用了已婚已孕妇女，应及时为女职工购买生育保险，可减少用人单位用工成本。

此外，我们也不建议对已经入职的员工进行孕检。因为，一旦签订了劳动合同或者已经开始用工，那么女职工即可获得《劳动法》和《社会保障法》的保护，如《劳动法》第 29 条第 3 项规定，女职工在孕期、产期、哺乳期内用人单位不得解除劳动合同。《妇女权益保障法》第 27 条规定，以结婚、怀孕、产期、哺乳等为由辞退女职工的，由其所在单位或者上级机关责令改正，并根据实际情况，对直接责任人员给予行政处分。《女职工劳动保护特别规定》第 5 条规定，用人单位不得因女职工怀孕、生育、哺乳而降低其工资、予以辞退、与其解除劳动合同或者聘用合同。可见，一旦建立劳动关系，用人单位在孕检的问题上即失去了主动权，无论女职工接受或不接受孕检的要求，用人单位均不得以孕检结果为由解除劳动合同，不得因女职工怀孕生子降低薪资待遇标准，相反应按照相关法律规定给予怀孕、哺乳女职工更多照顾和关怀。因此，签订劳动合同、建立劳动关系之后再进行孕检就用人单位而言已经毫无意义，不仅起不到降低怀孕职工的录用率，还会增加用工成本。

疑难解答

一、就业歧视纠纷是劳动争议吗？

如果发生了就业歧视可以通过什么途径维权？为什么在案例中仲裁委没有受理？就业歧视与就业有关，通常产生在用人单位招聘员工的过程中，似乎也是劳动争议。但判断一个纠纷是否是劳动争议的前提是双方是否形成劳动关系。《劳动合同法》第 7 条规定，用人单位自用工之日起即与劳动者建立劳动关系。是否建立劳动关系以是否用工为标准，在招聘阶段用人单位未有用工事实，所以双方并未建立劳动关系，双方产生的纠纷自然也不是劳动争议。《就业促进法》第 62 条规定，违反本法规定，实施就业歧视的，劳动者可以向人民法院提起诉讼。

因此，与就业歧视有关的纠纷不是劳动争议纠纷，不需要经过劳动仲裁前置程序处理，可以直接向人民法院提起诉讼。

二、不准结婚、禁止生育条款是否属于婚育歧视？

属于。借如下案例进行详解：程先生与经女士都在广西南宁市工作，去年领了结婚证，却迟迟不敢办婚礼。原因很简单：按单位内部规定，夫妻俩不能同在一个单位，婚事让单位知道了，夫妻中的一人就必须离开单位。为了求职、保“饭碗”，南宁不少已婚人士成了“隐婚一族”。另有一公司招“综合办文秘”，小王前往面试，企业面试负责人要求小王承诺3年内不生育，否则不予签订劳动合同；履行合同期间怀孕的，要与之解除劳动合同并须赔偿企业招聘费用。小王虽然不情愿，但是想到找工作的艰辛，就违心答应了。1年后，小王怀孕了，企业让小王按照约定解除劳动合同且赔偿企业损失。

用人单位这样做违反了《人口与计划生育法》，侵犯了公民的结婚自由权和生育权。这一条款即使写入劳动合同，也是无效条款。修正后的《妇女权益保障法》在第23条增加了一项新规定：“劳动（聘用）合同或者服务协议中不得规定限制女职工结婚、生育的内容。”第27条第1款规定：“任何单位不得因结婚、怀孕、产假、哺乳等情形，降低女职工的工资，辞退女职工，单方解除劳动（聘用）合同或者服务协议。但是，女职工要求终止劳动（聘用）合同或者服务协议的除外。”可见，用人单位不应以各种形式禁止劳动者结婚或生育，以免招致法律风险。

三、用人单位的“减肥令”是否涉嫌就业歧视？

某公司曾发出一道“减肥令”：自2004年5月1日开始，身体过胖者将要受到处罚，第一个月“带薪调整”，第二个月发一半的奖金，第三个月扣发全部奖金，第四个月仍不达标将劝离工作岗位。据该公司董事长助理王某某解释，目前体重已成为影响工作效率的一个因素，为了让员工更好地为顾客服务，同时也从关心员工身体健康角度考虑，才制定了“减肥令”。在公司上班的小勤抱怨，自公司下达“减肥令”后，她和几个“胖姐妹”都开始控制食量，现在连肉都不敢轻易吃了。据了解，“过胖者”的标准是按照一个公式计算的：身高（厘米）减去100，所得到的公斤数就是正常的体重。如果员工超出标准体重的25%，就属于“过胖者”。

劳动者体重对销售行业并无明显影响，将其与奖金挂钩甚至劝离肥胖员工，有人身歧视的意味。该规定和《劳动法》等有关法规是相违背的，劳动者可以到劳动部门投诉。为了避免相应的法律风险，用人单位不应对劳动者的体重进行各种形式的限制。

法条链接

1.《劳动法》

第三条第一款 劳动者享有平等就业和选择职业的权利、取得劳动报酬的权利、休息休假的权利、获得劳动安全卫生保护的权利、接受职业技能培训的权利、享受社会保险和福利的权利、提请劳动争议处理的权利以及法律规定的其他劳动权利。

第十三条 妇女享有与男子平等的就业权利。在录用职工时，除国家规定的不适合妇女的工种或者岗位外，不得以性别为由拒绝录用妇女或者提高对妇女的录用标准。

第一百零五条 违反本法规定侵害劳动者合法权益，其他法律、行政法规已规定处罚的，依照该法律、行政法规的规定处罚。

2.《就业促进法》

第三条 劳动者依法享有平等就业和自主择业的权利。劳动者就业，不因民族、种族、性别、宗教信仰等不同而受歧视。

第二十五条 各级人民政府创造公平就业的环境，消除就业歧视，制定政策并采取措施对就业困难人员给予扶持和援助。

第二十六条 用人单位招用人员、职业中介机构从事职业中介活动，应当向劳动者提供平等的就业机会和公平的就业条件，不得实施就业歧视。

第二十七条 国家保障妇女享有与男子平等的劳动权利。

用人单位招用人员，除国家规定的不适合妇女的工种或者岗位外，不得以性别为由拒绝录用妇女或者提高对妇女的录用标准。用人单位录用女职工，不得在劳动合同中规定限制女职工结婚、生育的内容。

第二十九条 国家保障残疾人的劳动权利。

各级人民政府应当对残疾人就业统筹规划，为残疾人创造就业条件。用人单位招用人员,不得歧视残疾人。

第三十条 用人单位招用人员,不得以是传染病病原携带者为由拒绝录用。但是,经医学鉴定传染病病原携带者在治愈前或者排除传染嫌疑前,不得从事法律、行政法规和国务院卫生行政部门规定禁止从事的易使传染病扩散的工作。

第三十一条 农村劳动者进城就业享有与城镇劳动者平等的劳动权利,不得对农村劳动者进城就业设置歧视性限制。

第六十二条 违反本法规定,实施就业歧视的,劳动者可以向人民法院提起诉讼。

3.《妇女权益保障法》

第二十二条 国家保障妇女享有与男子平等的劳动权利和社会保障权利。

第二十三条第一款 各单位在录用职工时,除不适合妇女的工种或者岗位外,不得以性别为由拒绝录用妇女或者提高对妇女的录用标准。

4.《残疾人保障法》

第三十八条第二款 在职工的招用、转正、晋级、职称评定、劳动报酬、生活福利、休息休假、社会保险等方面,不得歧视残疾人。

第五节 录用条件

实务精讲

一、录用条件的概念

录用条件是用人单位设置的,考察劳动者在试用期内是否符合用人单位用工要求的条款。录用条件不仅是用人单位自主用工权的体现,也兼顾了劳动者权益。一方面,用人单位通过劳动者是否达到录用条件判断新员工是否符合企业要求,决定其去留;另一方面,若新员工已达到约定的录用条件,用人单位无故辞退的,劳动者也可依法维权。

录用条件通常具有以下特点:(1)条款具有客观性。录用条款都设置得较为客观,有一定的标准,具有可操作性。(2)内容合法且经过民主程序。录用条件不得违反法律规定,不得含歧视性条款,且必须经过民主程序使之生效并保留相关证据材料。(3)因岗而异。不同岗位的录用条件都会存在一定的差异,企业一般不会设置普适性的录用条件。(4)经劳动者确认。录用条件必须是在员工入职之前提前告知的,用人单位应保留员工书面确认或同意并知悉录用条件的证据。

二、录用条件与招聘条件的区别

一般而言,录用条件是用人单位根据本单位生产、工作、经营的特点,要求录用的劳动者符合某一职位的具体要求所包括的全部条件。录用条件是用人单位招收、录用劳动者的最终标准,是用人单位在试用期间用以考察劳动者的依据。

在实践中,不少 HR 常常混淆录用条件与招聘条件,认为刊登招聘广告中的条件就是录用条件。其实不然,招聘条件与录用条件是有明确区别的,二者的不同之处具体为以下几点:第一,作用不同。招聘条件是进行第一次简历筛选的基本门槛,它仅仅是用人单位在招聘时选择候选人的最低要求,如大学本科以上学历、3 年以上工作经验等。录用条件是用人单位最终决定要录用该员工,对其应具备的条件的要求。当然,招聘条件与录用条件两者有重合的部分,但并不完全一致。第二,设计要求不同。招聘条件的撰写应当相对简单,以吸引更多的求职者来应聘,而录用条件则应尽量严密、完善,要更具可操作性。第三,法律意义不同。招聘条件只是用人单位招聘环节的文件,法律意义不大,而录用条件则可以用作解雇试用期员工的依据。

需要指出的是,如果用人单位在招聘录用员工的过程中只明确了招聘条件而未设定录用条件,当试用期解雇员工发生纠纷时,也可以将招聘条件作为录用条件使用,但一般作用不大,因为用人单位录用的员工肯定符合当初设定的招聘条件,否则,用人单位不可能录用该员工。

案例说法

案例 1:录用条件约定不明导致解除不能

某电子公司软件部经理纪某看重其朋友李某的销售工作经验,介绍李某至该部门任销售专员一职,当时纪某并未向李某出示任何招聘条件,也没有通过其他方式向李某介绍公司的招聘条件。2010 年 4 月 12 日,双方签订了劳动合同,约定合同期限为 5 年,其中试用期 6 个月,劳动合同中只约定了李某职衔为销售专员,但对该岗位的工作要求没有具体的描述。不过，该企业内部规章制度规定了该销售职位的考核标准。2010 年 6 月 1 日，李某接到公司发出的解除劳动合同决定书，公司以李某不符合公司招聘要求为由解除劳动合同。李某不服，委托律师提起劳动争议仲裁，要求恢复劳动关系。仲裁庭裁决双方劳动合同继续履行。

案例 2：未能证明劳动者不符合录用条件，试用期解雇员工被判违法

李某某于 2014 年 5 月 12 日进入上海某设计有限公司（以下简称设计公司）担任主创建筑师和项目负责人。双方未签订书面劳动合同，但双方口头约定试用期为 1 个月，试用期工资为 12,000 元/月，试用期满后为 15,000 元/月。李某某的工作岗位实行做五休二工作制。设计公司未对李某某实施考勤。2014 年 6 月 20 日，设计公司法定代表人口头向李某某提出解除劳动关系，解除理由是李某某不符合录用条件。2014 年 6 月 25 日，设计公司通过银行汇款方式支付李某某 1 个月工资 12,000 元。

2014 年 6 月 26 日，李某某向上海市奉贤区劳动人事争议仲裁委员会申请仲裁，要求设计公司支付 2014 年 6 月 12 日至 2014 年 6 月 26 日未签订劳动合同的双倍工资差额 15,172.41 元，支付解除劳动合同关系的赔偿金 30,000 元，带薪年休假工资 10,344.83 元，加班费 4000 元等。2014 年 7 月 15 日，上海市奉贤区劳动人事争议仲裁委员会奉劳人仲（2014）办字第 1464 号仲裁裁决：（1）设计公司于裁决书生效之日起 10 日内一次性支付李某某违法解除劳动关系赔偿金 12,000 元；（2）对李某某的其他请求不予支持。

一审法院认为，对李某某提出的第二项诉讼请求，2014 年 6 月 20 日，设计公司法定代表人口头向李某某提出解除劳动关系，解除理由是李某某不符合录用条件，但设计公司提供的证据不足以证明李某某不符合录用条件，故设计公司应当向李某某支付违法解除劳动关系的赔偿金。

二审法院认为，设计公司在本案中主张，设计公司法定代表人于 2014 年 6 月 10 日口头向李某某提出解除劳动关系，但是设计公司提供的证据不足以证明其提出的主张。根据《最高人民法院关于审理劳动争议案件适用法律若干问题的解释》（已失效）第 13 条的规定，因用人单位作出开除、除名、辞退、解除劳动合同、减少劳动报酬、计算劳动者工作年限等决定而发生劳动争议的，由用人单位负举证责任。因此，本案用人单位设计公司应当承担举证责任，二审法院采信李某某对该事实的主张，确认双方劳动关系于2014年6月20日解除。设计公司对该节事实的异议不能成立。

【裁判文书编号】

上海市第一中级人民法院民事判决书,(2015)沪一中民三(民)终字第479号

上海市奉贤区人民法院民事判决书,(2014)奉民三(民)初字第2290号

案例3:试用期解除劳动合同被诉经济补偿金,用人单位因《员工手册》中明确试用期录用条件而获胜

2015年9月28日,曹某某与×××公司签订《劳动合同》,约定曹某某至×××公司从事职员工作,月工资为1920元。合同期限为2015年9月28日至2018年9月28日,合同生效之日起3个月为试用期。后曹某某实际从事数控设备的维修工作,月工资为7500元。2015年12月26日,×××公司以"试用期不符合录用条件"为由解除了与曹某某的劳动关系并向其寄送了通知书,曹某某于2015年12月29日收到上述通知,曹某某申请劳动仲裁,要求用人单位支付违法解除劳动合同的赔偿金。

一审法院认为,关于解除劳动合同的原因,×××公司制作的《试用期员工评估表》《曹某某试用期内工作不足表现表》载明的相关情况并未获得曹某某的确认,且不足以证明曹某某不符合公司的录用条件,×××公司亦未提供充分的证据证明其当初的具体录用条件,故其解除与曹某某的劳动合同依据不足,属于违法解除,应支付赔偿金。用人单位上诉,要求撤销一审判决。

二审法院认为,劳动者自实际用工之日起即与用人单位建立劳动关系,双方在此之前没有条件相互了解。劳动合同的试用期制度旨在为用人单位与劳动者相互考察提供必要的时间。在试用期内,不仅劳动者可以实地考察工作岗位是否符合自身意愿,用人单位也可以评估劳动者的职业表现是否符合用工预期,双方均可以基于自身的判断单方面决定劳动合同关系是否存续。在试用期中,劳动者有《劳动合同法》第39条和第40条第1项、第2项规定情形的,包括不符合录用条件的,用人单位在说明理由的情况下可以解除劳动合同。在此种情形下,法律没有规定用人单位应当支付经济补偿金(赔偿金),也没有规定未提前1个月通知的代通知金。故判决撤销江苏省无锡高新技术产业开发区人民法院(2016)苏0291民初1086号民事判决。

【裁判文书编号】

江苏省无锡高新技术产业开发区人民法院民事判决书,(2016)苏0291民初

1086号

江苏省无锡市中级人民法院民事判决书,(2016)苏02民终2925号

案例4:用人单位举证劳动者不符合录用条件,试用期解雇获得法庭支持

窦某某自2012年12月1日起至××运输公司工作,担任营运部经理一职,双方签有期限自2012年12月1日起至2015年11月30日止的劳动合同,其中约定2012年12月1日起的6个月为试用期。合同另约定:"录用条件:……其他要求:(1)通过公司的岗位入职考核;(2)须提供劳动手册和退工单,外地户籍需要提供上海临时居住证;(3)户籍所在地派出所提供的:无吸毒史、无刑事犯罪证明;(4)由区以上交警大队提供的:三年内无重大责任事故,无酒驾史证明;(5)当年违章扣分不足12分。"2013年5月28日,××运输公司向窦某某出示《终止劳动关系通知书》,写明:"根据公司的相关规定,现我公司通知你,你与我公司的劳动关系将依法终止。终止日期为:2013年5月28日,终止的理由:不能符合录用条件,没有按时履行岗位职责。"随后窦某某申请了劳动仲裁,又因对仲裁裁决的结果不服,最后向法院提起了诉讼。窦某某起诉要求自2013年5月28日起恢复与被告间的劳动关系,要求被告支付自2013年5月1日至恢复之日的工资。

一审法院经审理后认为,窦某某与××运输公司签订的书面劳动合同对试用期约定为6个月,并在录用条件中约定,窦某某需要通过××运输公司的岗位入职考核。根据《2013年度绩效合约》(安全营运部),双方对每月需要进行考核的内容予以了确认。而根据××运输公司提供的《安全教育内容记录》《车辆单位在用机动车辆检查表》及由窦某某签字确认的"不合格品整改建议通知单",可以证明窦某某确实存在月底培训未完成及未对车辆进行每月例检的情形。窦某某认为其每月对车辆进行了例检、填全了车辆检查表,且每月均对驾驶员进行了安全培训,但未能提交相应证据证明,故对窦某某的陈述,一审法院不予采信。因此,××运输公司在窦某某6个月试用期即将期满前对窦某某进行入职考核后,以窦某某不符合录用条件为由与其解除劳动关系,符合有关法律规定,故对窦某某要求恢复与××运输公司劳动关系的诉讼请求,一审法院不予支持。

二审法院认为,公民、法人的合法民事权益依法应予保护。窦某某与××运输公司签订的书面劳动合同约定试用期为6个月,并在录用条件中约定,窦某某需要通过××运输公司的岗位入职考核。2013年1月9日双方通过《2013年度绩效合

约》(安全营运部)确定了每月考核的内容。据此,××运输公司在试用期内对窦某某单方面实行考核,并根据考核结果决定是否继续履行劳动合同,并无不当。××运输公司在窦某某6个月试用期即将期满前以《试用期岗位入职考核表》的形式对窦某某进行入职考核,考核结论是41分,试用期考核不合格。二审法院认为,在试用期间被证明不符合录用条件的,用人单位可以解除劳动合同。故××运输公司根据考核结果与窦某某解除劳动关系亦无不当。至于窦某某主张《试用期岗位入职考核表》是公司伪造的,但从该考核表的形式来看,上面有人事部门负责人及总经理签名,况且根据××运输公司提供的《安全教育内容记录》《车辆单位在用机动车辆检查表》及由窦某某签字确认的"不合格品整改建议通知单",可以证明窦某某确实存有月底培训未完成及未对车辆进行每月例检的情形,进一步印证了公司的考核结果。因此,二审法院驳回了上诉,维持原判。

【裁判文书编号】

上海市第二中级人民法院民事判决书,(2014)沪二中民三(民)终字第38号

上海市宝山区人民法院民事判决书,(2013)宝民一(民)初字第6534号

风险应对

一、风险点:招聘时未设定录用条件的法律风险

用人单位招聘时都会设定相应的招聘条件,符合条件的人方可应聘,但用人单位往往都会忽略对录用条件的设定,这将导致用人单位在试用期内用工极为被动。

需要明确的是,招聘条件与录用条件并不是两个相同的概念:招聘条件针对的是不特定多数的潜在应聘者,一般是对应聘者的初步资格、基本条件作一些要求,比如,应聘者的学历、职称、工作经历、技术资格等条件。而录用条件指的是用人单位根据本单位生产、工作、经营的特别需求,要求录用的劳动者符合某一职位的具体要求所包含的条件,它是用人单位招收、录用劳动者的最终标准,适用的是符合招聘条件已录用并在试用期内的具体劳动者,它也是用人单位在试用期间用以考察劳动者的依据。

因为用人单位在试用期内解除与劳动者的劳动关系必须满足一个条件,即证明劳动者不符合录用条件。如果用人单位无法证明劳动者不符合录用条件,试用期内

随意解除劳动合同将面临败诉的法律风险。因为招聘条件较录用条件更为宽泛，缺乏对劳动者的具体要求，若将招聘条件当作录用条件，必将导致用人单位在试用期内用工极为被动，即使劳动者不符合要求，也难以依法将其解雇。

【HR 防范策略】

试用期内，用人单位不能随意解除与劳动者的劳动合同。根据《劳动合同法》第39条的规定，用人单位须证明劳动者不符合录用条件的，方可解除劳动合同。因此，用人单位必须在录用条件的设计上做一些法律风险防范措施，才不至于在试用期内造成被动局面，要是贸然与劳动者解除劳动合同，还会被认定为违法解除劳动合同，从而支付赔偿金。以下是对设计录用条件的一些建议。

首先，录用劳动者时，需要将录用条件告知劳动者，并注意留存告知证据。告知的证据很多，例如，将录用条件写在劳动合同中，或者将录用条件写在员工手册中，劳动者签字领取员工手册等。

其次，录用条件应当符合劳动合同目的。通俗来讲，就是录用条件要和工作岗位、工作能力相联系，不得设定歧视性条件，更不得与法律法规相悖。而且，录用条件应当适宜、科学，不能设定明显不能完成的、超过大多数劳动者平均水平的条件。此外，录用条件应当较为客观，描述语言应当明确而不宜使用概括性、原则性语言，不宜完全以主观性条件进行评价。

再次，具有系统的、可留证据的考核过程，考核手段应当符合合同约定或者合同目的，或者符合社会一般水平的认识。切忌对不符合录用条件泛泛而谈，考核制度应量化各项考核标准，例如，限定迟到、旷工的次数，或者限定因犯错获得处罚、警告的次数，如劳动者试用期内累计超过限定次数即证明不符合录用条件。另外，需为每位劳动者建立考核的档案，随时将员工的考核情况记录在册，处罚、警告决定应做公示或者让劳动者确认签名，以固定考核证据。

最后，当劳动者出现不符合录用条件的情形时，用人单位应当在试用期满之前明确告知劳动者，不宜拖延。如果在试用期满之前没有提出，劳动者又继续在该单位工作的，即使没有办理转正手续，用人单位再以试用期不符合录用条件为由想辞退该劳动者的，实践中一般不予支持。原因在于，用人单位的默示行为会被认定为其认可劳动者符合录用条件。所以，提出解除劳动合同的时间是比较关键的，需要特别注意。

二、风险点:录用条件不明确

录用条件不明确是用人单位在招聘过程中容易被忽视的一个法律风险点。《劳动合同法》对过失性解除合同作了规定,用人单位在试用期内可以劳动充分条件不符合录用条件为由解除合同,且不需要支付经济补偿金。如果录用条件不明确,双方因此发生争议,用人单位如果不能对此进行有效举证,很可能会被认定为违法解除劳动合同,应向劳动者支付赔偿金。

【HR 防范策略】

在招聘广告或信息中首先应当将录用条件明确具体,包括基本的录用条件和特殊录用条件。基本的录用条件即大部分企业和岗位的员工都应该具有的基本条件,比如,身体健康、诚实守信、工作经历、教育经历等;特殊录用条件则需根据用人单位岗位实际情况进行匹配,比如,学历要求、技术要求、能力要求、语言要求等。其次,对录用条件要进行公示,通过招聘广告、录用通知、劳动合同、规章制度等对劳动者进行明示,要求劳动者对此进行确认,并保存书面凭证。最后解除劳动合同书须在试用期结束前作出,并说明解除理由。此外,用人单位和劳动者的通信地址应当明确,如果劳动者不同意确认收到解除劳动合同通知,应将解除通知及时按通信地址寄送劳动者。

三、风险点:缺乏录用条件导致解除不能

有些用人单位因欠缺法律意识,并未事先确定试用期间员工的录用条件和考核标准,导致即便劳动者不符合用人单位录用条件,用人单位也无法解除劳动关系。在实务中,如果用人单位主张解除劳动关系的理由是“不符合录用条件”,那么用人单位需要对不符合录用条件的情形承担举证责任。若用人单位无法证明双方事先约定了录用条件,则可能因此承担违法解除劳动关系的不利后果。因此,用人单位一定要提前制定明确的录用条件并要求新员工签收确认。

【HR 防范策略】

用人单位若要在试用期内合法解除劳动合同,按照《劳动合同法》的规定,应当做到以下几点:(1)证明用人单位与劳动者之间约定了录用条件和考核标准。(2)证明劳动者有不符合录用条件的情形。如发现劳动者的行为违反录用条件,则用人单位尽量以书面形式通知,并要求劳动者确认,保留好相关证据。(3)解除劳动

关系的通知应当在试用期内作出。超过试用期作出的，就不能再以不符合录用条件解除劳动关系了。(4)解除劳动关系通知书应该写明理由并交由劳动者签收。如果不能签收，应保留送达的证据。

操作指引

一、用人单位如何制定录用条件?

制定录用条件，可以采取通用条件与专门条件相结合的方式，同时也要坚持合法性原则和明确性原则。录用条件的合法性原则是指录用条件的标准应当以法律规定为底线，坚持平等就业原则，避免设置歧视性条款。如果一些行业或岗位对劳动者健康、身高、相貌、性别等有特殊要求，只要是该行业或岗位特点所必需的，应当是正当的条件，但用人单位一定要注意法律规定这个底线。录用条件的明确性原则是指不论是通用的录用条件还是专门的录用条件，都应明确的方式确定录用条件并告知劳动者。如用人单位可以通过劳动合同和规章制定结合起来的方式予以明确；或向其明示岗位职责、录用条件并对其解释说明；或在录用通知中明确岗位职责、录用条件等。

所谓通用条件，是指不会因为岗位或行业的特殊性而失去其合理性的这些条件。如出现以下情形之一的，视为不符合录用条件：不具备政府规定的就业手续的；无法提供办理录用、社会保险等所需要的证明材料的；与原用人单位未依法解除、终止劳动合同的；与原用人单位存在竞业限制约定且在本公司限制范围之内的；通缉在案或者被取保候审、监视居住的；未经公司书面许可不按本合同约定时间到岗；入职后不同意购买社会保险或者不按公司制定的劳动合同版本签订劳动合同的；隐瞒曾经受过法律处罚或者纪律处分的事实的；试用期内请假天数(如事假、病假、婚丧假、孕产假等)超过试用期天数的1/30的；迟到超过10次的；伪造学历、证书与工作经历的；个人简历、求职登记表所列内容与真实情况不符的；经体检发现患有传染性、不可治愈以及严重疾病的；器官残缺或肢体残缺的；填写或提供虚假体检信息的；各方面表现良好，没有吸毒、斗殴等各种劣迹的；富有爱岗敬业精神的；善于沟通、待人公平、能与公司各部门人员处理好关系，富有团队精神的；一次性给公司造成损失达300元以上的等。

所谓专门条件，是指特有的、仅对部分岗位或行业才有意义的这些条件。如学历学位、工作经历、技术职称或资格、外语水平等资质要求；是否具备本岗位所要求的各项技能的工作能力要求；业绩指标要求等。

二、用人单位的录用条件如何公示或确认？

公示和确认就是要让劳动者知道用人单位的录用条件。从法律的角度来说，就是用人单位有证据证明劳动者知道了本单位的录用条件。那如何形成证据呢？方法有以下几种[1]：(1)通过招聘公告公示，并采取一定方式予以固定，为仲裁和诉讼保留证据。(2)招聘员工时向其明示录用条件，并要求员工签字确认。(3)劳动关系建立前，通过发送聘用函的方式向员工明示录用条件，并要求其签字确认。(4)在劳动合同中明确约定录用条件或不符合录用条件的情形。(5)在规章制度中对录用条件进行详细约定，并将该规章制度在劳动合同签订前进行公示。比如，将录用条件作为劳动合同的附件。如果把岗位职责等要求作为“录用条件”，还必须完善自己的考核制度，明确界定什么是符合岗位职责，什么是不符合要求，有一个可衡量和可操作的标准。

疑难解答

一、如何增强录用条件的适用性？

用人单位要使录用条件具备法律效力，发挥相应作用，需要做好以下工作：第一，确认录用条件。在劳动争议纠纷裁判中，用人单位负有较多举证义务，在录用条件方面，用人单位有义务证明自己已告知劳动者录用条件的内容，所以，用人单位要做好必要的签收手续。招聘时或录用后，用人单位可通过以下方法与劳动者进行确认：在员工手册等规章制度中针对岗位要求规定录用条件；在劳动合同中对某一岗位的录用条件进行明确约定；专门就试用期录用条件单独成文与劳动者进行签字确认。第二，正确适用录用条件，才能依法解除不符合录用条件的试用期员工。在试用期内，若用人单位能够证明劳动者不符合双方确认的录用条件，而与劳动者解除

① 参见石先广编著：《劳动法律问题与实务操作》，中国法制出版社2007年版。

劳动关系的，无须支付经济补偿金。对于用人单位来说，是成本最低的解除方式之一。具体程序：用人单位将录用条件明确告知了劳动者；根据录用条件对劳动者进行考核；有相应证据证明劳动者不能达到录用条件；已将考核结果告知劳动者；将劳动者不符合录用条件与其解除劳动合同的决定送达了劳动者。

二、用人单位设定录用条件的原则有哪些？

用人单位对劳动者录用条件的设定并非完全没有限制，否则，对劳动者来说是极不公平的，动辄落入用人单位设计的“试用期陷阱”当中。因此，一般认为，用人单位在设定“录用条件”时，应坚持如下原则。

一是合法性。用人单位设定的“录用条件”应该符合法律的相关规定，比如，不能有就业歧视的内容、不能强迫劳动等。若有违反法律的条件，当属无效。

二是关联性。用人单位设置的录用条件应与劳动岗位职责具有关联性，不能设定与劳动者岗位职责完全无关的条件。

三是明确性。明确性意味着录用条件满足与否的评价，应当坚持实体和程序公正性，能够被量化，比如，用人单位不得在试用期内仅以领导“工作能力不够、团队意识不强”的评语即作出解聘的决定，而应该将工作能力根据岗位职责进行拆解，量化指标、细化评价。

四是明示性。用人单位所拟定的录用条件应该明确向劳动者进行告知，劳动者有疑惑的，用人单位负有解释说明义务。

法条链接

《劳动合同法》

第三十九条 劳动者有下列情形之一的，用人单位可以解除劳动合同：

（一）在试用期间被证明不符合录用条件的；

（二）严重违反用人单位的规章制度的；

（三）严重失职，营私舞弊，给用人单位造成重大损害的；

（四）劳动者同时与其他用人单位建立劳动关系，对完成本单位的工作任务造成严重影响，或者经用人单位提出，拒不改正的；

(五)因本法第二十六条第一款第一项规定的情形致使劳动合同无效的;

(六)被依法追究刑事责任的。

文书工具

《不符合录用条件的参考情形》【见书尾文书,文书编号:NO.06】

第六节　录用通知书的设计

实务精讲

一、录用通知书的内容和法律效力

用人单位经过招聘和面试程序后,在决定录用应聘者之后,通常会向其发送录用通知书。在录用通知书中,通常会包括工资待遇、试用期、福利、社保、报到时间等主要事项。

劳动者合法权益获得的保障程度与录用通知书是否具有法律效力就有关联性,但目前我国现行的相关劳动法律法规对录用通知书是否具有法律效力并未作出明确规定。在实务中,可参照《合同法》[①]相关规定来判断录用通知书是否具有法律效力。从用人单位和劳动合同缔结程序来看,我们认为其完全符合我国《合同法》关于合同缔结过程中要约和承诺的规定。

我国《合同法》规定:要约必须具备下列条件:(1)要约必须是特定人所为的意思表示;(2)要约必须向相对人发出;(3)要约必须有缔结合同的目的;(4)要约内容必须具体确定;(5)要约应表明经受约人承诺,要约人即接受该意思表示。录用通知书完全符合要约的上述特征:(1)录用通知书是由用人单位发出的意思表示;(2)录用通知书是向特定劳动者发出的;(3)录用通知发出的目的就在于和劳动者缔结劳

① 《合同法》已失效。

动合同建立劳动关系；(4)录用通知是在用人单位和劳动者多次面谈后发出，其对工作岗位、薪资等而言都是具体确定的；(5)录用通知书表明一经劳动者承诺用人单位即接受该意思表示。因此录用通知书完全符合要约法律构成要件，从法律性质上讲是一种要约。

对用人单位来讲，用人单位发出的录用通知书，到达劳动者时即发生法律效力，其不得随意撤销；但就劳动者而言，在劳动者拿到录用通知书之后，其有选择权，其可以选择承诺，也可选择放弃，如果劳动者选择承诺，则双方合同正式成立。

二、录用通知书与劳动合同

录用通知书和劳动合同在录用阶段起着不同的作用，两者法律效力并不相同。录用通知是用人单位单方向拟录取员工发出的建立劳动关系的要约，员工可以选择是否接受。若员工接受录用通知书，则视为双方对建立劳动关系等有关事宜达成一致意思，双方均受到《合同法》的约束，即用人单位负有与劳动者签订劳动合同的义务，劳动者享有通知书约定的权利。但劳动者接受录用并不意味着建立正式劳动关系。按照《劳动合同法》的规定，用人单位必须与劳动者签订书面劳动合同，这说明录用通知是不能代替劳动合同的。

通常情形下，录用通知书会包含岗位、工作地点、工作时间、岗位职责、薪资及福利待遇情况，这与劳动合同内容存在一定程序的重叠。司法实践中，常有以下几种处理录用通知书和劳动合同内容冲突/不一致的方法。(1)劳动合同改变了录用通知内容，劳动合同效力高于录用通知书。在这种情形下，由于劳动合同也是双方合意签署，反映了双方意志，且签订时间在后，故一般认为这种情况属于双方合意变更了原录用通知的内容，以劳动合同内容为准。(2)直接适用录用通知条款内容。如果录用通知的部分内容并未反映在劳动合同中，即使后签订了劳动合同，录用通知的效力仍然存在，对双方均有法律约束力。但是，如果双方明确约定了录用通知的有效期或双方约定以正式签订的劳动合同为准等，则未在劳动合同中约定的内容可能就不再具有法律约束力，双方不得以录用通知书的内容主张权利。[①]

---

① 参见劳动派：《HR私人法律顾问——企业人力资源管理实务操作宝典》，中国铁道出版社2016年版，第25页。

案例说法

案例1:用人单位因以录用通知书代替劳动合同而付双倍工资

2008年2月,北京某广告公司完成了一次外部招聘,经过层层筛选,某高校应届毕业生王某成为他们的录取对象之一。录用名单确定后,公司按照内部招聘程序向王某发出了录用通知书,其中标注了他的工作岗位、工资报酬等。王某接到通知书后便到公司办理了入职手续,双方没有签订正式的劳动合同。2008年12月26日,公司受金融危机的影响决定实行经济裁员,王某不幸被列入裁员名单。双方在协商解除劳动合同的过程中,王某提出,公司一直没有与他签订书面的劳动合同,按照《劳动合同法》的相关规定,公司应当向他支付在职期间的双倍工资。但公司认为,招聘时,公司便向包括王某在内的每一位被录用人员发放了录用通知书,通知书中包括了《劳动合同法》规定的劳动合同应当具备的所有条款,工资、福利、试用期、岗位等内容。在职期间,双方一致按照录用通知书中的内容履行各自的权利义务,王某认可录用通知书的内容和效力,从未对此提出过任何异议。因此,录用通知书就是劳动合同,公司愿意按照法律规定向王某支付经济性裁员的经济补偿金,但不应当向王某支付双倍工资,双方最终未能协商一致,王某向劳动争议仲裁机构提起仲裁。

本案争议的焦点是录用通知书是否可以代替劳动合同?在招聘和录用员工的过程中,录用通知书与劳动合同起着不同的作用。录用通知书是用人单位想要建立劳动关系的单方意愿,而劳动合同是证明用人单位与劳动者建立劳动关系的法律文件。因此,二者不能相互代替。用人单位向劳动者发出录用通知书,待员工入职后,应当在1个月内与劳动者签订正式的劳动合同。劳动合同可以包括录用通知书中与劳动合同有关的部分内容,也可以在协商一致后进行变更。劳动合同签订后,用人单位可以选择使录用通知书失效,也可以将其作为劳动合同的附件而继续有效,在二者约定不一致时,应当以劳动合同的约定作为履行劳动权利义务的依据。因此,发放录用通知书并不能免除用人单位签订书面劳动合同的法定义务。案例中的用人单位未按照法律规定与劳动者签订书面劳动合同,根据《劳动合同法》第82条的规定,需要向王某支付双倍工资。

案例2:用人单位忽视录用通知书要约的法律性质而承担违约责任

某公司经对卢某多次面试,决定聘请其担任采购经理,并于2007年6月1日向其发出了一封录用通知书,确定卢某的职位为公司采购部部门经理,月薪为8000元人民币,同时可享有公司提供的住房津贴及公司其他福利,并享有每年不少于15天的年休假。该录用通知书还写明,卢某须在2007年6月15日以前到公司报到,公司届时将与其签订劳动合同。卢某接到通知后即表示同意,辞去了原来的工作,准备签约。但是不久,该公司接到举报,称卢某曾向一些供应商索要好处,这使该公司非常震惊,决定不再聘用卢某。为此双方发生争议。

卢某认为,自己是在接到该公司的录用通知并确认了之后才辞去了原来的工作,准备与该公司签约。该公司不能单方面宣布录用通知书无效,由此给卢某造成的损失,应该由该公司全部赔偿。该公司则认为,公司和卢某之间并没有签订劳动合同,尚无有效的合同约束,并且公司是在接到有关卢某曾向一些供应商索要好处的举报之后,才决定不与卢某签订劳动合同,因此该劳动合同不能签订是卢某的原因所致,卢某应该对自己的行为负责,公司不应该承担任何责任。

劳动争议仲裁委员会认为,该公司向卢某所发的录用通知书是一个内容具体确定的要约,于送达卢某时即已生效,用人单位就应该受到该要约全部内容的约束。卢某接到该通知后的同意即表明双方已就该录用通知书的全部内容达成了合意,该合意对双方当事人均产生法律约束力。本案中,卢某为了签约而辞去了原来的工作,完全是基于对该通知的合理信赖。由于该公司并不能举证证明卢某确曾有向一些供应商索要好处的行为,仅仅凭道听途说就决定不再聘用卢某,应承担违约责任。

案例3:忽视录用通知书的法律效力引发的劳动争议

原在深圳工作的黄女士经朋友介绍应聘上海某公司并收到录用通知书,邮件里详述了黄女士办理入职手续的流程及入职条件,黄女士按照要求提交材料后辞职前往上海,之后公司却没了消息,经多番打听才知道因为录用通知书中有一个入职条件选项:是否保证3年内保持单身,黄女士选择了否,所以企业不想录用她了。

在实践中用人单位发放录用通知书后,认为该候选人不是那么合适,觉得没有建立劳动关系想反悔并没有什么风险,其实并不是。

录用通知书是单位发给候选人的要约,按照《合同法》的规定,要约自送达被要约人即劳动者时就已生效,在劳动者确认后企业不可单方面撤销,若反悔就要承担缔约过失的违约责任,这种情况下不是打劳动官司,而是打合同官司,不是申请劳动仲裁,而是直接向法院起诉。

所以后来黄女士将公司告上法庭索取经济赔偿与精神损失抚慰金。审理机关认为上海某公司邮件通知录用,却因黄女士不愿承诺保持单身而违约,构成就业歧视,应赔偿黄女士的损失。

该案中,用人单位违反法律条规不止一条,不仅违约,还在入职通知书上附带了歧视性条款。对候选人身心造成了伤害,故败诉赔偿。因此,录用通知书的拟定,也需要反复审核,不能有违反法律规定的条款。

风险应对

一、风险点:录用通知书的内容设计

录用通知书是用人单位招聘员工过程中的重要文件,在内容设计方面需要注意的方面较多,稍有不慎,可能会给用人单位带来法律风险,具体来说,需要注意以下问题。

【HR 防范策略】

第一,录用通知书的法律性质。录用通知书根据其意思表示的不同,有可能构成要约邀请,也有可能直接构成要约。如果录用通知书符合要约的法律特征,劳动者同意与用人单位建立劳动关系,双方的劳动合同关系即告成立,即使是双方还未签订正式的劳动合同,用人单位也不能随意反悔,一旦反悔,需要承担相应的赔偿责任。

第二,要在录用通知上提醒劳动者带齐入职资料。比如,居民身份证原件、学历证明正本、职称证(有职称者)、婚姻状况证明、计划生育证明、独生子女证的复印件、体检表或身体健康证明表、照片或原工作单位终止劳动合同的证明、派出所出具的无犯罪证明等。这些资料对用人单位的法律风险防范来说都至关重要,比如,提供身份证的目的在于审查求职者的年龄和核实求职者的身份;提供学历及资格证件是为了验证求职者学历及资格的真实性;提供与原工作单位终止劳动合同的证明是避免在对原单位造成损失时承担连带赔偿责任;提供无犯罪记录是为了审查劳动者是否品行良好。

第三,录用通知书应注明试用期期限及待遇,应附加说明“如录用通知书内容和劳动合同不一致的,以劳动合同内容为准”,以免当录用通知书与劳动合同不一致时产生纠纷;明确待遇,最好注明工资的组成,税前和税后工资的计算方式,这样也有利于减少争议。

第四,注意保留人力资源部门或主管人员的联系方式,以便劳动者在决定入职后与公司联系。规范起见,应加盖用人单位的公司印章。

二、风险点:发送录用通知书后拒绝签订合同

一般认为,录用通知书在法律上来说是一种要约,一旦劳动者接受了这种要约,视为双方协商一致,双方之间建立了合同法律关系,均受录用通知书的约束,任何一方拒绝签订劳动合同,守约方都有权要求其承担违约责任。因此,用人单位切勿随意发出录用通知书,一旦劳动者接受录用后,用人单位应当履行签订劳动合同的义务。

【HR 防范策略】

用人单位和劳动者在订立合同过程中,应遵循诚实信用原则,任何一方当事人不得随意违背诚实信用原则,拒绝签订劳动合同,否则有可能承担损害赔偿责任。此外,用人单位在向劳动者发录用通知书过程中,应保留好双方沟通的证据。若劳动者接受录用通知书之后又拒绝签订劳动合同的,用人单位也可以依法要求其承担违约责任。

三、风险点:录用通知书内容与劳动合同不一致

劳动者接受录用通知书后,双方就受到《合同法》约束,而劳动合同签订则意味着双方建立劳动关系,当二者内容约定的不一致时,双方常因二者效力问题引发争议。而且,如果录用通知所承诺的内容并未体现在劳动合同中,劳动者因此向仲裁机构或法院主张权利的,仲裁机构或法院可能认为就未体现的内容适用录用通知书约定,这种局面无疑是用人单位所不愿见到的。因此,用人单位应尽量避免上述情况出现。

【HR 防范策略】

在实务中,用人单位与劳动者签订劳动合同后,对之前发出的录用通知书一般不会再进行任何处理,但当两者之间发生冲突时,应以哪份文件的内容为准呢?由

于这两份文件都是由用人单位提供，根据劳动法律法规的基本原则，大概率会作出有利于劳动者的解释，这也意味着用人单位会因此承担不利后果。所以，在与劳动者签订劳动合同时，用人单位有必要约定录用通知书自此失效，或约定在两者发生冲突时，应以劳动合同规定的条款为准。

法条链接

《民法典》

第四百七十一条　当事人订立合同，采取要约、承诺方式。

第四百七十二条　要约是希望和他人订立合同的意思表示，该意思表示应当符合下列规定：

（一）内容具体确定；

（二）表明经受要约人承诺，要约人即受该意思表示约束。

第四百七十三条　要约邀请是希望他人向自己发出要约的表示。拍卖公告、招标公告、招股说明书、债券募集办法、基金招募说明书、商业广告和宣传、寄送的价目表等为要约邀请。

商业广告和宣传的内容符合要约条件的，构成要约。

第四百七十四条　要约生效的时间适用本法第一百三十七条的规定。

第一百三十七条　以对话方式作出的意思表示，相对人知道其内容时生效。

以非对话方式作出的意思表示，到达相对人时生效。以非对话方式作出的采用数据电文形式的意思表示，相对人指定特定系统接收数据电文的，该数据电文进入该特定系统时生效；未指定特定系统的，相对人知道或者应当知道该数据电文进入其系统时生效。当事人对采用数据电文形式的意思表示的生效时间另有约定的，按照其约定。

第四百七十五条　要约可以撤回。要约的撤回适用本法第一百四十一条的规定。

第四百七十六条　要约可以撤销，但是有下列情形之一的除外：

（一）要约人以确定承诺期限或者以其他形式明示要约不可撤销；

（二）受要约人有理由认为要约是不可撤销的，并已经为履行合同做了合理准备工作。

第四百七十八条 有下列情形之一的，要约失效：

(一)要约被拒绝；

(二)要约被依法撤销；

(三)承诺期限届满，受要约人未作出承诺；

(四)受要约人对要约的内容作出实质性变更。

第四百七十九条 承诺是受要约人同意要约的意思表示。

第四百八十条 承诺应当以通知的方式作出，但是，根据交易习惯或者要约表明可以通过行为作出承诺的除外。

第四百八十一条 承诺应当在要约确定的期限内到达要约人。

要约没有确定承诺期限的，承诺应当依照下列规定到达：

(一)要约以对话方式作出的，应当即时作出承诺，但当事人另有约定的除外；

(二)要约以非对话方式作出的，承诺应当在合理期限内到达。

第四百八十三条 承诺生效时合同成立，但是法律另有规定或者当事人另有约定的除外。

第四百八十四条 以通知方式作出的承诺，生效的时间适用本法第一百三十七条的规定。

承诺不需要通知的，根据交易习惯或者要约的要求作出承诺的行为时生效。

文书工具

《员工录用通知书》【见书尾文书，文书编号：NO. 07】

第七节　如实告知义务

实务精讲

一、用人单位如实告知的内容

用人单位和劳动者建立劳动关系应遵循诚实信用的原则，用人单位对劳动者的相关信息应享有知情权，劳动者对与工作有关的真实情况也应享有了解与获得告知权利。根据《劳动合同法》的规定，新员工入职时，用人单位应如实告知其与工作有关的全部情况。具体来说，用人单位应告知的内容基本上包括了与劳动关系相关的全部内容，具体包括劳动者的工作内容、工作条件、职业危险、安全生产状况、劳动报酬以及劳动者要求了解的其他情况，比如，工作时间、假期、劳动合同期限、培训计划等。

二、如实告知的途径

《劳动合同法》规定用人单位负有如实告知义务，是为了防止用人单位在招录阶段，利用经济上的优势以及信息不对称对劳动者刻意隐瞒，侵害劳动者权益。因此，用人单位履行告知义务应选择在签订劳动合同之前的任一阶段，可以当双方初步接触时告知，也可在面试阶段告知，可以在录用通知书上注明，也可以在劳动者按录用通知书前来报到后签订劳动合同前或者安排工作前告知。具体来说，从固定和保存证据的角度看，用人单位履行告知义务最好通过书面形式，可以将告知的内容在录用通知书上予以注明，并要求劳动者签名确认；也可以单独制定《告知事项书》，让劳动者阅读后书面确认；还可以将告知的内容设计在劳动合同中，在签订劳动合同前向劳动者予以说明。无论采取哪种形式，其目的是为用人单位履行了告知义务提供证明，降低潜在的法律风险。

三、如实告知的特征

如实告知义务有以下特征：第一，强制性。《劳动合同法》第 8 条的表述是“应当如实说明”，在法律规范中属于强制性规范，强制性规范就是适用对象必须遵守的规范，违反了就会引起严重的法律后果。第二，时效性。如实告知义务具有时效特征，该义务的履行时间应当在准备订立劳动合同时，双方签字之前。事后履行存在瑕疵，会导致劳动合同全部或部分无效。第三，内容的确定性。如实告知义务有共性内容六项，个性内容一项。共性内容包括工作内容、工作条件、工作地点、职业危害、安全生产状况、劳动报酬；个性内容为“劳动者要求了解的其他情况”。

四、如实告知义务的必要性

我国劳动就业的总体状况是劳动力供大于求，部分用人单位利用自身强势地位和劳动者求职心切的心理，隐瞒单位实际情况，剥夺劳动者应当享有的知情权，损害劳动者合法权益，严重影响了社会的和谐稳定，《劳动合同法》根据我国社会实际情况，强调用人单位履行如实告知义务，对规范用人单位劳动用工行为，保障劳动者劳动就业知情权和选择权，构建稳定和谐的劳动关系都是十分必要的。

五、不履行如实告知义务的法律后果

《劳动合同法》第 26 条第 1 款第 3 项规定，劳动合同违反法律行政法规强制性规定的，劳动合同全部或部分无效，因此给劳动者造成损害的，用人单位应当承担赔偿责任。

案例说法

案例 1：未如实告知职业病危害，用人单位支付经济补偿金

葛某甲于 2011 年 6 月 12 日与×××公司签订劳务派遣劳动合同，约定劳动合同期限至 2013 年 5 月 31 日，葛某甲被派遣至××电机公司从事焊接工作。2012 年 6 月 13 日，葛某甲等员工在工作中出现不适症状。次日，××电机公司安排葛某甲到医院就诊。葛某甲在 2012 年 7 月 23 日之后未再到××电机公司上班。×××公司于 7 月 26 日、7 月 31 日、8 月 6 日通知葛某甲上班，后于 8 月 17 日通知解除与葛某甲的劳动合同关系。

2012 年 10 月 15 日，江苏省疾病预防控制中心职业病防治所出具职业病诊断证明书，写明：葛某甲工作中接触二甲苯、氧化锌等职业病危害因素，无个人防毒防护用品，2012 年 6 月 13 日下午因单位使用加湿器和空调出现不适。诊断结论为金属烟热，处理意见为对症治疗，定期复查。2012 年 10 月 30 日，南京市人力资源和社会保障局认定葛某甲为工伤。2012 年 11 月 30 日，南京市劳动能力鉴定委员会鉴定葛某甲致残程度未达级。×××公司后于 2012 年 12 月 17 日向葛某甲发出要求其上班的通知，通知写明：葛某甲没有任何休假手续至今未上班，现最后一次通知葛某甲于 12 月 19 日来单位上班，否则按旷工处理；根据××电机公司的《员工手册》第六章第六节第 2 条，连续旷工 3 天或 1 个月累计旷工 5 天以上者，公司将与之解除劳动合同。葛某甲收到通知后未提交病假证明也未上班。2012 年 12 月 25 日，×××公司与××电机公司以葛某甲连续旷工 7 日以上，严重违反用工单位规章制度为由与葛某甲解除了劳动合同。

一审法院驳回葛某甲的诉讼请求，葛某甲上诉。二审法院认为，劳动者在已订立劳动合同期间因工作岗位或者工作内容变更，从事与所订立劳动合同中未告知的存在职业病危害的作业时，用人单位应当依照前款规定，向劳动者履行如实告知的义务，并协商变更原劳动合同相关条款。用人单位违反前两款规定的，劳动者有权拒绝从事存在职业病危害的作业，用人单位不得因此解除与劳动者所订立的劳动合同。×××公司与葛某甲签订劳动合同时，未在劳动合同中写明工作过程中可能产生的职业病危害及其后果、职业病防护措施和待遇，违反了上述规定。葛某甲在工作过程中遭受职业病伤害，出院后，×××公司、××电机公司要求葛某甲回岗工作，葛某甲未回岗工作，×××公司不得据此解除与葛某甲的劳动合同。因此，×××公司单方解除与葛某甲的劳动合同的行为不符合法律规定，应当支付葛某甲主张的解除劳动合同经济赔偿金。

【裁判文书编号】

南京市中级人民法院民事判决书，(2014)宁民终字第 1333 号

南京市栖霞区人民法院民事判决书，(2013)栖民初字第 1343 号

案例 2：用人单位违反如实告知义务导致劳动合同无效

临沂市郯城某食品有限公司在劳动力市场招聘人才时，招聘广告上写明了“工资高、待遇好、工作条件好、招工名额有限”等字样。高某被广告上的承诺所吸引，赶紧和企业招聘人员洽谈起来。高某关心的只是一个月能挣多少钱，忽略了企业其他

情况，企业招聘人员也没有告诉她与工作相关的其他情况。签订劳动合同后，高某随招聘人员到了公司才发现，公司位于一个很偏的地方，交通十分不方便。接着，她随工作人员去了车间，发现工作条件很糟糕，并不像招聘广告上说得那么好，她决定不在这家食品公司工作。经理知道后非常生气，认为高某与公司签订了劳动合同，不能说走就走。为此，双方发生劳动争议。

用人单位和劳动者都具有如实告知义务，但用人单位的如实告知义务是主动的，是必须履行的，劳动者的如实告知义务是被动的，因为劳动者需要相应的隐私保护。在本案中，临沂市郯城某食品有限公司没有履行自身的如实告知义务，所以违反了《劳动合同法》第 8 条的规定。用人单位招用劳动者时，应对如实告知劳动者工作内容、工作条件、工作地点、职业危害、安全生产状况、劳动报酬以及劳动者要求了解的其他情况。并且该公司采取欺骗的手段，使得高某陷入了错误的认识，最终作出相反的意思表示，同公司签订了劳动合同。

根据《劳动合同法》第 26 条第 1 款的规定，下列劳动合同无效或部分无效：(1)以欺诈、胁迫手段或者乘人之危，使对方在违背真实意思的情况下订立或者变更的劳动合同的；(2)用人单位免除自己的法定责任、排除劳动者权利的；(3)违反法律、行政法规强制性规定的。所以，双方签订的劳动合同是无效的，不存在劳动关系，因此用人单位不能阻挡高某的离开。

风险应对

一、风险点：如实告知的风险

《劳动合同法》第 8 条规定，用人单位招用劳动者时，应当如实告知劳动者工作内容、工作条件、工作地点、职业危害、安全生产状况、劳动报酬以及劳动者要求了解的其他情况。《职业病防治法》规定：用人单位与劳动者订立劳动合同时，应当将工作过程中可能产生的职业病危害及其后果、职业病防护措施和待遇等如实告知劳动者，并在劳动合同中写明，不得隐瞒或者欺骗。可见，告知义务是用人单位应主动承担的义务，有些情况即使劳动者未要求了解，用人单位仍须尽自己的义务告知劳动者，告知的时间在签订合同之前，而非在合同签订之后，告知的内容至少应包括工作内容、工作条件、工作地点、职业危害、安全生产状况、劳动报酬，不能选择性地告知其中的部分内容。

用人单位不履行如实告知义务的后果:一是导致劳动合同无效或部分无效。《劳动合同法》第26条第1款第1项规定,以欺诈的手段,使对方在违背真实意思的情况下订立的劳动合同属无效劳动合同。用人单位若不诚实履行告知内容,可能构成欺诈,从而导致劳动合同无效或部分无效。即使劳动合同无效,用人单位仍须向劳动者支付劳动报酬。劳动报酬并非按照已经履行的标准支付,而是参考用人单位同类岗位或相近岗位劳动者的劳动报酬确定。第二,用人单位面临向劳动者支付经济补偿金的法律风险。根据《劳动合同法》第38条的规定,如果因用人单位造成劳动合同无效,劳动者可以离职,用人单位须向其支付经济补偿金。第三,用人单位还面临向劳动者赔偿损失的法律风险。根据《劳动合同法》第86条的规定,如果用人单位由于劳动合同无效给劳动者造成损失的,作为有过错的一方,用人单位应赔偿劳动者因劳动合同无效而造成的损失。

【HR 防范策略】

用人单位招录新的劳动者时,最好是在签订劳动合同之前,应履行如实告知义务,在向劳动者介绍劳动合同法定内容时,应作书面记录,尽量将工作内容介绍得全面一些,详细一些,以免在履行劳动合同过程中,劳动者以单位在签订劳动合同时采取了欺诈行为为由,要求确认劳动合同无效或部分条款无效。告知必须是真实告知,不能提供虚假信息。告知的内容包括工作内容、工作地点、工作条件、劳动报酬、职业危害、安全生产状况以及劳动者要求了解的其他情况。告知应以一种通俗易懂的方式进行,能够让劳动者及时知道和理解。用人单位可以考虑预先制作告知说明书,将工作内容详细记录在告知书中,经劳动者签字确认后,再与劳动者签订劳动合同,用人单位应妥善保存该告知说明书。

二、风险点:未履行告知义务

一些用人单位在招聘文案中可能在具体工作内容、职业危害等方面含糊其词、避而不谈,一些劳动者也可能出于求职心切或其他原因仓促签订了劳动合同,但假若之后劳动者对劳动内容或其他方面提出异议,用人单位在招聘过程中未履行告知义务的行为可能给自身带来法律风险。

【HR 防范策略】

《劳动合同法》第8条规定,用人单位招用劳动者时,应当如实告知劳动者工作内容、工作条件、工作地点、职业危害、安全生产状况、劳动报酬以及劳动者要求了解的其他情况；用人单位有权了解劳动者与劳动合同直接相关的基本情况，劳动者应当如实说明，即用人单位在招聘时有告知劳动者相关情况的义务，无论劳动者是否提出知悉要求，避免因未履行如实告知义务构成欺诈而导致劳动合同无效给用人单位造成不必要的损失。

法条链接

1.《劳动合同法》

第八条 用人单位招用劳动者时，应当如实告知劳动者工作内容、工作条件、工作地点、职业危害、安全生产状况、劳动报酬，以及劳动者要求了解的其他情况；用人单位有权了解劳动者与劳动合同直接相关的基本情况，劳动者应当如实说明。

第二十六条 下列劳动合同无效或者部分无效：

（一）以欺诈、胁迫的手段或者乘人之危，使对方在违背真实意思的情况下订立或者变更劳动合同的；

（二）用人单位免除自己的法定责任、排除劳动者权利的；

……

第二十八条 劳动合同被确认无效，劳动者已付出劳动的，用人单位应当向劳动者支付劳动报酬。劳动报酬的数额，参照本单位相同或者相近岗位劳动者的劳动报酬确定。

第八十六条 劳动合同依照本法第二十六条规定被确认无效，给对方造成损害的，有过错的一方应当承担赔偿责任。

2.《职业病防治法》

第三十三条 用人单位与劳动者订立劳动合同（含聘用合同，下同）时，应当将工作过程中可能产生的职业病危害及其后果、职业病防护措施和待遇等如实告知劳动者，并在劳动合同中写明，不得隐瞒或者欺骗。

劳动者在已订立劳动合同期间因工作岗位或者工作内容变更，从事与所订立劳动合同中未告知的存在职业病危害的作业时，用人单位应当依照前款规定，向劳动者履行如实告知的义务，并协商变更原劳动合同相关条款。

用人单位违反前两款规定的，劳动者有权拒绝从事存在职业病危害的作业，用人单位不得因此解除与劳动者所订立的劳动合同。

文书工具

《员工入职告知书范本》【见书尾文书，文书编号：NO. 08】

第八节　禁止担保及收取费用

实务精讲

一、禁止担保及收取费用的规定

民法意义上的担保是指债权人为确保债务得到清偿，而在债务人或第三人的特定的物和权利上设定的，可以支配他人财产的一种权利的行为。本条所称的担保并不是民法意义上的担保，而是用人单位以此为名义非法向劳动者收取风险抵押金、扣押劳动者身份证件的行为。

在实践中，某些用人单位为防止劳动者在工作中给用人单位造成损失，利用自己的强势地位，招用劳动者时要求劳动者提供担保或者向劳动者收取风险抵押金的行为，这是一种不合法的行为。劳动监察部门对这种情况进行了大量查处，执法力度较大，使大多数用人单位不敢再明目张胆地向劳动者收取抵押金，转而采取了一些变相的方法或手段，达到向员工收取抵押金的目的，如收取服装费、电脑费、住宿费、培训费、集资款（股金）等，变相获取风险抵押金。甚至有一些犯罪分子利用劳动者求职心切，收取高额抵押金后逃之夭夭，造成新的社会不安定因素。此外，用人单位还通过扣押劳动者的居民身份证或者其他证件，如暂住证、资格证书和其他证明个人身份的证件等，以达到掌控劳动者的目的。[①] 因此，《劳动合同法》明确规定，用

① 参见陈开琦、唐军、张松：《劳动合同法理解与应用》，光明日报出版社 2008 年版，第 12 页。

人单位招用劳动者，不得要求劳动者提供担保或者以其他名义向劳动者收取财物，不得扣押劳动者的居民身份证或者其他证件。[①]

二、收取费用或要求担保的后果

根据《劳动合同法》第84条的规定，用人单位的此类行为会招致行政机关的罚款，如果扣押了身份证等证件，会被责令退还劳动者；如果给劳动者造成了损害，用人单位还应该承担赔偿责任。

案例说法

案例1：用人单位违规收取“安全互助金”，被判全额退还

2011年12月8日，张某某填写《驾驶员入职审批表》，向工贸公司申请主驾职位，并承诺遵守《驾驶员安全目标责任协议书》《员工奖惩规定》《违章违纪处理规定》《考勤管理办法》等公司规定。《驾驶员入职审批表》上财务部审批意见载明，该车主驾交保证金35,000元整。同日，双方签订《劳动合同》，约定张某某从事客运驾驶的工作，合同期限从2011年12月8日至车辆报废为止。同时，张某某与工贸公司签订《驾驶员安全目标责任协议书》，约定合同期内，驾驶一方实行车组长负责制，合同期为4年。车组长和驾驶员在签订协议书时，必须一次性向公司缴纳车辆安全互助金，车辆安全互助金不计利息（凭收据退费）。合同期限届满，驾驶员处理完交通安全事故、交通违章、服务纠纷和拖欠公司款项等情况后交回车辆和车辆附属设备及各种营运证件。公司检验合格后，凭收据退还车辆安全互助金，驾驶员如有任何拖欠公司款项的行为以及未处理完的交通事故、违章的款项等，先从车辆安全互助金中扣除，完清后再退回其余额。

签订《驾驶员安全目标责任协议书》后，工贸公司向张某某收取了名义为“安全互助金”的款项35,000元。2011年12月9日，张某某填写《车辆、证照卡、牌交接清单》，从工贸公司接手了机动车行车执照（正本及副本）、机动车道路运输证（正本及副本）……车钥匙2把及牌照号为渝A×××××的车辆，并于当日开始驾驶车辆。

① 参见王明：《企业人力资源全程操作指引与风险防范》，法律出版社2012年版，第7页。

入职后，张某某分别于2014年1月、2月、3月参加了工贸公司所组织的出租车驾驶员培训，培训内容包括学习《渝工贸集团〔2011〕02号（安全管理暂行办法）》。《渝工贸集团〔2011〕02号（安全管理暂行办法）》第2条第6项规定，如本车一年内累计发生两次事故，公司有权撤销该车车组长职务，并有权辞退包括该车车组长、非当班驾驶员、当班驾驶员在内的整车驾驶员。

2014年9月23日，张某某将机动车道路运输证等证件及牌照号为渝A××××× 的车辆交回给工贸公司，并填写了相应交接清单。2014年10月19日，工贸公司通知其工会委员会，拟辞退张某某。工贸公司工会委员会于当日答复工贸公司，表示同意。2014年10月21日，张某某收到工贸公司所寄出的《终止（解除）劳动合同通知书》。该通知书载明，工贸公司根据双方在《劳动合同》第7条第2款第2项的约定，解除劳动合同。《劳动合同》第7条第2款第2项罗列了工贸公司可以解除双方劳动关系的条件，其中包括张某某严重违反工贸公司的规章制度。

张某某请求判令：(1)确认张某某与工贸公司于2014年10月21日解除劳动关系；(2)工贸公司支付张某某违法解除劳动合同的赔偿金30,000元（5000元×3个月×2）；(3)工贸公司退还违法收取的安全互助金35,000元。

一审法院认为，关于安全互助金的问题，根据《驾驶员入职审批表》与《驾驶员安全目标责任协议书》所载明的内容，该笔款项具有担保的性质。《劳动合同法》第9条规定，用人单位招用劳动者，不得扣押劳动者的居民身份证和其他证件，不得要求劳动者提供担保或者以其他名义向劳动者收取财物。据此规定及查明情况，工贸公司应退还张某某安全互助金35,000元。

二审法院认为，工贸公司依据《驾驶员安全目标责任协议书》《安全管理暂行办法》的规定，收取安全互助金35,000元系合法收取，在张某某在职期间的交通事故未处理完毕的情况下，工贸公司不应予以退还。从出租车营运的实际需要，收取安全互助金是必要的。法院对安全互助金的问题，认为工贸公司在二审中举示的新证据，因其内容违反《劳动合同法》第9条的规定，不具有合法性，工贸公司应退还张某某安全互助金35,000元。

【裁判文书编号】

重庆市第一中级人民法院民事判决书，(2016)渝01民终02073号

案例2:用人单位收取履约费用,被判带息退还

2010年7月30日,原告梁某某与被告四川某股份有限公司下属的第五分公司签订了《劳动合同》,合同约定:原告外派工作地点为塔吉克斯坦,合同期限1年,具体起止时间以出国日期和实际到期日期计算;原告向第五分公司交纳人民币3万元,用于被告履约前期费用开支,合同期满后一次性给原告报销前期费用3万元。该合同还对工作内容、工作时间、工资待遇等作出了约定。2010年7月22日,被告下属的第五分公司给原告出具了"用于出境前期费用支出"24,000元的《收据》。合同签订后,第五分公司在塔吉克斯坦建设项目因故停止,至今未将原告等人外派至塔吉克斯坦工作,被告向原告退还了前期费用11,000元。原告要求被告退还前期费用13,000元未果,引发群体上访事件。

法院认为,第五分公司是被告设立的分支机构,根据《公司法》的规定,被告的第五分公司虽是责任人,但不是本案必须共同进行诉讼的当事人,分公司的民事责任应由公司承担。原告举出了第五分公司出具的《收据》,证明第五分公司向原告收取了前期费用,被告未提供反驳证据证明,法院认可原告所提交《收据》的证明力,故法院认定第五分公司收取原告前期费用的事实成立。另根据《劳动合同法》的规定,用人单位招用劳动者,不得要求劳动者提供担保或者以其他名义向劳动者收取财物,第五分公司向原告收取前期费用的行为违法,故被告应当退还其向原告收取的前期费用。《劳动合同》约定的履行期限虽为1年,但被告收取的前期费用有违法律规定,其应从收取之日承担利息损失。遂判决被告四川某股份有限公司退还给原告前期费用13,000元及利息(利息的计算方式:以13,000元为基数,从2010年7月30日起按中国人民银行公布的金融机构同期贷款基准利率计算至付清之日止)。

【裁判文书编号】

南充市顺庆区人民法院民事判决书,(2014)顺庆民初字第3419号

案例3:用人单位收取劳动者押金,最后全款返还给劳动者

石嘴山市大武口区劳动保障监察执法局接到赵某投诉,称其2018年12月到某超市工作时按单位要求缴纳了500元的押金,但当与超市解除劳动关系时,用人单位拒绝返还所缴纳押金,希望能得到帮助。

在调查过程中,工作人员了解到该超市确实存在收取押金的劳动保障违法行

为，立即对超市负责人进行约谈，耐心向其讲《劳动合同法》中的有关规定，告知其收取押金的行为侵害了劳动者的合法权益，属于违法行为，责令其将收取的押金限期退还给劳动者本人。

根据《劳动合同法》第9条的规定，用人单位招用劳动者不得要求劳动者提供担保或者以其他名义向劳动者收取财物。该超市收取赵某押金是违法的。8月下旬，该超市返还了违法收取赵某的500元押金，并表示愿意按照相关要求进行限期整改。

风险应对

风险点：用人单位收取费用及要求担保的风险

一些用人单位借招录员工牟利，招录员工时要求求职者缴纳一些费用，如报名费、培训费、招聘费等；一些用人单位担心员工在了解工作情况后自离，要求员工缴纳抵押金、保证金，或者扣押员工的身份证、户口簿等证件；一些用人单位担心员工因工作失误给公司造成经济损失，也会以各种名义向员工收取法律风险抵押金或者其他类型的财物作为担保。凡此种种，都是不合法的招工行为。

【HR防范策略】

根据《劳动合同法》第9条的规定，用人单位招录劳动者时，不得要求劳动者提供担保或者以其他名义向劳动者收取财物，但是在建立劳动关系之后，并不是绝对禁止的。《劳动部办公厅、国家经贸委办公厅对"关于用人单位要求在职职工缴纳抵押性钱款或股金的做法应否制止的请示"的复函》（已失效）中规定：至于一些用人单位与职工建立劳动关系后，根据本单位经营管理实际需要，按照职工本人自愿原则向职工收取"风险抵押金"及要求职工全员入股等企业生产经营管理行为，不属上述规定调整范围。

可见，用人单位如果真的要收取"风险抵押金"之类的款项，要注意收取抵押金的时间不能在签订劳动合同时，应该是在签订劳动合同、建立劳动关系后再收取。收取的时候应该遵循自愿原则，与劳动者签订书面协议书，表明这是在劳动者的真实意愿下签订的。

当然，为了更好地管理员工，避免劳动者的离职给公司造成损害，公司应该加强内部的管理，收取“风险抵押金”并非上策。

疑难解答

一、用人单位要求具有本地户口的人员出具担保有效吗？

2003 年 7 月 8 日，谢某入职深圳一家食品销售公司，其工作职责是向深圳市各商场销售公司的冷冻食品，并收取货款。为了避免业务员在收到货款后私吞，公司要求谢某提供深圳市户口的亲友做担保。2004 年 10 月，该食品销售公司发现谢某收取大量现金后并未上交公司，并卷款潜逃，于是便把担保人林某告到了法院，要求担保人林某偿还谢某所侵占的所有货款。

在北京、上海、广州、深圳等大城市，外来打工者人数众多，很多用人单位为了避免因外来打工者侵占公司财产却无从追诉的风险，便要求员工入职时必须有本地户籍的亲友提供担保，但是相关纠纷一旦发生，这种担保是否有效呢？本案发生在 2008 年《劳动合同法》施行之前，在当时法律没有明确规定的情况下，审判法官基于一般的法理原则作出了该劳动合同担保关系无效的判决。《劳动合同法》施行后，对此更是作出了明确规定，即单位要求劳动者提供任何形式的担保，都是违法的，这里当然包括提供保证人的所谓“人保”。因此，依据现行法律的规定，要求劳动者提供担保和向劳动者收取财物一样，都是被法律所禁止的，因此，用人单位要求具有本地户口的人员出具担保是无效的。

二、用人单位未收担保金，劳动者造成公司损失怎么办？

用人单位可以在劳动合同中约定，如果劳动者的行为造成用人单位经济损失，用人单位可以要求劳动者承担相应的赔偿责任。赔偿经济损失的数额，应由用人单位根据实际情况来确定，从劳动者的工资中扣除。不过，每月扣除的金额不能超过劳动者本人月工资的 20%。如果扣除后的剩余工资部分低于当地月最低工资标准，用人单位应按当地最低工资标准支付劳动者工资。

法条链接

1.《劳动合同法》

第九条 用人单位招用劳动者，不得扣押劳动者的居民身份证和其他证件，不得要求劳动者提供担保或者以其他名义向劳动者收取财物。

第八十四条 用人单位违反本法规定，扣押劳动者居民身份证等证件的，由劳动行政部门责令限期退还劳动者本人，并依照有关法律规定给予处罚。

用人单位违反本法规定，以担保或者其他名义向劳动者收取财物的，由劳动行政部门责令限期退还劳动者本人，并以每人五百元以上二千元以下的标准处以罚款；给劳动者造成损害的，应当承担赔偿责任。

劳动者依法解除或者终止劳动合同，用人单位扣押劳动者档案或者其他物品的，依照前款规定处罚。

2.《关于贯彻执行〈中华人民共和国劳动法〉若干问题的意见》

24.用人单位在与劳动者订立劳动合同时，不得以任何形式向劳动者收取定金、保证金（物）或抵押金（物）。对违反以上规定的，应按照劳动部、公安部、全国总工会《关于加强外商投资企业和私营企业劳动管理切实保障职工合法权益的通知》（劳部发〔1994〕118号）和劳动部办公厅《对"关于国有企业和集体所有制企业能否参照执行劳部发〔1994〕118号文件中的有关规定的请示"的复函》（劳办发〔1994〕256号）的规定，由公安部门和劳动行政部门责令用人单位立即退还给劳动者本人。

3.《劳动部关于严禁用人单位录用职工非法收费的通知》

有些用人单位在录用职工时非法向劳动者收取费用，把缴费作为录用的前提条件，其名目有集资、风险基金、培训费、抵押金、保证金等。更为严重的是，个别用人单位根本没有新的工作岗位，而把录用职工仅仅作为筹集资金的渠道，被录用的职工长期不能上班，严重损害了这部分劳动者的合法权益。这种在录用职工中非法收费的行为必须予以纠正。

第二章

入职管理

第一节 入职申请表

实务精讲

一、入职申请表的概述

入职申请表是招聘单位提供的，供应聘者在入职之前填写的反映其信息状况的一种人力资源表格。入职申请表作为用人单位在招聘环境最为重要的人事表单，其内容只有经过精心设计，才会最大限度地降低用人单位的用工风险，进而降低用工成本，增强用工自主权。

入职申请表不同于简历。简历一般在面试之前劳动者就已经通过各种途径向用人单位投递了，用人单位根据简历反映的信息来决定是否给应聘者面试的机会，而入职申请表一般是应聘者面试时才让其填写的。简历是应聘者想让用人单位知道的信息，主要反映应聘者各种信息情况，一般反映的都是对其有利的信息，而入职申请表是用人单位想了解的应聘者的信息，两者之间的信息内容是有差别的。入职申请表除反映应聘者信息外，还会通过设定一定条款来规避用人单位的用工风险，这方面功能是简历所不能承载的。

入职申请表也不同于员工信息登记表。入职申请表是劳动者在录用之前填写的，不仅反映用人单位希望了解的有关员工的信息，还有规避用人单位用工风险的内容。员工信息登记表是被用人单位正式录用的劳动者在被录用后所填写的表单，一般不具有规避用工风险的内容。实务中，如果入职申请表够详细，是可以取代员工信息登记表的。有些劳动者在入职面试时，觉得只是面试没必要告知那么多信息，填写入职申请表时并没有填写全，但等到被正式被录用后，用人单位一般会让员工把面试时没有填写的内容填写完整。

二、入职申请表的作用

用人单位对劳动者与劳动合同直接相关的信息是有知情权的，入职申请表承载了劳动者信息披露的义务，但入职申请表不仅是劳动者信息披露的一种表现形式，还有其他作用。

首先，入职申请表满足了用人单位的知情权。用人单位在招聘一定岗位时，或多或少都会有一定的招聘条件，如学历、职业资格、工作经验等。入职申请表反映的信息，是用人单位考察应聘者是否符合招聘条件，从而决定是否录用的重要依据。

其次，入职申请表不仅包括用人单位想知悉的应聘者信息，还会设计一些内容来防范用工风险。如要求应聘者提供联系地址，这样能免除相关法律文书不能送达的法律风险；入职申请表中一般都会有如果提供虚假信息，用人单位可以解除劳动关系的声明，这样就为用人单位解除劳动关系提供了依据；要求应聘者提供离职证明，用以证明已经离职，避免因双重劳动关系给其他单位造成损失，从而导致赔偿责任等。

最后，入职申请表对用人单位来说还是维护其合法权益的重要书面证据，因为入职申请表固定了劳动者的相关信息。用人单位在不予录用劳动者、解除劳动关系、送达相关法律文书时会比较简便。如果劳动者在入职申请表中反映的信息不符合招聘条件，可以不予录用；如果劳动者在入职申请表中提供了虚假信息，在建立劳动关系后可以解除劳动关系；相关法律文书的送达方式也可以按照应聘者在入职申请表中的声明进行操作。

案例说法

案例1：没有员工通信地址，用人单位败诉

王某在长沙某公司做业务员。2008年3月3日，王某因家里有事向公司请假5天，假期满后，王某一直没有回公司上班，公司就根据员工手册的规定，认为王某已经连续旷工10天，视为自动离职，公司于2007年3月24日就在公司内部做了通报，说王某已经自动离职了。2009年5月12日，王某申请劳动仲裁，要求公司支付工资期间的加班工资和业务提成。公司答辩称王某已经从2008年3月24日起就自动离职了，其在2009年5月12日才申请劳动仲裁，已经超过1年的申诉时效了，请求驳回王某的仲裁请求。

庭审过程中，公司声称没有王某的通信地址，无法向王某送达解除合同书。劳动争议仲裁委员会认为，根据《最高人民法院关于审理劳动争议案件适用法律若干问题的解释(二)》(已失效)的规定,因解除或终止劳动关系产生的争议,用人单位不能证明劳动者收到解除或终止书面通知时间的,劳动者主张权利之日为劳动争议发生之日。王某虽然于2008年就已经离职了,但是公司并不能证明王飞已经收到了解除劳动合同的书面通知,因此,公司辩称王某已经过申诉时效的理由不成立,后根据相关举证情况对案件作了裁判。

从这个案例中,我们可以看到相关法律文书送达的重要性,这需要我们企业对员工的联系方式尽可能地收集到位,《入职登记表》相关设计中就应该对此有所体现。

案例2:把《入职登记表》视为劳动合同,用人单位支付2倍工资差额

小黄于2010年12月26日入职某航空用品公司。入职时,公司要求小黄填写《入职登记表》,内容包括个人情况、家庭情况和工作履历等,又让其在公司制作好的《服务自愿书》上签名。此后,公司没有再另行通知小黄签订书面劳动合同。几个月后,小黄认为公司克扣其加班工资,又不与其签订劳动合同,遂提出劳动仲裁申请,要求公司支付包括未签订劳动合同的2倍工资差额在内的各项赔偿。仲裁期间,公司理直气壮地拿出当初小黄入职时填写的《入职登记表》《服务自愿书》,声称上述文件有小黄的签名和公司法定代表人同意录用的批注,有约定小黄的工资标准,实际上就是当初双方签订的劳动合同,因此主张公司无须向小黄支付未签订书面劳动合同的2倍工资差额。案件诉至法院,法院经审查认为,虽然公司关于《入职登记表》及其附属的《服务自愿书》的陈述属实,但是上述文件缺乏劳动合同期限等其他最基本的劳动合同内容。而且这两份文件只是员工入职履行的登记手续,其法律效力不能等同于书面劳动合同。法院遂认定双方未签订书面劳动合同,判决公司向小黄支付未签订劳动合同的2倍工资差额。

风险应对

风险点:入职申请表当作劳动合同

入职申请表与劳动合同存在本质不同,既不属于劳动合同,也不能等同于劳动合同。入职申请表仅是用人单位为了解劳动者基本情况而要求劳动者填写,且为用人单位单方保存，并不会向劳动者交付。根据《劳动合同法》的规定，用人单位具有与劳动者签订书面劳动合同的法定义务，若用人单位以入职申请表代替劳动合同，则可能面临向劳动者支付未签订书面劳动合同双倍工资的法律风险。

【HR 防范策略】

签订劳动合同是用人单位的法定义务，入职登记表不能代替书面劳动合同，因此，用人单位录用员工后应及时签订书面劳动合同。签订劳动合同后，用人单位还应及时向劳动者送达，并保留劳动者签收劳动合同的证据。如有些单位制作《劳动合同签收备案表》要求劳动者签收劳动合同后签名、书写日期并备注劳动合同期限，以此避免劳动者主张其未签订或未收到劳动合同。此外，如果用人单位提出签订书面劳动合同后，劳动者拒不签订书面劳动合同，公司应注意保留相关证据，并及时通知劳动者终止劳动关系。

疑难解答

入职申请表在什么情况下可以代替劳动合同？

入职申请表能否代替劳动合同，要根据入职申请表的内容而定，所以，该问题的答案为不确定。如果用人单位与劳动者签订的入职登记表只含有劳动者的个人信息，没有填写相应明确的合同开始时间和结束时间，并不能当作劳动合同使用。

不过，入职登记表如果包含劳动合同的完整信息，也是可以视同为劳动合同的。劳动合同应该包括：(1)用人单位的名称、住所和法定代表人或者主要负责人；(2)劳动者的姓名、住址和居民身份证或者其他有效身份证件号码；(3)劳动合同期限；(4)工作内容和工作地点；(5)工作时间和休息休假；(6)劳动报酬；(7)社会保险；(8)劳动保护、劳动条件和职业危害防护；(9)法律、法规规定应当纳入劳动合同的其他事项。如果入职申请表，包括了劳动合同的核心信息，比如，劳动合同期限、工作内容和工作地点、工作时间和休息时间、劳动报酬这些信息，大概率会被认定为劳动合同。

操作指引

一、入职申请表的基本内容

入职申请表一般是由用人单位提供的，要求应聘者填写的反映其基本信息的一种表格。一般主要包括以下内容：

1. 求职者个人信息。包括姓名、年龄、身份证号码、性别、婚姻情况、身高、体重、民族、农村/城市户口、户籍地和居住地等。

2. 求职者技能和爱好。了解求职者的爱好和技能，必要时可以发挥员工特长，解决一些跨部门或跨专业性的综合问题，还可以借助员工的兴趣爱好活跃公司氛围，增进同事之间的沟通与交流。

3. 求职者教育背景。一般从求职者的高中教育背景开始填写，一直写到求职者的最高学历。某些招聘岗位有严格的学历要求，学历不达标的求职者直接不会有面试机会；求职者学历越高，可能面试得分越高；若最高学历相同，还有可能会根据求职者的第一学历作为参考。

4. 求职者培训经历和工作经历。其中工作经历包括入职者原工作的单位名称、工作时间、所在部门及岗位、离职原因。

5. 求职者主要家庭成员。家庭主要成员主要包括父母、配偶、兄弟姐妹的基本情况。用人单位通过家庭主要成员的情况来更加深入了解应聘者。

6. 求职者联系方式和紧急联系人。联系方式主要包括联系电话、联系地址和电子邮箱。紧急联系方式是联系方式的补充，是为了确保紧急情况下联系不到本人时，可以通过紧急联系方式联系。紧急联系人一般是父母、配偶、好友等。

7. 用人部门面试记录。面试记录主要是由用人单位的面试考官对应聘者评价或面试结果进行记录形成的。

8. 期望薪资和薪资核定情况。求职者填写自身期望薪资，用人单位再根据面试情况进行综合核定可以给予的实际薪资范畴，双方均可能通过双方给出的薪资范畴预判与该岗位的匹适程度。

9. 总经理意见。是否同意录用求职者，一般由总经理审核，并填写审核意见。

二、入职申请表的设计要点

入职申请表不仅是用人单位知情权的体现，还是为了防范用工风险，让用人单位了解求职者基本信息以及与拟招聘岗位的匹配情况，提高招聘效率。因此，设计一份科学合理的入职申请表尤为重要。其中求职者的身份信息、联系方式、工作经历、通知条款是入职申请表必备内容，下面进行详细论述。

1. 身份信息。其中姓名和身份证号码主要是为了确定求职者的真实身份信息；年龄，用人单位要核实应聘者的年龄，一般情形下只能招收年满 16 周岁的劳动者，特殊文艺、体育和特种工艺除外；填写性别、婚姻情况，用人单位应履行对女性劳动者“三期”期间的特殊保护，更加不能在招聘过程中对已婚未育女性实施就业的歧视；核实劳动者农村/城市户口，户口不同享受的福利待遇可能会有所区别，企业的用工成本也可能不同；填写户籍地和居住地，有助于预判应聘者与工作地点的远近，与拟招聘企业岗位的合适程度。

2. 联系方式。联系方式主要包括联系电话、紧急联系方式、联系地址和电子邮箱。联系电话为了方便联系，必要时可以通过短信方式向劳动者告知一些事项，比如要求签订劳动合同通知、要求购买社保通知和单方解除劳动合同通知等。紧急状况的联系方式是确保遇到紧急情况联系不到本人时，则可以通过紧急状况联系人予以联系。这种情况虽不常遇到，但作为不时之需还是非常有必要的。联系地址是用于防范送达不能从而导致违法解除劳动关系的法律风险。电子邮箱也是非常重要的，一来联系之用，二来也能用作证明送达相关法律文书的证据使用。

3. 工作经历。了解求职者的工作经历以便用人单位对求职者的工作经验、对工作的态度、是否频繁变更工作单位情况等，这也可以帮助用人单位预测求职者所掌握的技能，这样的求职者在经验、技能方面会有一定程度加分。

4. 通知条款。设定通知条款的目的就是便于相关通知及法律文书的送达。有时候，用人单位需要通知员工一些事项，比如，通知其及时签订劳动合同、通知其购买社保、通知其在停工留薪期后尽快上班或通知其已经被解除或终止劳动合同关系，特别是用人单位作出解除或终止劳动合同的决定，应当送达给员工才能产生法律效力。但员工如果不认可用人单位解除或终止劳动合同的决定，就可能会拒收，或不辞而别导致无法送达，这时通知条款就比较重要了。

通知条款的范例：

本人确认上表的本人联系地址和紧急联系人的联系地址为送达地址，如未填写的以身份证载明住址为送达地址，同意公司以快递等形式寄送文件或物品等，自寄送之日起第四日视为送达之日。如果联系方式发生变更，应当于3日内通知公司，否则因此产生的一切不利后果自行承担。

5. 求职者相关承诺。

(1)无欺诈承诺。比如，“本人承诺上表所填事项均属实，愿意接受公司对表内内容的核实，如有虚假或隐瞒导致公司与本人签订劳动合同的，公司有权解除劳动合同”。

(2)无竞业限制声明。比如，“本人声明自己与原用人单位无保密协议或竞业限制协议，如侵犯原用人单位商业秘密等权利，一切不利后果自行承担”。

竞业限制只约束高级管理人员、高级技术人员和其他负有保密义务的人员，若求职者在原单位属于该类员工，则用人单位应对竞业限制有关情况进行审核。若用人单位未对该情况进行审核，与竞业限制人一同侵犯了其他单位的商业秘密，可能构成共同侵权，需承担相应赔偿责任。但是，由于签订竞业限制协议的主体是求职者与其原用人单位，具有一定的保密性，其他人无法知晓双方所签订的协议内容，因此可以通过要求求职者做无竞业限制声明或直接向求职者原来工作单位求证的方式进行核实。

(3)不存在其他劳动关系声明。比如，“本人与任何单位不存在劳动关系，如因本人与原单位未解除劳动关系使得公司承担相关责任的，公司对本人有追偿的权利”。

为防范用工风险，用人单位应审查求职者的离职情况。《劳动法合同法》虽然未禁止双重劳动关系，但根据该法第91条规定，“用人单位招用与其他用人单位尚未解除或者终止劳动合同的劳动者，给其他用人单位造成损失的，应当承担连带赔偿责任”。因此，用人单位可以通过要求求职者提供离职证明、解除劳动合同关系证明或不存在劳动关系声明等规避法律风险。

文书工具

《招聘人员信息登记表》【见书尾文书，文书编号：NO. 09】

第二节 入职审查

实务精讲

一、入职审查的作用

《劳动合同法》明确规定对与劳动合同直接相关的劳动者的基本情况，用人单位享有知情权，因此用人单位 HR 应做好对拟录用人员的入职审查工作，把好企业防范用工法律风险的第一关。对拟录用人员进行入职审查，重点是要固定和整理在招聘过程中所掌握的与劳动者相关的信息，这样做一方面利于规范企业用工管理；另一方面是为将来可能发生的劳动争议留存相关证据。

二、入职审查的范围

第一，年龄审查，审查劳动者的身份证明。根据《劳动法》的规定，用人单位只能招用年满 16 周岁的劳动者，否则会构成违法用工。因此，用人单位招聘时，应要求应聘者提供相关身份证明。

第二，资质审查，审查劳动者的学历和资格证明。用人单位可根据招聘职位的具体情况，对应聘者的学历和资格进行真实性审查，要求应聘者提供相关学历证明和各种资格证明，如可登录教育部网站核实学历证书等。若用人单位忽视对上述材料的审查，使劳动者得以欺诈手段骗取录用的，将会导致合同无效，进而会提高用人单位的用工成本。

第三，劳动关系状态审查，审查劳动者的离职证明[①]。根据《劳动合同法》的规

① 参见周丽霞：《HR 全程法律顾问——企业人力资源管理高效工作指南》，中国法制出版社 2013 年版。

定，用人单位招用的劳动者，尚未与其他用人单位解除或终止劳动合同，若因此给其他用人单位造成损失的，则用人单位应承担相应的连带赔偿责任。所以，用人单位在招聘员工时，应要求应聘者提供相关证明，证明其已与原用人单位解除或终止劳动合同，在应聘者无法提供证明的情况下，用人单位可要求应聘者提供原单位的联系方式或证明人，以便对其进行工作背景调查。用人单位只有对应聘者的离职证明进行严格审查，才能有效避免因招用未解除劳动关系的应聘者而承担连带赔偿责任。此外，用人单位 HR 还应注意，如果应聘者与原单位签订了限制就业等相关法律文件，那么应聘者进入本企业工作就有可能违反了其与原单位所签订的就业限制协议。因此，HR 招聘和录用员工尤其是企业高管时，应询问应聘者是否与原单位签订有保密协议、竞业限制等法律文件，以及该员工在本企业工作是否违反了相关协议，必要时还可以联系原单位进行求证。

第四，身体状况审查，审查劳动者的体检报告。根据《劳动合同法》的规定，用人单位对劳动者的身体状况有知情权，如果员工患有潜在的疾病或职业病，这将给未来的用工带来巨大的风险和成本。因此，单位有权要求应聘者提供正规的体验报告或者要求应聘者到指定医院参加体检。

第五，劳动者兼职行为审查，审查劳动者的离职证明或要求劳动者作出承诺。我国《劳动法》和《劳动合同法》并未明文完全禁止劳动者的兼职行为，因此，劳动者在一家用人单位订立劳动合同的同时，有利用下班时间兼职的权利，如未损害用人单位的利益，原则上并未违反法律规定。但是《劳动合同法》第 91 条规定，用人单位招用与其他用人单位尚未解除或者终止劳动合同的劳动者，给其他用人单位造成损失的，应当承担连带赔偿责任。此处的连带赔偿责任，根据《违反〈劳动法〉有关劳动合同规定的赔偿办法》第 6 条第 1 款规定，其份额应不低于对原用人单位造成经济损失总额的 70%。其向原用人单位赔偿的损失包括对生产、经营和工作造成的直接经济损和因获取商业秘密给原用人单位造成的经济损失。因此，用人单位对劳动者兼职行为的审查是必要的。

第六，劳动者竞业限制审查，一般要求劳动者作出书面承诺。根据《劳动合同法》第 23 条等相关法律法规的规定，对负有保密义务的劳动者，用人单位可以在劳动合同或者保密协议中与劳动者约定竞业限制，劳动者违反竞业限制的，用人单位可以要求劳动者承担违约责任。劳动者违反与竞业限制义务，原用人单位可以要求该员工承担违约金，该劳动者也可能因原用人单位要求继续履行竞业限制义务而不得不离开新用人单位。如此,新用人单位将因此白白浪费招聘和培训等成本。所以,用人单位招用劳动者时还应当查验劳动者是否与原用人单位存在竞业限制,审查方式就是要求劳动者书面陈述是否存在其他用人单位要求其履行竞业限制义务的约定。

第七,劳动者学历、资格及工作经历审查,一般审查相关证件。劳动者的学历、资格及工作经历在很大程度上反映了劳动者的工作能力,是用人单位判断其能否胜任应聘的工作岗位的重要标准,是用人单位招聘管理人员高度关注的事项。目前,职业诚信体系尚未健全,劳动者提供虚假学历、资质证明或工作经历的情况时有发生,所以,用人单位审查劳动者的学历、资质证明和工作经历的真实性非常有必要。

案例说法

案例1:职业病患者入职体检找替身,用人单位承担工伤赔偿责任

2010年7月,汤某某到某某特种合金有限公司(以下简称合金公司)处工作,入职体检时找他人以其名义参加了体检,于8月10日与合金公司签订了为期4年的劳动合同,主要从事冶炼、剥皮、炉前、原料等工作。2013年2月26日,雅安市疾病预防控制中心出具编号为2013-008号《职业病诊断证明书》,证明汤某某患一期尘肺。2013年5月13日,汤某某向雅安市人社局申请工伤认定。雅安市人社局依照工伤认定程序于2014年1月17日对汤某某作出雅人社险(2014)2-58号《认定工伤决定书》,认定汤某某为工伤。合金公司不服该工伤认定,向雅安市人民政府申请行政复议。2014年7月2日,雅安市人民政府作出雅府复决字(2014)05号行政复议决定书,维持了雅安市人社局作出的雅人社险(2014)2-58号《认定工伤决定书》。合金公司不服该行政复议决定书,向四川省雅安市雨城区人民法院提起行政诉讼。

一审法院认为,合金公司与汤某某之间签订的劳动合同虽然无效,但并不必然否定汤某某期间的"劳动者"的身份。按照《职业病防治法》第2条第2款的规定,本法所称职业病,是指企业、事业单位和个体经济组织等用人单位的劳动者在职业活动中,因接触粉尘、放射性物质和其他有毒、有害因素而引起的疾病。该条文使《职业病诊断证明书》至少具备证明两个法律事实的证明力:一是合金公司与汤某某之间存在劳动关系；二是汤某某所患病状与合金公司提供的工作有关联。《工伤认定办法》第9条(现为第13条)规定，劳动保障行政部门在进行工伤认定时，对申请人提供的符合国家有关规定的职业病诊断证明书或者职业病诊断鉴定书，不再进行调查核实。《工伤保险条例》第14条第4项规定，职工患职业病的，应当认定为工伤。上述条文明示，在《职业病诊断证明书》未被依法否定的状况下，雅安市人社局有权依此直接对患者认定为工伤。

二审法院认为，本案当事人争议的焦点是汤某某在入职体检时找人替代，掩盖了其“无尘肺(0+)”的身体状况，进入合金公司工作后被诊断为“矽肺壹期”是否符合工伤认定的法定条件。汤某某进入合金公司工作前，曾在荥经县其他煤矿从事炮工、掘进等工种。2009年6月19日，汤某某经雅安市疾病预防控制中心诊断为“无尘肺(0+)”，处理意见：“脱离粉尘作业。”2013年2月26日，雅安市疾病预防控制中心诊断汤某某为“矽肺壹期”。一审法院查明的其他事实与二审法院认定的事实一致，予以确认。根据《工伤保险条例》第14条、第16条的规定，本案中，汤某某在进入合金公司工作前已检出“无尘肺(0+)，脱离粉尘作业”的情况下仍找人冒名参加入职体检的行为，其虽是为了工作生活，但该方式或手段并不可取。合金公司在组织入职体检时放松了管理，导致汤某某找人冒名体检进入合金公司，存在管理上的疏忽。汤某某与合金公司构成事实劳动关系，并在工作期间被诊断为“矽肺壹期”，属于职业病，符合工伤认定的法定条件，且不具备工伤认定的排除条件。汤某某找人替代其入职体检的行为并不是法律、法规规定的不予认定工伤的情形。从保障劳动者的合法权益出发，雅安市人社局认定汤某某为工伤符合规定。二审法院据此判决驳回上诉，维持原判。

【裁判文书编号】

四川省雅安市雨城区行政判决书，(2014)雨城行初字第36号

四川省雅安市中级人民法院行政判决书，(2014)雅行终字第27号

案例2：工亡员工冒用他人身份入职，工伤保险拒绝赔付，企业核实不严承担30%的赔偿责任

朱某于2007年9月14日使用周某某的身份证到通洲公司工作，担任保安队队长。双方已签订了一份劳动合同，该合同约定的期限为2008年1月1日至2011年1月1日。通洲公司按朱某提供的身份证以周某某的名义投保了工伤保险。2008

年1月30日,朱某在厂区内保安室值班时被通洲公司一名离职员工用刀捅伤右大腿,经抢救无效死亡。2008年4月14日,经东莞市社保局认定,朱某所受伤害属于工伤。此后,朱某的亲属胡某梨、朱某燕、李某英向东莞市社保基金管理中心申请支付有关朱某的工伤待遇,但东莞市社保基金管理中心以在参保人员档案中没有朱某的参保资料为由,作出不予受理申领工伤待遇决定。胡某梨、朱某燕、李某英向东莞市劳动争议仲裁庭高埗分庭申请劳动仲裁,要求通洲公司支付:(1)丧葬补助金14,012.5元;(2)一次性工亡补助金140,125元;(3)朱某燕一次性抚恤金37,800元、李某英一次性抚恤金27,000元;(4)赔偿交通费及住宿费6134元。

仲裁裁决作出后,胡某梨、朱某燕、李某英与通洲公司均不服该仲裁裁决,分别向东莞市第一人民法院起诉。一审法院认为,朱某入职通洲公司工作,双方存在事实劳动关系,受法律保护。朱某借用周某某的身份证办理入职手续,入职后,通洲公司以周某某名义参加工伤保险,致使朱某发生工伤后,社保部门不予支付有关朱某因工死亡的待遇。胡某梨、朱某燕、李某英因此造成的损失,朱某负主要的过错责任,一审法院认定为70%;通洲公司未尽一般的注意义务,负次要的过错责任,一审法院认定为30%。

二审法院认为,本案的争议焦点为通洲公司是否应当对胡某梨、朱某燕、李某英不能享受的工伤待遇承担赔偿责任。通洲公司已以周某某的名义投保工伤保险,而朱某借用周某某的身份证入职导致不能享受东莞市社保基金管理中心支付的工伤待遇。因此,对于胡某梨、朱某燕、李某英不能享受的工伤待遇主要是由朱某的过错造成的,而通洲公司没有对朱某的身份和提供的身份证尽到合理的审查义务亦存在一定程度的过错。因此,一审法院认定通洲公司对于胡某梨、朱某燕、李某英不能享受的工伤待遇承担30%的赔偿责任,并无不当,二审法院予以维持。

【裁判文书编号】

东莞市第一人民法院民事判决书,(2009)东一法民一初字第9392号

东莞市中级人民法院民事判决书,(2010)东中法民一终字第2753号

案例3:招录未解除劳动关系员工,用人单位被判连带责任

×××置业有限公司经营范围:房地产开发;商品房销售;自有房产租赁。×××房地产经纪有限公司经营范围:房地产经纪与代理;商品房策划及销售代理;广告设计、代理、发布;礼仪庆典服务,会议服务,展览展示服务;企业营销策划;企业管理

咨询。2012 年 7 月 6 日，×××置业有限公司与何某签订劳动合同，2013 年 8 月 5 日，劳动合同到期，何某从×××置业有限公司处离职，2013 年 1 月 11 日，×××置业有限公司与何某签订《保密协议》。2013 年 5 月 13 日，何某与魏某、张某等设立×××房地产经纪有限公司，注册资本为 50 万元，其中被告何某出资 10%，魏某出资 55%，张某出资 5%，法定代表人为魏某。此前，魏某、张某分别与×××置业有限公司签订有劳动合同，在×××置业有限公司处从事房产销售业务。

法院认为，《劳动合同法》第 91 条规定："用人单位招用与其他用人单位尚未解除或者终止劳动合同的劳动者，给其他用人单位造成损失的，应当承担连带赔偿责任。"本案中，何某于在职期间即与他人一同出资，注册成立×××房地产经纪有限公司，且其股份占注册资本的 10%，且另与另外两名股东何某、魏某同为×××置业有限公司的员工，三人的股份占×××房地产经纪有限公司注册资本的 70%，应认定×××房地产经纪有限公司对招用×××置业有限公司尚未解除劳动合同员工为明知。根据上述法律规定，×××房地产经纪有限公司应承担连带赔偿责任。遂判决：(1)被告何某于本判决生效之日起 10 日内赔偿原告×××置业有限公司工资损失 17,431.91 元。(2)被告何某于本判决生效之日起 10 日内赔偿原告×××置业有限公司律师费 8000 元。(3)被告何某于本判决生效之日起 10 日内赔偿原告×××置业有限公司交通费 88 元。(4)被告×××房地产经纪有限公司对本判决主文第 1 项、第 2 项、第 3 项承担连带赔偿责任。

【裁判文书编号】

沈阳市中级人民法院民事判决书，(2015)沈中民五终字第 00541 号

风险应对

一、风险点：劳动者以虚假学历入职

《劳动合同法》第 26 条规定："下列劳动合同无效或者部分无效：(一)以欺诈、胁迫的手段或者乘人之危，使对方在违背真实意思的情况下订立或者变更劳动合同的……"可知，劳动者提供虚假学历或学位证书入职用人单位，这种情况下双方所签订的劳动合同是全部或部分无效的，用人单位可以据此解除双方之间的劳动关系，且无须支付经济补偿金或赔偿金。

但是，如果用人单位未尽审核义务，且给劳动者转正或再次续签劳动合同，有些法院认为公司的这种行为应视为认可劳动者的工作能力，故不能认定劳动合同无效，导致用人单位想要解除劳动合同无门。劳动者提供虚假学历入职公司的这种行为，不仅损害了用人单位合法利益，增加了用人单位的招聘成本和用工风险，甚至可能因此给用人单位造成其他运营损失。所以，用人单位应注意防范。

【HR 防范策略】

为防范劳动者以虚假学历入职，用人单位在招聘员工时应做好如下入职审查工作。

1. 用人单位应该明确招聘条件，并严格审查劳动者提交的毕业证、学位证真实性，保留相应复印件，如通过学信网审查学历的真实性。

2. 要求劳动者书写《承诺书》，要求其保证其提供的材料均为真实有效。

3. 在续签或变更劳动合同时，要求劳动者再次书写《承诺书》对其提供的材料作出诚信承诺。

二、风险点：入职体检的风险

入职体检是用人单位知情权的体现，也是录用劳动者之前的一个重要阶段，主要是为了解劳动者的健康状况，以及是否患有传染性疾病、职业病或潜在疾病，以综合判断其是否符合应聘岗位要求。岗前入职体检可以帮助用人单位及时发现劳动者是否存在职业病，若未进行入职体检，用人单位可能需要自行承担新入职的劳动者患职业病的法律风险。即使劳动者已做入职体检，用人单位也不能以劳动者系传染病病人、病原携带者、疑似传染病为由拒绝录用，否则用人单位可能构成就业歧视，需承担赔偿责任；用人单位也不能以“体检不合格”为由拒绝试用期员工转正，否则有可能构成违法解除劳动合同关系，需承担相应赔偿责任。

用人单位为了避免招录身体健康不合乎要求的员工，在入职申请表中一般都设计有健康状况的调查项目。为了进一步了解员工身体状况，部分用人单位还会要求携带医院体检报告前来应聘。用人单位都希望招聘健康的员工，这不仅是出于降低用工成本、提高生产效率的考虑，有时候也可以规避职业病等用工法律风险。因此，要求应聘人员入职体检是很有必要的。

《企业职工患病或非因工负伤医疗期规定》第 3 条规定，企业职工因患病或非因工负伤，需要停止工作进行医疗时，根据本人实际参加工作年限和在本单位工作年限,给予3个月到24个月的医疗期。《关于贯彻执行〈中华人民共和国劳动法〉若干问题的意见》第59条规定,职工患病或非因工负伤治疗期间,在规定的医疗期内由企业按有关规定支付其病假工资或疾病救济费,病假工资或疾病救济费可以低于当地最低工资标准支付,但不能低于最低工资标准的80%。医疗期的存在,对于用人单位来说就是一种经济负担。

《关于贯彻执行〈中华人民共和国劳动法〉若干问题的意见》第8条规定,请长病假的职工,在病假期间与原单位保持着劳动关系,用人单位应与其签订劳动合同。第74条规定,企业富余职工、请长假人员、请长病假人员、外借人员和带薪上学人员,其社会保险费仍按规定由原单位和个人继续缴纳,缴纳保险费期间计算为缴费年限。可见,如果用人单位聘请了一位经常患病,并需要请长病假的员工,用人单位不仅需负担该员工医疗期内的工资、社保等各方面的薪资,还需调度其他员工来完成工作,加大了企业用工成本和管理难度。

【HR防范策略】

为防范上述入职体检的风险,用人单位可以采取以下措施。

1. 用人单位应设有合理合法的入职体检标准,不得含歧视性条款。

2. 入职体检的时间应当安排在正式入职之前。一旦劳动者正式入职,用人单位再以体检不合格为由拒绝入职,则可能导致违法解除劳动合同关系,所以应谨防先用工再体检。

3. 严防冒名顶替办理体检或提供虚假体检报告。用人单位可以采取与医院合作的方式,指定体检机构让劳动者办理体检。

4. 用人单位应根据岗位特点决定有针对性的体检项目,如有职业病危害的岗位,用人单位应该根据行业、岗位和潜在健康隐患安排有针对性的体检项目,对职业病进行摸查。

三、风险点:招录未解除劳动关系的劳动者

用人单位招聘时若审查不慎,有可能招录到尚未与其他单位解除劳动合同关系的员工,这种情况在招录高级管理人员或业务人员时尤其常见。

聘用尚未解除劳动合同的劳动者会给用人单位带来较大的用工法律风险,如果用工行为给其他单位造成了损失,用人单位将与劳动者一道承担连带赔偿责任,这些损失可能包括对其他单位生产、经济和工作造成的直接经济损失,以及因获取商

业秘密给原用人单位造成的经济损失。

【HR 防范策略】

原劳动部《关于实行劳动合同制度若干问题的通知》(劳部发〔1996〕354 号)第 17 条规定:"用人单位招用职工时应查验终止、解除劳动合同证明,以及其他能证明该职工与任何用人单位不存在劳动关系的凭证,方可与其签订劳动合同。"

用人单位应严格按照这一规定执行,以避免因此带来的法律风险。在招聘过程中,应深入了解应聘者的工作背景,查明他是否与前一家用人单位存在诸如保密协议、竞业限制、服务期协议及经济上的纠纷,特别是在录用同一行业的技术人才和管理人才的时候更要慎重,因此,对高级管理人员或者技术人员,应要求员工提供与原单位解除或终止劳动合同关系的证明,比如,终止、解除劳动合同关系证明书,必要时也可以通过电话或其他方式与其原单位进行核实;如果该员工并未与其他用人单位建立过劳动关系,也应提供其与任何用人单位不存在劳动关系的声明,待劳动者提供这些证明或声明后,方可与其建立劳动关系。

此外,若在用工过程中发现劳动者仍与其他用人单位存在劳动关系,并给其完成本职工作带来严重影响,可以据此与其解除劳动关系。法律依据是《劳动合同法》第 39 条,劳动者同时与其他用人单位建立劳动关系,对完成本单位的工作任务造成严重影响,或者经用人单位提出,拒不改正的;用人单位有权单方解除劳动合同,并无须向劳动者支付经济补偿金。

操作指引

用人单位入职体检的具体指引

第一,用人单位应规范入职体检的流程和制度,对本行业易发职业病、工伤应作为重点体检项目。实践中,大部分企业让应聘者自行到有资质的医院做入职体检,并且由应聘者自费,医院对入职体检工作马虎应付,对应聘者身份未作详细辨别,患病的应聘者找人替代体检也极有可能不被发现。由于未规范流程,体检过程无法实施监控,很容易让患病或工伤未愈的应聘者钻了空子,取得不真实的体检报告骗取用人单位的录用。因此,用人单位应认真选择体检的合作医院,强调合作医院的审慎注意义务,避免因医院的疏忽而造成患病应聘者取得不真实的体检报告,而获得录用机会。同时,应针对本企业员工过往易发职业病或工伤,确定重点体检项目,以防职业病患者、工伤患者入职后以在本企业工作引发病情、加重伤势为由要求赔偿并承担其他工伤待遇。

第二,注意入职体检的时间安排。入职体检的时间也需要特别注意,一般应安排在面试环节,可以要求应聘者自行到指定医院进行体检,然后自带检验报告参加面试;也可以由用人单位统一安排应聘者到医院进行体验。无论采取哪种方式,体检工作一定要在发送录用通知之前完成,因为在这个阶段,用人单位还掌握主动权,可以根据体检结果来考虑是否录用应聘者。如果在发出录用通知书后,或者当劳动者入职报到时,甚至在已经签订劳动合同以后,用人单位再安排劳动者进行体检,这个时候用人单位就非常被动了,即便体检结果显示出用人单位不愿意招录员工的情形,比如,劳动者健康状况较为糟糕,用人单位如果以此为由不予办理入职手续,或者单方解除劳动合同,都将面临较大的劳动法律风险,劳动者可以此为由要求用人单位进行赔偿。

第三,体检注意事项。需要注意的是,如果用人单位体检违反《就业促进法》等法律有关就业歧视的相关规定,设定带有歧视性的检测项目,也可能带来法律风险。比如,用人单位要求劳动者进行乙肝项目测试,然后以此为由不予录取,这个是法律禁止的。法律明确规定了用人单位在就业体检中,不得要求乙肝项目检测,不得因劳动者是乙肝病原携带者而拒绝予以招用或辞退。

第四,正确回复未录用的应聘者。如果用人单位确实因健康状况不考虑录用应聘者,切记不可明确表示该原因,建议用人单位回应:综合考虑应聘者的条件,认为其他应聘者更符合招聘要求。这样做可以避免一些不必要的法律纠纷。

疑难解答

员工学历或工作履历造假,用人单位能否以欺诈为由直接解除劳动合同?

实务中,相关案例的处理是比较复杂的,劳动者提供虚假信息究竟是否构成欺诈也争议颇大。结合劳动者造假的程度、录用条件是否明示、用人单位发现的时间阶段、劳动者的岗位要求以及工作表现等因素,类似的案件可能会有不同的裁判结果。比如,如果用人单位是在劳动者试用期经核查发现的,以劳动者简历虚假为由解聘是比较容易得到支持的;如果劳动者在用人单位已经工作了一段时间,且工作表现良好,那么这时用人单位以简历造假为由予以解聘将面临很大的风险。在这类案件的司法实践中,用人单位常常被要求举证证明录用前已经向劳动者明示了录用条件,包括对学历及工作经历的要求,而且劳动者的学历或工作经历是当初录用的决定性条件,如不能证明则很有可能要承担败诉后果。

法条链接

1.《劳动合同法》

第八条 ……用人单位有权了解劳动者与劳动合同直接相关的基本情况,劳动者应当如实说明。

第二十三条 用人单位与劳动者可以在劳动合同中约定保守用人单位的商业秘密和与知识产权相关的保密事项。

对负有保密义务的劳动者,用人单位可以在劳动合同或者保密协议中与劳动者约定竞业限制条款,并约定在解除或者终止劳动合同后,在竞业限制期限内按月给予劳动者经济补偿。劳动者违反竞业限制约定的,应当按照约定向用人单位支付违约金。

第九十一条 用人单位招用与其他用人单位尚未解除或者终止劳动合同的劳动者,给其他用人单位造成损失的,应当承担连带赔偿责任。

2.《就业促进法》

第三十条 用人单位招用人员,不得以是传染病病原携带者为由拒绝录用。但是,经医学鉴定传染病病原携带者在治愈前或者排除传染嫌疑前,不得从事法律、行政法规和国务院卫生行政部门规定禁止从事的易使传染病扩散的工作。

3.《关于进一步规范入学和就业体检项目维护乙肝表面抗原携带者入学和就业权利的通知》(人社部发〔2010〕12号)

一、进一步明确取消入学、就业体检中的乙肝检测项目

各级各类教育机构、用人单位在公民入学、就业体检中,不得要求开展乙肝项目检测,不得要求提供乙肝项目检测报告,也不得询问是否为乙肝表面抗原携带者。

二、进一步维护乙肝表面抗原携带者入学、就业权利，保护乙肝表面抗原携带者隐私权

除卫生部核准并予以公布的特殊职业外，健康体检非因受检者要求不得检测乙肝项目，用人单位不得以劳动者携带乙肝表面抗原为由予以拒绝招（聘）用或辞退、解聘。有关检测乙肝项目的检测体检报告应密封，由受检者自行拆阅；任何单位和个人不得擅自拆阅他人的体检报告。

4.《职业病防治法》

第二条 本法适用于中华人民共和国领域内的职业病防治活动。

本法所称职业病，是指企业、事业单位和个体经济组织等用人单位的劳动者在职业活动中，因接触粉尘、放射性物质和其他有毒、有害因素而引起的疾病。

职业病的分类和目录由国务院卫生行政部门会同国务院劳动保障行政部门制定、调整并公布。

5.《工伤保险条例》

第十四条 职工有下列情形之一的，应当认定为工伤：（一）在工作时间和工作场所内，因工作原因受到事故伤害的；（二）工作时间前后在工作场所内，从事与工作有关的预备性或者收尾性工作受到事故伤害的；（三）在工作时间和工作场所内，因履行工作职责受到暴力等意外伤害的；（四）患职业病的；（五）因工外出期间，由于工作原因受到伤害或者发生事故下落不明的；（六）在上下班途中，受到非本人主要责任的交通事故或者城市轨道交通、客运轮渡、火车事故伤害的；（七）法律、行政法规规定应当认定为工伤的其他情形。

第三节 劳动关系的建立

实务精讲

一、劳动关系建立的条件

根据《劳动合同法》的规定，用人单位自用工之日起即与劳动者建立劳动关系。建立劳动关系，应当订立书面劳动合同。已建立劳动关系，未同时订立书面劳动合

同的,应当自用工之日起1个月内订立书面劳动合同。需要明确的是,劳动合同订立并不意味着劳动关系的建立,劳动关系建立也不标志劳动合同已经订立。劳动合同订立是指劳动者与用人单位通过书面合同的形式对劳动关系中的权利、义务、责任等事项进行约定,订立的标志是双方签订盖章。劳动关系建立则是指特定条件满足时劳动者与用人单位之间形成了劳动法上的劳动权利义务关系,建立的标志是用人单位开始用工。因此,用人单位与劳动者之间劳动关系建立的条件为用工,即劳动者实际到用人单位报到或开始提供劳动。

二、劳动关系与劳务关系的区别

1. 主体不同。劳动关系的主体是确定的,即一方是用人单位,另一方必然是劳动者。而劳务关系的主体是不确定的,可能是两个平等主体,也可能是两个以上的平等主体;可能是法人之间的关系,也可能是自然人之间的关系,还可能是法人与自然人之间的关系。

2. 用工方不同。根据《劳动合同法》第2条的规定,劳动关系的用工方只能是我国境内的企业、个体经济组织、民办非企业单位等组织以及国家机关、事业单位和社会团体,不包含自然人和其他主体。而劳动关系中的用工主体包含一切民事主体,可以是自然人、法人、其他组织。

3. 主体间的关系不同。劳动关系两个主体之间不仅存在财产关系即经济关系,还存在人身关系,即行政隶属关系,也就是说,劳动者除提供劳动外,还要接受用人单位的管理,服从其安排,遵守其规章制度等。劳动关系双方当事人,虽然法律地位是平等的,但实际生活中的地位是不平等的,这就是我们常说的用人单位是强者,劳动者是弱者。而与劳动关系相近的劳务关系两个主体之间只存在财产关系,或者说是经济关系,即劳动者提供劳务服务,用人单位支付劳务报酬。彼此之间不存在行政隶属关系,而是一种相对于劳动关系当事人,主体地位更加平等的关系。

4. 劳动主体的待遇不同。劳动关系中的劳动者除获得工资报酬外,还有保险、福利待遇等;而劳务关系中的自然人,一般只获得劳动报酬。

5. 适用的法律不同。劳动关系适用《劳动法》,而劳务关系则适用《劳动合同法》。劳务关系强调当事人双方的意思自治,只要双方的约定不违反法律的强行性规定,不违反公序良俗,国家就不予干预,其权利义务的调整参照民事法律规范。劳务关系中发生的纠纷应当按照民事争议处理,直接向法院起诉,不需要经过劳动仲裁程序。劳动关系则有大量的劳动法规予以规制，比如，对工作时间、最低工资、休息制度、工伤保险等的规定。劳动争议的解决则应该按照劳动法的相关规定，且必须先进行劳动仲裁，如果不服仲裁才能向法院起诉。

三、劳动关系的界定

劳动关系是指受劳动法律规范调整的，用人单位与劳动者之间的权利和义务关系。那么如何界定用人单位与劳动者建立的关系是否属于劳动法律规范调整的劳动关系呢？可以从两个方面进行判断：(1)劳动关系的主体，包括用人单位和劳动者；(2)劳动关系的内容，是指劳动者为用人单位提供劳动以获取报酬，用人单位支付报酬并对劳动者进行管理等一系列权利义务内容。

1. 符合劳动法律规定的用人单位。根据《劳动法》第 2 条和《劳动合同法》第 2 条的内容可知，我国境内的企业、个体经济组织、民办非企业单位等组织，国家机关、事业组织和社会团体都统称为劳动关系中的用人单位。

(1)我国境内的企业，是指在我国境内设立，以营利为目的从事生产经营活动或提供服务，并在工商部门办理登记的单位。如合伙企业、有限责任公司、股份有限公司、国有企业等。

(2)个体经济组织。《关于贯彻执行〈中华人民共和国劳动法〉若干问题的意见》第 1 条第 1 点就明确了，《劳动法》所称的个体经济组织是指一般雇工在 7 人以下的个体工商户。结合《民法典》第 54 条的内容，个体经济组织是依法在工商部门办理登记，从事工商业经营的自然人。个体工商户通常以家庭财产或个人财产对外承担责任。

(3)民办非企业单位。这是指由企业事业单位、社会团体和其他社会力量以及公民个人利用非国有资产举办的，经有关民政部门核准登记，从事非营利性活动的社会组织。与企业不同的是，民办非企业单位不以营利为目的。与事业单位不同的是民办非企业单位的资金来源为非国有资产。民办非企业事业单位分布在各行各业中，如民办学校、民办福利院、民办医院、民办疗养院、民办艺术表演团体、民办图书馆、民办体育场等。

(4)国家机关，主要是指依法设立的，从事国家管理，行使国家职权的机关。如行使司法权的司法机关，各级人民法院和检察院；行使行政权的行政机关，国务院、各级人民政府及对外独立行使职权的政府部门等；行使监察权的监察机关，各级监察委员会等。

(5)事业组织。事业组织一般是指事业单位,是由国家机关设立的或由国有资产举办的,以社会公益为目的,为教育、医疗、文化等事业提供社会服务的组织。常见的事业单位有学校、医院、图书馆、福利院等。

(6)社会团体。社会团体是指全部会员基于某种共同的意愿,从事营利性或非营利性活动的社会组织。

2. 劳动者。劳动者是指达到法定年龄,拥有劳动能力并通过劳动行为获取生活资料的自然人。劳动者的法定年龄是年满 16 周岁,且未达到退休年龄。法定退休年龄是男性 60 周岁,女干部 55 周岁,女工人 50 周岁。但是,文艺、体育和特种工艺单位可以招用未满 16 周岁的未成年人,必须经过未成年人的监护人同意,且报有关劳动行政部门批准。

3. 劳动关系的内容。

(1)劳动者为用人单位提供劳动,履行劳动义务是劳动关系的核心内容。

(2)劳动者通过其提供的劳动享有劳动报酬,并获得一系列劳动权利。如平等就业权、休息权、享有社会保险和福利的权利、获得劳动安全卫生保护的权利等。

(3)劳动者接受用人单位的管理。劳动关系的特点之一就是人身隶属性,劳动者应接受用人单位规章制度的管理,并按照单位安排从事有关劳动活动。

由上述内容可知,当用人主体符合法律规定的用人单位主体资格,并与符合劳动法律规定的劳动者建立的权利义务关系时,就属于劳动法律规范调整的劳动法律关系。

案例说法

案例 1:应聘人员在试工时发生事故伤害,属于工伤

在北京鸿翔基业工贸有限公司(以下简称鸿翔公司)与刘某生确认劳动关系一案中,法院认为,鸿翔公司认可刘某生于 2014 年 8 月 14 日至鸿翔公司试工,根据《劳动合同法》的规定,试用期包含在劳动合同期限内,试用期内双方均受劳动法律的调整和约束。虽然《劳动合同法》也规定在试用期间被证明不符合录用条件的,用

人单位可以解除劳动合同，鸿翔公司表示刘某生的技术不符合要求，其没有正式招用刘某生，但未有证据显示鸿翔公司与刘某生解除劳动关系，结合证人孔某政的证言等证据，可以证明刘某生在鸿翔公司处工作的事实。

法院依法采信刘某生的相应主张，认定双方自2014年8月13日起存在事实劳动关系。依照《劳动合同法》第19条第4款之规定，判决如下：确认刘某生与鸿翔公司自2014年8月13日起存在事实劳动关系。

【裁判文书编号】

北京市第二中级人民法院民事判决书，(2015)二中民终字第10366号

案例2：未签订劳动合同，不能否定用人单位与劳动者之间已建立的劳动关系

张某自从与原单位解除劳动合同后，一直没有找到工作，后来张某通过朋友介绍到一家私营企业工作，面试后，考虑到张某是朋友介绍的，就决定让他来企业上班，每月发给其一定的报酬，双方之间从未签订劳动合同。转眼张某在私营企业工作了3年多，11月初，张某到企业所在地的区社会保险事业管理中心查询个人社会保险账户，结果发现该企业一直未为其办理社会保险登记和缴纳社会保险费等。于是，张某要求企业为其缴纳社会保险费，张某几经交涉未果，只能到劳动争议仲裁委员会申请劳动仲裁，要求企业为其补缴历年的社会保险费。劳动争议仲裁委员会依法予以受理。

劳动争议仲裁委员会在开庭审理时，张某提出自己经熟人介绍进入公司，在企业工作已3年多，进去以后企业未与其签订劳动合同，其一直从事产品售后服务、修理工作。同时，张某向劳动争议仲裁委员会提交了其工资凭证、服务证、考勤记录及上门为用户修理产品时单位出具的介绍信等有关证据。另外，张某在购房向银行贷款时，企业出具的证明张某系本企业职工等证据。

劳动争议仲裁委员会经过审理后认为，双方当事人虽未签订劳动合同，但张某向劳动争议仲裁委员会提供的有关工资凭证、服务证、考勤记录以及介绍信、企业出具的张某系本单位职工等证据材料，足以证明张某与该企业存在事实劳动关系。而企业则否认与张某具有劳动关系，却没有提供相关证据予以佐证。所以，双方当事人存在事实劳动关系，企业应该承担相应法律责任，为张某补缴历年的社会保险费。

案例3:用人单位以签订其他协议方式掩盖劳动关系,仍需支付未签订劳动合同的2倍工资

2013年5月至2014年4月,某培训学校安排员工柳某至长征宾馆从事停车场管理员工作,工作地点在室外,月工资为2550元。某培训学校未与柳某签订正式的劳动合同,而是签订了一份《协议书》,显示柳某自愿到某培训学校学习,并服从边学习、边实习的安排。

某培训学校主张《协议书》是与柳某签订的书面劳动合同,《协议书》载明了双方的基本情况和权益义务,所涉内容均是劳动合同的必备条款。但《协议书》中缺乏工作岗位、工作内容,工作时间和休息休假,劳动报酬,社会保险,劳动保护、劳动条件以及职业危害防护等劳动合同必备条款。《协议书》旨在减轻用人单位的责任和义务,严重影响了劳动者劳动权益的实现,《协议书》根本无法等同于书面劳动合同。因此,柳某主张某培训学校支付其未签订劳动合同的2倍工资。

法院经审理后认为,某培训学校与柳某签订的《协议书》不符合《劳动合同法》对内容的要求,《协议书》不属于劳动合同,判决某培训学校向劳动者支付未签订劳动合同的2倍工资。

案例4:网络主播与合作公司签订艺人独家合作协议不符合劳动关系的法律特征,二者未建立劳动关系

漫咖公司招募李某霞从事网络直播,福利待遇为3000元至1万元保底,高额提成,定期组织才艺培训指导推广宣传包装,优秀主播月薪9万元上不封顶,无须经验,漫咖公司提供主播定期培训、主播形象打造。2017年11月29日,李某霞与漫咖公司签订《艺人独家合作协议》,主要约定,漫咖公司作为经纪公司为李某霞提供才艺演艺互动平台、提供优质推荐资源,李某霞在漫咖公司的合作互动平台上进行才艺演艺从而获得相关演艺收入,并获得漫咖公司优质资源包装推荐机会。李某霞的收入主要是通过网络直播吸引网络粉丝在网络上购买虚拟礼物后的赠予,直播平台根据与李某霞、漫咖公司的约定将收益扣除部分后转账给漫咖公司,漫咖公司根据与李某霞的约定将收益扣除部分后转账给李某霞,转账时间和金额均不固定,有些转账名目上载明为工资。

重庆市江北区人民法院一审认为,李某霞并未举证证明双方具有建立劳动关系的合意,并未举证证明双方之间具有劳动关系性质的经济、人身依附性,其基于劳动关系提起的诉讼请求,法院不予支持。据此,重庆市江北区人民法院驳回了原告李某霞的诉讼请求。李某霞不服一审判决,向重庆市第一中级人民法院提起上诉。

重庆市第一中级人民法院二审认为,本案的上诉焦点仍然在于上诉人李某霞与被上诉人漫咖公司之间是否存在劳动关系。首先,从管理方式上看,被上诉人漫咖公司没有对上诉人李某霞进行劳动管理。虽然李某霞通过漫咖公司在第三方直播平台上注册并从事网络直播活动,但李某霞的直播地点、直播内容、直播时长、直播时间段并不固定,李某霞亦无须遵守漫咖公司的各项劳动规章制度。尽管双方合作协议对李某霞的月直播天数及直播时长作出了约定,且漫咖公司可能就直播间卫生、休息时间就餐地点、工作牌遗失损毁等问题对李某霞进行处罚,但这些均应理解为李某霞基于双方直播合作关系应当履行的合同义务以及应当遵守的行业管理规定,并非漫咖公司对李某霞实施了劳动法意义上的管理行为。

其次,从收入分配上看,被上诉人漫咖公司没有向上诉人李某霞支付劳动报酬。李某霞的直播收入虽由漫咖公司支付,但主要是李某霞通过网络直播吸引粉丝获得打赏所得,漫咖公司仅是按照其与直播平台和李某霞之间的约定比例进行收益分配,漫咖公司无法掌控和决定李某霞的收入金额,双方在合作协议中约定的保底收入应属于漫咖公司给予直播合作伙伴的保障和激励费用,并非李某霞收入的主要来源,故漫咖公司基于合作协议向李某霞支付的直播收入不是用人单位向劳动者支付的劳动报酬。

最后,从工作内容上看,上诉人李某霞从事的网络直播活动并非被上诉人漫咖公司业务的组成部分。李某霞从事网络直播的平台由第三方所有和提供,网络直播本身不属于漫咖公司的经营范围,漫咖公司的经营范围仅包括直播策划服务,并不包括信息网络传播视听节目等内容,虽然双方合作协议约定漫咖公司享有李某霞直播作品的著作权,但不能据此推论李某霞从事直播活动系履行职务行为,故李某霞从事的网络直播活动不是漫咖公司业务的组成部分。

因此,上诉人李某霞与被上诉人漫咖公司之间不符合劳动关系的法律特征,一审法院对李某霞基于劳动关系提出的各项诉讼请求未予支持并无不当,遂判决驳回上诉,维持原判。

【裁判文书编号】

重庆市江北区人民法院民事判决书,(2018)渝0105民初8250号

重庆市第一中级人民法院民事判决书,(2019)渝01民终1910号

案例5:公司与董事之间在符合特定条件时可以同时构成劳动法上的劳动合同关系

A公司与C公司、D公司及B公司系关联公司。孙某某于2001年3月至2013年6月在C公司任财务总监;2013年7月至2017年7月在C公司任副总经理;2011年3月至2017年7月由C公司派往D公司兼任总经理;2017年7月20日被A公司调任B公司任董事长兼法定代表人,月薪税后7万元。2018年2月7日,孙某某被A公司免去B公司董事长职务,孙某某与现任B公司董事长进行了工作交接。交接完毕后,A公司及B公司没有安排孙某某的其他工作,工资自2018年3月至今没有发放,五险一金也没有缴纳,系其自行垫付。2018年4月19日,B公司申请破产重整。孙某某提起诉讼,请求:(1)B公司补发拖欠的2018年3月至9月税后工资49万元;(2)依据《劳动合同法》第85条判令B公司加付赔偿金49万元;(3)B公司返还2018年2月至孙某某起诉时孙某某垫付的五险一金共计72,920.97元;(4)确认B公司与孙某某存在无固定期限劳动合同;(5)诉讼费由B公司负担。

最高人民法院认为,2017年7月20日,孙某某被A公司调任B公司任董事长兼法定代表人,月薪税后7万元。自此,孙某某既作为A公司的董事、董事长参加董事会行使公司法赋予的职权,同时还作为B公司的法定代表人参与公司日常经营管理。从公司法的角度来看,公司依据章程规定及股东会决议聘任董事行使法定职权,董事同意任职并依法开展委托事项,公司与董事之间即形成委任关系,从双方法律行为的角度看实为委托合同关系。但公司与董事之间的委任关系并不排斥劳动合同关系的存在,即二者之间在符合特定条件时还可以同时构成劳动法上的劳动合同关系。《公司法》第44条第2款规定,“两个以上的国有企业或者两个以上的其他国有投资主体投资设立的有限责任公司,其董事会成员中应当有公司职工代表;其他有限责任公司董事会成员中可以有公司职工代表”,这就以法律形式明确肯定了董事与公司之间可以形成劳动关系,委任关系与劳动关系并非绝对排斥、不能兼容。本案中,孙某某于2017年7月被任命为B公司董事长,与公司形成委任关系。孙某某虽未与B公司签订书面劳动合同,但其被任命为董事长的同时,还担任公司法定代表人,负责公司融资、对外协调及财务管理等大量具体经营管理事务,受公司规章制度管理和约束,B公司按月向其支付工资并委托外服公司代缴五险一金费用。故孙某某因担任法定代表人而从事除董事职权以外的公司其他具体业务,并以工资为主要生活来源等事实，符合劳动关系的构成要素，足以认定B公司与孙某某同时形成委任关系和事实上的劳动合同关系。

【裁判文书编号】

最高人民法院民事判决书，(2020)最高法民再50号

案例6：从事报纸投递的人员以家庭为单位，自备投递交通工具，按份计酬，双方不能构成劳动关系

1999年9月25日，丛某某前期向某日报社交纳押金1000元。2002年6月9日，某日报社为丛某某办理了工作证，丛某某在××区范围内征订、投递某日报社发行的报刊，某日报社每月通过银行向丛某某发放报酬。其间，丛某某在经济技术开发区发行站员工星级考核为三星级。丛某某投递报刊时，如因故不能亲自完成，可以找其他人替代，替代人的报酬由丛某某负担。2007年12月某日报社为了明确用工关系，单方决定将报刊发行劳务按区域实行承包，与有关从事报刊投递工作的人员签订劳务承包协议，并决定将草庙子镇范围的报刊发行劳务发包给丛某某，要求丛某某签订报刊发行劳务承包协议书，丛某某予以拒绝。2009年3月26日，某日报社不允许丛某某从事报刊投递工作，并停止向丛某某支付报酬。某日报社系事业单位法人，丛某某、某日报社未签订劳动合同。2009年5月，丛某某申请劳动仲裁，要求确认与某日报社之间存在劳动关系，仲裁委员会裁决丛某某、某日报社之间不存在劳动关系。丛某某不服该裁决结果，提起诉讼。一审、二审法院均驳回其诉讼请求，丛某某申请再审，再审法院维持原判决。丛某某向检察机关申请抗诉。

最高人民法院认为，劳动力作为生产要素存在，用人单位支付工资是获得这一生产要素的对价。庭审中，丛某某并未提供证据否认某日报社关于每个月的具体报酬数额均不相同的事实，同时其陈述投递报刊用的摩托车、车油费由丛某某本人提供，某日报社并不提供投递报刊的交通工具等。故丛某某向某日报社提供的不是单纯的劳动力这一生产要素，而是结合了其他生产要素包括投递工具之后形成的劳动产品，与劳务关系更为接近。

丛某某以家庭为单位，自备投递交通工具，完成某日报社交给的投递任务，根据投递报刊的份数确定报酬数额。故丛某某提出的事实和理由并未达到认定劳动关系的证明标准，丛某某的申诉理由不成立，再审判决的结果应予以维持。

【裁判文书编号】

最高人民法院民事判决书,(2016)最高法民再148号

风险应对

一、风险点:试工即建立劳动关系

在劳动法律中,并无"试工"这一法律概念,也不是企业聘用员工的必经程序。《劳动合同法》明文规定"用人单位自用工之日起即与劳动者建立劳动关系",因此判断劳动关系的建立与否,并非基于用人单位的招聘流程设定或约定,而是基于"用工"这一客观事实。由于企业在"试工"环节,已经让应聘人员实际进行工作,事实上构成了用工,所以司法实践中均将此类"试工"人员认定与单位之间具有劳动关系,并进而予以劳动法律保护,比如,工伤认定。因此,"试工"期间最大的法律风险就是工伤风险。有些用人单位认为"试工"并非正式录用后上班,尚处于考察期间,用人单位与劳动者并未建立劳动关系。但是,根据《劳动合同法》的规定,用人单位开始用工之日起,双方的劳动关系已建立。自开始工作时起,劳动者就享有一系列法律规定的劳动权利,且若在试工期间发生意外,用人单位可能需要直接承担工伤赔偿责任。因此,用人单位需谨慎对待"试工"。

【HR防范策略】

"试工"是用人单位考察劳动者工作能力的一种措施,但是由于"试工"法律风险较大,建议避免"试工"。若确需考察,建议各单位换种考察形式,如在面试过程中直接进行考察或采取其他形式进行考察。事实上,用人单位设置"试工"考察应聘人员是否符合需求,并无太大必要,劳动法律中规定的"试用期"已经足以满足这一目的。"试用期"本身就是法律允许的用人单位与劳动者之间相互考察是否合适的过程。用人单位完全可以建立切合自身的试用期管理制度和录用条件,利用好试用期法律规定,有效淘汰不合适的人员。当然,就用人单位而言,需要有更高的用工管理要求,程序上不能像所谓的"试工"那样简便随意,成本也有所增加。

二、风险点:未签订劳动合同也建立劳动关系

劳动关系建立的风险主要存在于事实劳动关系之中,即用人单位与劳动者没有

签订劳动合同,但存在事实劳动关系。[①] 在事实劳动关系中,劳动者主张存在劳动关系的,可以以下凭证作为证据:第一,工资支付凭证或记录(职工工资发放花名册)、缴纳社保的记录;第二,单位向劳动者发放的“工作证”“服务证”等身份证件;第三,劳动者填写的单位招工招聘“登记表”“报名表”等招用记录;第四,考勤记录;第五,其他劳动者的证言等。

上述五项中,第一项、第三项、第四项证据由用人单位负责举证。同时,如果劳动者无法提供由用人单位掌握管理的与仲裁请求有关的证据,仲裁庭可以要求用人单位在指定期限内提供。用人单位在指定期限内不提供的,应当承担不利后果。所以,用人单位在与劳动者形成的事实劳动关系中,如果劳动者主张存在劳动关系,用人单位将承受很大的败诉风险。

【HR 防范策略】

用人单位规避在事实劳动关系中存在的风险的最有效的方法是,用人单位应与劳动者签订书面劳动合同。用人单位与劳动者建立劳动关系,应与其签订书面劳动合同,不得晚于建立劳动关系之日起算的 1 个月。试用期亦签订劳动合同,试用期计入劳动合同总的期限之内。

三、风险点:签订其他协议规避劳动关系的建立

实务中,有些用人单位会通过签订劳务合同或承揽合同来掩盖劳动关系,但这种操作可能会导致用人单位承担未签订书面劳动合同的双倍工资。劳动关系的认定并不完全以所签订的协议、合同的名称和双方的约定来判断,而是从双方的主体资格是否存在管理与被管理的关系,有无提供劳动行为,是否支付劳动报酬等行为进行认定。

【HR 防范策略】

双方之间的约定或者更换合同名称都不能排除劳动法律关系的认定,用人单位也不能以此推卸其应承担的责任。因此,用人单位自用工之日起就应及时签订书面劳动合同,避免因未签订劳动合同而支付双倍工资。用人单位作为劳动关系中相对强势的一方,应依法用工、诚实守信,尊重并维护劳动者的合法权益。

---

① 李敏:《劳动与社会保障法律法规普及知识读本》,四川大学出版社 2014 年版。

疑难解答

一、劳动关系的建立是以订立劳动合同的时间为准吗？

根据《劳动合同法》的规定，用人单位自用工之日起与劳动者建立劳动关系，也就是说，确立双方劳动关系的时间点是用工之日，而非签订劳动合同之日。一般来说，劳动者根据录用通知书上的约定或用人单位的指令到用人单位报到的第一天，即用工之日，而不看是否从事了具体的工作或签订了劳动合同。

二、劳动者参加岗前培训能否认定是建立劳动关系？

根据《劳动合同法》的规定，用人单位自用工之日起即与劳动者建立劳动关系。所谓"用工"，是指用人单位实际上开始使用劳动者的劳动力，劳动者开始在用人单位的指挥、监督、管理下提供劳动。用工之日，就是劳动者在用人单位开始上班的那一天。

岗前培训，根据《劳动法》的规定，既是劳动者的权利，也是用人单位的义务。同时，岗前培训也是劳动者受用人单位指派参加的，即使没有参加正式的工作，也应视为劳动者提供了"用工"。因此，只要劳动者参加了用人单位组织的岗前培训，就应认定双方建立了劳动关系。

三、用人单位与大学生签订三方协议订立等于劳动关系建立吗？

三方协议的签订并不意味着用工开始，是否等同于劳动关系建立需要结合用工情况。《劳动合同法》规定，劳动关系自用工之日起建立。用工之日，一般是劳动者开始向用人单位提供劳动的时间。入职报到通常被认为是提供劳动的起点，也因而被认为是建立劳动关系的时间，即用工之日。用人单位与大学生签订三方协议的时候，只能说是约束双方此后建立劳动关系的约定责任，况且尚未毕业的在校大学生并不具备劳动法上的主体资格，所以三方协议的签订并不意味着用工开始，不代表建立劳动合同关系。不过，如果大学生毕业之后，到用人单位报到上班，此时因为其已经具备劳动法上的主体资格，而且也视为用人单位开始"用工"，双方劳动关系开始建立。

四、确认劳动关系的依据有哪些？

若用人单位招用劳动者未订立书面劳动合同，但同时具备下列情形的，劳动关系成立：

(1)用人单位和劳动者符合法律、法规规定的主体资格；

(2)用人单位依法制定的各项劳动规章制度适用于劳动者，劳动者受用人单位的劳动管理，从事用人单位安排的有报酬的劳动；

(3)劳动者提供的劳动是用人单位业务的组成部分。

用人单位未与劳动者签订劳动合同，认定双方存在劳动关系时可参照下列凭证：

(1)工资支付凭证或记录(职工工资发放花名册)、缴纳各项社会保险费的记录；

(2)用人单位向劳动者发放的"工作证""服务证"等能够证明身份的证件；

(3)劳动者填写的用人单位招工招聘"登记表""报名表"等招用记录；

(4)考勤记录；

(5)其他劳动者的证言等。

其中，第(1)、(3)、(4)项的有关凭证由用人单位负举证责任。

五、劳动合同签订日、生效日、履行日、劳动关系建立日之间有什么区别？

劳动合同合同签订日是合同成立日，依据《合同法》的相关规定，成立的合同不一定生效，因为合同生效可以附条件或者期限，因此生效日可以独立于签订日，而《劳动合同法》将二者合二为一，不予区分。

劳动合同履行日，如前所述，建立劳动关系是履行合同的一项义务，履行日就劳动者而言就是入职日，就用人单位而言是用工之日。劳动关系建立日与履行日是同一天，但意义不同。

法条链接

1.《民法典》

第五十四条 自然人从事工商业经营，经依法登记，为个体工商户。个体工商户可以起字号。

2.《劳动法》

第二条 在中华人民共和国境内的企业、个体经济组织(以下统称用人单位)和与之形成劳动关系的劳动者，适用本法。

国家机关、事业组织、社会团体和与之建立劳动合同关系的劳动者,依照本法执行。

3.《劳动合同法》

第二条 中华人民共和国境内的企业、个体经济组织、民办非企业单位等组织(以下称用人单位)与劳动者建立劳动关系,订立、履行、变更、解除或者终止劳动合同,适用本法。

国家机关、事业单位、社会团体和与其建立劳动关系的劳动者,订立、履行、变更、解除或者终止劳动合同,依照本法执行。

第七条 用人单位自用工之日起即与劳动者建立劳动关系。用人单位应当建立职工名册备查。

第十条 建立劳动关系,应当订立书面劳动合同。

已建立劳动关系,未同时订立书面劳动合同的,应当自用工之日起一个月内订立书面劳动合同。

用人单位与劳动者在用工前订立劳动合同的,劳动关系自用工之日起建立。

4.《劳动合同法实施条例》

第八条 劳动合同法第七条规定的职工名册,应当包括劳动者姓名、性别、公民身份号码、户籍地址及现住址、联系方式、用工形式、用工起始时间、劳动合同期限等内容。

第三十三条 用人单位违反劳动合同法有关建立职工名册规定的,由劳动行政部门责令限期改正;逾期不改正的,由劳动行政部门处2000元以上2万元以下的罚款。

5.《关于确立劳动关系有关事项的通知》(劳社部发〔2005〕12号)

为规范用人单位用工行为,保护劳动者合法权益,促进社会稳定,现就用人单位与劳动者确立劳动关系的有关事项通知如下:

一、用人单位招用劳动者未订立书面劳动合同,但同时具备下列情形的,劳动关系成立。

(一)用人单位和劳动者符合法律、法规规定的主体资格;

(二)用人单位依法制定的各项劳动规章制度适用于劳动者,劳动者受用人单位的劳动管理,从事用人单位安排的有报酬的劳动;

(三)劳动者提供的劳动是用人单位业务的组成部分。

二、用人单位未与劳动者签订劳动合同,认定双方存在劳动关系时可参照下列凭证：

（一）工资支付凭证或记录（职工工资发放花名册）、缴纳各项社会保险费的记录；

（二）用人单位向劳动者发放的“工作证”、“服务证”等能够证明身份的证件；

（三）劳动者填写的用人单位招工招聘“登记表”、“报名表”等招用记录；

（四）考勤记录；

（五）其他劳动者的证言等。

其中，（一）、（三）、（四）项的有关凭证由用人单位负举证责任。

三、用人单位招用劳动者符合第一条规定的情形的，用人单位应当与劳动者补签劳动合同，劳动合同期限由双方协商确定。协商不一致的，任何一方均可提出终止劳动关系，但对符合签订无固定期限劳动合同条件的劳动者，如果劳动者提出订立无固定期限劳动合同，用人单位应当订立。

用人单位提出终止劳动关系的，应当按照劳动者在本单位工作年限每满一年支付一个月工资的经济补偿金。

第四节　劳动合同的签订

实务精讲

一、劳动合同签订的概念及原则

劳动合同的签订，是用人单位与劳动者以书面形式确定双方劳动权利与义务关系的协议的行为，是引起劳动关系建立的法律行为的一种。根据《劳动合同法》第3条的规定，订立劳动关系应当遵循以下三个原则。①

1. 合法性原则。劳动关系本质上是以私法意思自治为内核品质、兼具公法干预特性的法律关系，因此其与普通的民事合同关系在法律性质上不一样，其意思自治的范围受到法律强制性规定的制约。因此，在订立劳动合同过程中，必须遵守合法

① 邓益洲：《劳动用工管理典型案例、经验教训与风险应对》，中国法制出版社2010年版。

性原则,订立劳动合同各个环节都应当符合法律的要求,比如,劳动合同应当具备法律要求的必备条款,试用期长度不应超过法律规定的最长时间,工资标准不得低于最低工资等。如果劳动合同违反合法性原则,与法律规定的强制性要求相违背,则可能导致合同无效。

2. 公平原则,即用人单位与劳动者双方权利义务的范围、程度应当对等,不应显失公平。在劳动关系中,用人单位在谈判能力、法律技巧方面处于明显强势地位,因此应当强调订立劳动合同时的公平原则,以确保双方权利义务关系的实质性平等。

3. 诚实信用原则,即双方在订立劳动合同过程中,不欺诈,诚实守信,相互协助,真心相待,相互体谅彼此的关切。诚实信用原则同时也是劳动合同履行、变更和解除中必须遵循的原则,是劳动法总的原则之一。

二、劳动合同的必备条款

根据《劳动合同法》第 17 条第 1 款的规定,劳动合同应当具备以下条款:

(1)用人单位的名称、住所和法定代表人或者主要负责人;

(2)劳动者的姓名、住址和居民身份证或者其他有效身份证件号码;

(3)劳动合同期限;

(4)工作内容和工作地点;

(5)工作时间和休息休假;

(6)劳动报酬;

(7)社会保险;

(8)劳动保护、劳动条件和职业危害防护;

(9)法律、法规规定应当纳入劳动合同的其他事项。

用人单位在拟定劳动合同具体条款过程中,应严格依据法律的规定进行,对《劳动合同法》规定的九项必备条款,用人单位必须在劳动合同中明确约定。

三、不依法签订劳动合同的后果

根据《劳动合同法》和《劳动合同法实施条例》的规定,用人单位与劳动者建立劳动关系,应当最迟在用工之日起 1 个月内与劳动者订立书面劳动合同,否则,用人单位应承担相应的法律责任。

1. 支付 2 倍工资，并补签劳动合同

第一，自用工之日起超过 1 个月不满 1 年未订立书面劳动合同的，自用工之日起满 1 个月的次日至补签书面劳动合同的前 1 日，应向劳动者每月支付 2 倍工资，并与劳动者补订书面劳动合同。第二，自用工之日起满 1 年未订立书面劳动合同的，自用工之日起满 1 个月的次日至满 1 年的前 1 日，应向劳动者每月支付 2 倍工资，并视为自用工之日起满 1 年的当日已经与劳动者订立无固定期限劳动合同，应立即与劳动者补订书面劳动合同。第三，应当订立无固定期限劳动合同而未订立的，自应当订立无固定期限劳动合同之日起，应向劳动者每月支付 2 倍工资。

2. 行政责任

根据《劳动法》的规定，用人单位故意拖延不订立劳动合同的，由劳动行政部门责令改正。各地的劳动法规还规定了此种情况下，劳动和社会保障行政部门有权对用人单位处以罚款，如《北京市劳动合同规定》中的规定。用人单位不订立劳动合同被责令限期改正，逾期不改的，按照未签订劳动合同的人数，对用人单位处以每人 500 元罚款。《上海市劳动合同条例》则规定，可以按每人 500 元至 1000 元对用人单位处以罚款。

3. 给劳动者成损害的，用人单位还应当承担赔偿责任

根据《违反〈劳动法〉有关劳动合同规定的赔偿办法》的规定，用人单位故意拖延不订立劳动合同的，给劳动者造成工资收入损失、劳动保护待遇损失、劳动者工伤、医疗待遇损失的，除应补足其工资、劳动保护津贴、用品、工伤待遇、医疗保险待遇外，还应加付 25% 的赔偿费用。

四、未签订书面劳动合同的四种特殊情形

（一）合同期满未续签

劳动合同期满未续签所涉及的问题主要为用人单位是否需要支付双倍工资。劳动合同期满未续签，且原合同未约定到期自动续签的，同时，用人单位不能够证明未签订合同的责任在于劳动者的，用人单位需要支付双倍工资。

（二）合同期满自动延续

劳动合同约定期满自动续延的，可视为合同已经续签，用人单位无须支付双倍

工资。但是《劳动合同法》也同样规定了劳动合同期满用人单位必须延续合同期限的几种情形。《劳动合同法》第 42 条规定劳动者有下列情形之一的,用人单位不得依照《劳动合同法》第 40 条、第 41 条的规定解除劳动合同:

(1)从事接触职业病危害作业的劳动者未进行离岗前职业健康检查,或者疑似职业病病人在诊断或者医学观察期间的,需要用人单位延续劳动合同期限。(2)在本单位患职业病或者因工负伤并被确认丧失或者部分丧失劳动能力的。(3)患病或者非因工负伤,在规定的医疗期内的需延续至医疗期满,并按照规定支付工伤待遇。(4)女职工在孕期、产期、哺乳期的需要劳动合同期限延续至"三期"期满。(5)在本单位连续工作满 15 年,且距法定退休年龄不足 5 年的;需要延续至法定退休年龄。(6)法律、行政法规规定的其他情形。

(三)空档型

劳动合同到期后未及时续签,经过一段时间后才续签劳动合同的,对在该"空档期"用人单位是否需要支付双倍工资,存在以下两种情形:第一,如果"空档期"不超过 1 个月,可视为合理协商期,用人单位无须支付双倍工资;第二,如果"空档期"过长、超过 1 个月的,除用人单位能够证明未续签合同的责任在于劳动者外,用人单位应当支付双倍工资。

(四)倒签型

倒签劳动合同是指用人单位与劳动者在已经建立事实劳动关系一段时间后补签劳动合同的现象。关于倒签劳动合同,主要涉及两个问题:此类劳动合同是否有效和倒签合同能否要求双倍工资。

按照《合同法》的规定,合同是当事人关于权利义务的确定,要求必须是双方当事人的真实意思表示,但没有对倒签日期进行限制的条款。所以,倒签日期的合同只要是真实意思表示,没有违反法律法规的效力性强制性规定,并且没有损害劳动者的合法权益,应当认定为有效。

用人单位与劳动者倒签劳动合同的,用人单位无须向劳动者支付倒签期间的双倍工资,因为倒签属于劳动者确认劳动合同期限已经涵盖未签合同期间,属于劳动者的追认。

案例说法

案例1:聘书不必然具有劳动合同的法律效果

2014年10月8日,张某进入某公司处工作。次日,张某与公司签订了《聘书》一份,对张某在公司处工作的岗位信息、报到资料、报到日期、工作保留及法律责任作出了约定,其中"岗位信息"的内容:"职位:主创设计主任;所属部门:建筑部;税后年薪370,000.00(大写:叁拾柒万元整);税后月薪:25,000.00(大写:贰万伍仟元整);试用期月薪:20,000.00(大写:贰万元整);试用期:90天;福利:参照国家相关法规及公司员工手册。""工作保留及法律责任"的内容:"收到聘书后,若确认无误,请在回执单上填写你的姓名及日期,发回我公司,本聘书即生效。当你与我司签订正式劳动合同后,所有与本聘书相关的内容以正式劳动合同为准。"2014年10月30日,双方签订《员工保密协议书》,就技术成果和商业秘密进行了书面约定。后双方未签订正式的书面劳动合同。2014年12月11日,张某向公司提出离职,张某在公司处实际工作至2014年12月10日。2015年2月4日,张某向上海市杨浦区劳动人事争议仲裁委员会申请仲裁。

在上述案件中,双方主要的争议焦点在于,聘书能否具备劳动合同的法律效果。法院认为,虽然双方签订了《聘书》和《员工保密协议书》,但均不具备劳动合同的必备条款,不符合劳动合同的形式要件,不能作为正式的劳动合同,况且在《聘书》的最后某公司明确告知:"当你与我司签订正式劳动合同后,所有与本聘书相关的内容以正式劳动合同为准。"说明除聘书外,双方应另行签订正式的劳动合同。张某曾向某公司提出签订书面劳动合同的要求,但某公司推说待张某试用期满后再签订劳动合同,显然与《劳动合同法》的规定不符。最终人民法院并未支持用人单位的主张。

案例2:未签订劳动合同用人单位支付双倍工资

王某于2015年7月2日入职某酒店公司,公司没有与王某签订劳动合同,也没有为王某办理社会保险缴纳手续并缴纳社会保险费用。王某于2016年5月31日离职,随后以某酒店公司未签订书面劳动合同为由,要求支付未签订书面劳动合同的2倍工资差额。某酒店公司则认为王某的工作职责就是负责员工的入职、劳动合同的签订等各项行政工作,未签订书面合同的过错在王某。

法院审理认为，某酒店公司的证据不足以证明王某负有与员工签订劳动合同的职责，且公司与王某建立劳动关系后，未与王某签订书面劳动合同，依法应当支付给王某2倍工资差额。

《劳动合同法》第82条第1款规定，用人单位自用工之日起超过1个月不满1年未与劳动者订立书面劳动合同的，应当向劳动者每月支付2倍的工资。法律强制要求用人单位必须与劳动者签订书面劳动合同，否则承担惩罚性赔偿责任。根据《劳动合同法实施条例》第6条第1款的规定，劳动者不与用人单位订立书面劳动合同的，用人单位应当书面通知劳动者终止劳动关系，并依照《劳动合同法》第47条的规定支付经济补偿。因劳动者不愿签订书面劳动合同，用人单位不通知终止劳动关系而继续用工，仍应承担支付双倍工资差额的责任。

案例3：合作协议被认定为书面劳动合同，用人单位被判支付违法解除劳动合同赔偿金

2016年4月8日，聂某某与北京某公司签订了《合作设立茶叶经营项目的协议》："第一条：双方约定，甲方出资进行茶叶项目投资，聘任乙方为茶叶经营项目经理，乙方负责公司的管理与经营。第二条：待项目启动后，双方相机共同设立公司，乙方可享有管理股份。第三条：利益分配：在公司设立之前，乙方按基本工资加业绩方式取酬。公司设立之后，按双方的持股比例进行分配。乙方负责管理和经营，取酬方式：基本工资+业绩、奖励+股份分红。第四条：双方在运营过程中，未尽事宜由双方友好协商解决。第五条：本合同正本一式两份，公司股东各执一份。"

协议签订后，聂某某到该项目工作，工作内容为负责《中国书画》艺术茶社的经营管理，主要负责接待、茶叶销售等工作。某公司的法定代表人按照每月基本工资10,000元的标准，每月15日通过银行转账向聂某某发放上一自然月工资。聂某某请假需经法定代表人批准，且实际出勤天数影响工资的实发数额。2017年5月6日，某公司通知聂某某终止合作协议。聂某某实际工作至2017年5月8日。

聂某某申请劳动仲裁，认为双方系劳动关系并要求某公司支付未签订书面劳动合同2倍工资差额，某公司主张双方系合作关系。法院判决确认双方存在劳动关系，某公司应支付劳动关系存续期间的工资并支付违法解除劳动关系赔偿金，对于未签订劳动合同2倍工资差额未支持。

法院生效裁判认为，申请人某公司与被申请人聂某某签订的《合作设立茶叶经营项目的协议》系自愿签订的，不违反强制性法律、法规的规定，属有效合同。对于合同性质的认定，应当根据合同内容所涉及的法律关系，即合同双方所设立的权利义务来进行认定。双方签订的协议第1条明确约定聘任聂某某为茶叶经营项目经理，“聘任”一词一般表明当事人有雇佣劳动者为其提供劳动之意；协议第3条约定了聂某某的取酬方式，无论在双方设定的目标公司成立之前还是之后，聂某某均可获得“基本工资”“业绩”等报酬，与合作经营中的收益分配明显不符。合作经营合同的典型特征是共同出资，共担风险，本案合同中既未约定聂某某出资比例，也未约定共担风险，与合作经营合同不符。从本案相关证据来看，聂某某接受某公司的管理，按月汇报员工的考勤、款项分配、开支、销售、工作计划、备用金的申请等情况，且所发工资与出勤天数密切相关。双方在履行合同过程中形成的关系，符合劳动合同中人格从属性和经济从属性的双重特征。故原判认定申请人与被申请人之间存在劳动关系并无不当。双方签订的合作协议还可视为书面劳动合同，虽缺少一些必备条款，但并不影响已约定的条款及效力，仍可起到固定双方劳动关系、权利义务的作用，二审法院据此依法改判是正确的。某公司于2017年5月6日向聂某某出具了《终止合作协议通知》，告知聂某某终止双方的合作，具有解除双方之间劳动关系的意思表示，根据《最高人民法院关于民事诉讼证据的若干规定》第6条，在劳动争议纠纷案件中，因用人单位作出的开除、除名、辞退、解除劳动合同等决定而发生的劳动争议，由用人单位负举证责任，某公司未能提供解除劳动关系原因的相关证据，应当承担不利后果。二审法院根据本案具体情况和相关证据所作的判决，并无不当。

操作指引

一、劳动合同如何填写？

劳动合同的填写，具体包括以下几个方面。

1. 甲方为用人单位，写明单位名称、法定代表人、住所地、联系电话（必须是单位固定电话）等，单位名称与所盖章名称完全一致。

2. 乙方为劳动者，身份信息必须完全填写清楚。

3. 合同期限和试用期必须完全按照新《劳动合同法》中的规定填写。劳动合同期限3个月以上不满1年的，试用期不得超过1个月；劳动合同期限1年以上不满3

年的，试用期不得超过2个月；3年以上固定期限和无固定期限的劳动合同，试用期不得超过6个月。

4. 将工作地点中空缺处的具体工作岗位填写清楚。

5. 将工作实践和休息休假中的空白处填写清楚。

6. 劳动报酬工资额按照实际情况填写。试用期工资不得低于本单位相同岗位最低档工资或者劳动合同约定工资的80%，并不得低于用人单位所在地的最低工资标准。

7. 如有其他待遇或约定请在社会保险福利待遇的空白处填写清楚。如没有用斜线划掉。

8. 违法合同责任条款处，如有其他约定请在空白处填写，如没有用斜线划掉。

9. 在下方甲方签字盖章处加盖单位公章（只能是单位公章或人力资源部的公章其他章一律无效），劳动者本人签名，填写签订日期。

10. 所有合同必须用黑笔填写，可上交原件或复印件（加盖单位公章否则无效）。

二、劳动者拒签劳动合同怎么办？

针对用人单位多次要求签订劳动合同，而劳动者拒签的情况，用人单位应当书面通知劳动者终止劳动关系。

《劳动合同法实施条例》第5条规定："自用工之日起一个月内，经用人单位书面通知后，劳动者不与用人单位订立书面劳动合同的，用人单位应当书面通知劳动者终止劳动关系，无需向劳动者支付经济补偿，但是应当依法向劳动者支付其实际工作时间的劳动报酬。"第6条规定："用人单位自用工之日起超过一个月不满一年未与劳动者订立书面劳动合同的，应当依照劳动合同法第八十二条的规定向劳动者每月支付两倍的工资，并与劳动者补订书面劳动合同；劳动者不与用人单位订立书面劳动合同的，用人单位应当书面通知劳动者终止劳动关系，并依照劳动合同法第四十七条的规定支付经济补偿。前款规定的用人单位向劳动者每月支付两倍工资的起算时间为用工之日起满一个月的次日，截止时间为补订书面劳动合同的前一日。"

由此可见，在用工1个月之内，劳动者拒签劳动合同，用人单位可以直接解除与劳动者的劳动关系，但是解除劳动关系需要将劳动者付出了劳动的支付劳动报酬。如果在用工超过1个月后，劳动者仍然拒签劳动合同，用人单位应当书面通知与其解除劳动合同关系，不过应向其支付经济补偿金。

疑难解答

一、未签订劳动合同双倍工资的计算基数

《劳动合同法》第 82 条第 1 款规定，用人单位自用工之日起超过 1 个月不满 1 年未与劳动者订立书面劳动合同的，应当向劳动者每月支付 2 倍的工资。由于法律仅提到了“双倍”的概念，而没有具体规定未签订劳动合同双倍工资差额的计算基数，所以各界对此有很大争议。大致有三种观点：第一种观点是双倍工资基数应当按照劳动者应得工资为标准确定，即扣除社会保险和税费之前的工资金额；第二种观点认为双倍工资基数以实得工资为标准确定，即劳动者每月实际获得的工资，包含加班工资、各类津贴补贴、奖金等；第三种观点认为双倍工资基数以劳动者正常工作时间工资为标准确定，不应包括加班工资等。对此，各地法院的掌握尺度没有统一，三种观点均有相应的案例。北京、上海、广东的法院和劳动仲裁现在倾向于第三种观点，即劳动者正常工作时间的工资，不含加班工资。

二、未签订劳动合同双倍工资的时效问题

双倍工资不是劳动报酬，故不应适用《劳动争议调解仲裁法》第 27 条第 4 款的规定，而应依据该条第 1 款“劳动争议申请仲裁的时效期间为一年。仲裁时效期间从当事人知道或者应当知道其权利被侵害之日起计算”的规定。因此，如何确定应当知道权利受侵害之日，就成为关键问题。司法实践中主要存在两种观点：①

第一种观点认为，双倍工资是按月计算的，应按照每月的发薪日作为请求当月双倍工资的应当知道权利受侵害之日。这种观点是从立法目的的角度出发，因为第 82 条具有强烈的目的性，就是要求劳动关系双方及时签订劳动合同。签订劳动合同是双方的权利和义务，将时效缩短，有利于督促劳动者向用人单位提出签订劳动合同，避免劳动者故意拖欠不签订劳动合同从而引发的道德风险，也使用人单位及早知晓其不签订劳动合同的法律后果，促使双方及早签订劳动合同，达到立法目的。

---

① 参见王建平、章祖达主编：《人力资源法务咨询实务指引》，法律出版社 2018 年版，第 23 页。

第二种观点认为，应将未与劳动者签订劳动合同或者不与劳动者签订无固定期限劳动合同的行为作为一个连续的违法行为看待，将违法行为结束之日作为应当知道权利受侵害之日。这种观点认为双倍工资带有制裁性、惩罚性。另外，考虑到劳动者就业难，若起诉用人单位可能面临丢失工作的窘境，故将时效延长。这样不但可以降低劳动者维权风险，不至于因正当维权而丢掉工作，同时也可以使用人单位的违法行为面临更大的违法成本，让用人单位得到沉痛的教训，规范其行为。

北京、上海、广东的法院和劳动仲裁现在较为倾向于第一种观点，云南省则倾向于第二种观点。

三、用人单位不向劳动者交付劳动合同的后果

《劳动合同法》第 16 条第 2 款规定，劳动合同文本由用人单位和劳动者各执一份；同时，《劳动合同法》第 81 条规定，用人单位未将劳动合同文本交付劳动者的，由劳动行政部门责令改正；给劳动者造成损害的，应当承担赔偿责任。

因此，用人单位不仅要与劳动者签订劳动合同，同时还应将签订的劳动合同交付于劳动者，否则，用人单位因未将劳动合同交付给劳动者而承担相应的法律责任。

法条链接

1.《劳动法》

第十九条 劳动合同应当以书面形式订立，并具备以下条款：

（一）劳动合同期限；

（二）工作内容；

（三）劳动保护和劳动条件；

（四）劳动报酬；

（五）劳动纪律；

（六）劳动合同终止的条件；

（七）违反劳动合同的责任。

劳动合同除前款规定的必备条款外，当事人可以协商约定其他内容。

2.《劳动合同法》

第十条 建立劳动关系,应当订立书面劳动合同。

已建立劳动关系,未同时订立书面劳动合同的,应当自用工之日起一个月内订立书面劳动合同。

用人单位与劳动者在用工前订立劳动合同的,劳动关系自用工之日起建立。

第十一条 用人单位未在用工的同时订立书面劳动合同,与劳动者约定的劳动报酬不明确的,新招用的劳动者的劳动报酬按照集体合同规定的标准执行;没有集体合同或者集体合同未规定的,实行同工同酬。

第十六条 劳动合同由用人单位与劳动者协商一致,并经用人单位与劳动者在劳动合同文本上签字或者盖章生效。

劳动合同文本由用人单位和劳动者各执一份。

第十七条 劳动合同应当具备以下条款:

(一)用人单位的名称、住所和法定代表人或者主要负责人;

(二)劳动者的姓名、住址和居民身份证或者其他有效身份证件号码;

(三)劳动合同期限;

(四)工作内容和工作地点;

(五)工作时间和休息休假;

(六)劳动报酬;

(七)社会保险;

(八)劳动保护、劳动条件和职业危害防护;

(九)法律、法规规定应当纳入劳动合同的其他事项。

劳动合同除前款规定的必备条款外,用人单位与劳动者可以约定试用期、培训、保守秘密、补充保险和福利待遇等其他事项。

第八十一条 用人单位提供的劳动合同文本未载明本法规定的劳动合同必备条款或者用人单位未将劳动合同文本交付劳动者的,由劳动行政部门责令改正;给劳动者造成损害的,应当承担赔偿责任。

第八十二条 用人单位自用工之日起超过一个月不满一年未与劳动者订立书面劳动合同的,应当向劳动者每月支付二倍的工资。

用人单位违反本法规定不与劳动者订立无固定期限劳动合同的,自应当订立无固定期限劳动合同之日起向劳动者每月支付二倍的工资。

3.《劳动合同法实施条例》

第四条 劳动合同法规定的用人单位设立的分支机构，依法取得营业执照或者登记证书的，可以作为用人单位与劳动者订立劳动合同；未依法取得营业执照或者登记证书的，受用人单位委托可以与劳动者订立劳动合同。

第五条 自用工之日起一个月内，经用人单位书面通知后，劳动者不与用人单位订立书面劳动合同的，用人单位应当书面通知劳动者终止劳动关系，无需向劳动者支付经济补偿，但是应当依法向劳动者支付其实际工作时间的劳动报酬。

第六条 用人单位自用工之日起超过一个月不满一年未与劳动者订立书面劳动合同的，应当依照劳动合同法第八十二条的规定向劳动者每月支付两倍的工资，并与劳动者补订书面劳动合同；劳动者不与用人单位订立书面劳动合同的，用人单位应当书面通知劳动者终止劳动关系，并依照劳动合同法第四十七条的规定支付经济补偿。

前款规定的用人单位向劳动者每月支付两倍工资的起算时间为用工之日起满一个月的次日，截止时间为补订书面劳动合同的前一日。

第七条 用人单位自用工之日起满一年未与劳动者订立书面劳动合同的，自用工之日起满一个月的次日至满一年的前一日应当依照劳动合同法第八十二条的规定向劳动者每月支付两倍的工资，并视为自用工之日起满一年的当日已经与劳动者订立无固定期限劳动合同，应当立即与劳动者补订书面劳动合同。

4.《上海市劳动合同条例》

第九条 劳动合同文本可以由用人单位提供，也可以由用人单位与劳动者共同拟订。由用人单位提供的合同文本，应当遵循公平原则，不得损害劳动者的合法权益。

劳动合同应当用中文书写，也可以同时用外文书写，双方当事人另有约定的，从其约定。同时用中、外文书写的劳动合同文本，内容不一致的，以中文劳动合同文本为准。劳动合同一式两份，当事人各执一份。

第十二条 劳动合同自双方当事人签字之日起生效，当事人对生效的期限或者条件有约定的，从其约定。

5.《广州市劳动争议仲裁委员会、广州市中级人民法院关于劳动争议案件研讨会会议纪要》(2011)

二十六、劳动合同期满后未续签的双倍工资问题，应分四种情形处理：(1)劳动合同期满后双方一直未续签合同、且原合同未约定到期自动续延的，除用人单位能够证明未续签合同的责任在于劳动者外，用人单位应当支付双倍工资。(2)劳动合同约定期满自动续延的，可视为合同已经续签，用人单位无需支付双倍工资。(3)到期后未及时续签，经过一段时间后才续签了劳动合同，对于该“空档期”，可分具体情况：如果“空档期”不超过一个月，可视为合理协商期，用人单位无需支付双倍工资；如果“空档期”过长、超过一个月的，除用人单位能够证明未续签合同的责任在于劳动者外，用人单位应当支付双倍工资。(4)用人单位与劳动者“倒签”劳动合同的，可视为劳动者确认劳动合同期限已经涵盖未签合同期间，属于劳动者的追认，用人单位无需支付“倒签”期间的双倍工资。

6.《违反〈劳动法〉有关劳动合同规定的赔偿办法》

第二条 用人单位有下列情形之一，对劳动者造成损害的，应赔偿劳动者损失：

(一)用人单位故意拖延不订立劳动合同，即招用后故意不按规定订立劳动合同以及劳动合同到期后故意不及时续订劳动合同的；

(二)由于用人单位的原因订立无效劳动合同，或订立部分无效劳动合同的；

(三)用人单位违反规定或劳动合同的约定侵害女职工或未成年工合法权益的；

(四)用人单位违反规定或劳动合同的约定解除劳动合同的。

第三条 本办法第二条规定的赔偿，按下列规定执行：

(一)造成劳动者工资收入损失的，按劳动者本人应得工资收入支付给劳动者，并加付应得工资收入25%的赔偿费用；

(二)造成劳动者劳动保护待遇损失的，应按国家规定补足劳动者的劳动保护津贴和用品；

(三)造成劳动者工伤、医疗待遇损失的，除按国家规定为劳动者提供工伤、医疗待遇外，还应支付劳动者相当于医疗费用25%的赔偿费用；

(四)造成女职工和未成年工身体健康损害的，除按国家规定提供治疗期间的医疗待遇外，还应支付相当于其医疗费用25%的赔偿费用；

(五)劳动合同约定的其他赔偿费用。

文书工具

《劳动合同》(包括完整版和简明版)【见书尾文书,文书编号:NO. 10】

第五节 劳动合同无效

实务精讲

一、劳动合同无效的情形

劳动合同在双方当事人意思表示一致的情形下,即可成立。同时,劳动合同在具备法律上的形式要件和实质要件后,该劳动合同即可生效。形式要件有二:一是指劳动合同以书面形式订立,二是指具备法定的必备条款。实质要件有二:一是合同内容条款不存在违反法律、法规的情形,二是合同订立不存在欺诈、胁迫或乘人之危违背相对方真实意思表示的情形。当然,根据民法合同原理,合同中部分条款无效并不影响其他条款的效力。

无效的劳动合同是指由当事人签订成立而国家不予承认其法律效力的劳动合同。一般合同一旦依法成立,就具有法律拘束力,但是无效合同即使成立,也不具有法律拘束力,不发生履行效力。根据《劳动法》第 18 条和《劳动合同法》第 26 条的规定,导致劳动合同无效有以下情形。

1. 劳动合同因违反国家法律、行政法规的强制性规定而无效

法律的强制性规定是当事人必须遵守的,不得通过排除使用的法律规定。这里主要指国家制定的关于劳动者最基本劳动条件的法律法规,包括最低工资法、工作时间法、劳动安全与卫生法等。其目的是改善劳动条件,保障劳动者的基本生活,避免伤亡事故的发生。还应当特别注意的是本项规定只限于法律和行政法规,不能任意扩大范围。实践中存在的将违反地方行政管理规定的合同都认为无效是不妥当的。

具体来说,劳动合同因违反国家法律、行政法规的强制性规定而无效的可以细

分为以下几种情形:(1)用人单位和劳动者中的一方或者双方不具备订立劳动合同的法定资格的,如签订劳动合同的劳动者一方必须是具有劳动权利能力和劳动行为能力的公民,用人单位与未满16周年的未成年人订立的劳动合同就是无效的劳动合同(国家另有规定的除外)。(2)劳动合同的内容直接违反法律、法规的规定,如劳动者与矿山企业在劳动合同中约定的劳动保护条件不符合《矿山安全法》的有关规定,他们所订立的劳动合同是无效的。(3)劳动合同因损害国家利益和社会公共利益而无效。

2. 以欺诈、胁迫的手段或者乘人之危,使对方在违背真实意思的情况下订立或者变更劳动合同的

欺诈是指当事人一方故意制造假象或隐瞒事实真相,欺骗对方,诱使对方形成错误认识而与之订立劳动合同。欺诈的种类很多,现实中多出现劳动者欺诈用人单位签订劳动合同的情形,比如,根据劳动法,从事特种作业的劳动者必须经过专门培训并取得特种作业资格,但应聘的劳动者并没有这种资格,提供了假的资格证书。但同样也会出现用人单位欺诈劳动者的情形,但无论是哪种情形,采取欺诈手段订立的劳动合同都是无效的。

威胁是指当事人以将要发生的损害或者以直接实施损害相威胁,一方迫使另一方处于恐怖或者其他被胁迫的状态而签订劳动合同,可能涉及生命、身体、财产、名誉、自由、健康等方面。如用人单位以不发之前的工资等逼迫劳动者续签劳动合同。

乘人之危是指用人单位利用劳动者处于危困状态,迫使劳动者签订不公平的劳动合同。如劳动者急于找工作时以极低工资标准要求劳动者签署劳动合同;劳动者急需用钱时,用人单位以预支工资为由逼迫劳动者签署不公平的劳动合同。

3. 用人单位免除自己的法定责任、排除劳动者的权利的

用人单位的法定责任和劳动者的法定权利是不能通过约定进行排除或者免除的,这属于禁止用人单位同劳动者约定的内容。实践中,用人单位通常会提供格式合同,合同内容明显对劳动者不利,对用人单位有利。通常表现为,劳动合同简单化,法定条款缺失,仅规定劳动者的义务,有的甚至规定“生老病死都与企业无关”“用人单位有权根据生产经营变化及劳动者的工作情况调整其工作岗位,劳动者必须服从单位的安排”等霸王条款;也有的直接规定造成劳动者人身伤害的免责条款。但是,对人身的健康和生命安全,法律是给予特殊保护的,并且从整体社会利益的角度来考虑,如果允许免除用人单位对劳动者人身伤害的责任,那么就无异于纵容用

人单位利用合同形式对劳动者的生命进行摧残，这与保护公民的人身权利的宪法原则是相违背的。劳动者合同权利的放弃，如果与劳动法的宗旨相悖，劳动者放弃权利的行为应当受到限制。例如，目前煤矿这种高危行业用工，不经任何培训，没有任何技术，只要来了就签劳动合同，出事故死亡后用人单位给点钱就了事，而劳动者又在高工资的引诱下自愿在用人单位不负责生命安全的合同上签字，这种情况下，劳动者放弃劳动保护权的行为，即便出于自愿，亦应认定无效。

二、无效劳动合同的法律后果

《劳动法》第 18 条第 2 款明确规定："无效的劳动合同，从订立的时候起，就没有法律约束力。"因而，无效的劳动合同不受国家法律的承认和保护。对于劳动合同被确认无效的，其法律后果：

第一，根据《劳动合同法》的规定，劳动合同被确认无效，劳动者已付出劳动的，用人单位应当向劳动者支付劳动报酬。劳动报酬的数额，参考用人单位同类岗位劳动者的劳动报酬确定；用人单位无同类岗位的，按照本单位上年职工平均工资确定。

第二，无效劳动合同是由劳动合同当事人一方或者双方的过错造成的。法律上的过错，是指法律关系主体在主观上有违法错误，包括故意违法和过失违法。过错可能是一方的，也可能是双方的，它是由当事人的主观原因造成的后果，因此，对无效的劳动合同，在确认其无效的同时，如给对方造成损害的，有过错的一方应当承担赔偿责任。

若用人单位有过错，对劳动者造成损害的，应按下列规定赔偿劳动者损失：(1)造成劳动者工资收入损失的，按劳动者本人应得工资收入支付给劳动者，并加付应得工资收入 25% 的赔偿费用；(2)造成劳动者劳动保护待遇损失的，应按国家规定补足劳动者的保护津贴和用品；(3)造成劳动者工伤、医疗保险待遇损失的，除按国家规定为劳动者提供工伤、医疗待遇外，还应支付劳动者相当于医疗费用 25% 的赔偿费用；(4)造成女职工和未成年工身体健康损害的，除按国家规定提供治疗期间的医疗待遇外，还应支付相当于其医疗费用 25% 的赔偿费用；(5)劳动合同约定的其他赔偿费用。对上述规定中有关劳动者工资收入损失的赔偿，鉴于《劳动合同法》第 84 条有相关规定，应按《劳动合同法》的规定予以执行。

如果劳动者有过错的，给用人单位造成损失的，劳动者应承担赔偿责任，赔偿因其过错而对用人单位的生产、经营和工作造成的直接经济损失。

案例说法

案例1:劳动合同中约定将社会保险费用直接支付给员工,约定无效

赵某为农村进城务工人员,2009年到常州一家公司工作,签订劳动合同时,赵某表示不愿办理社会保险,请求将公司应缴纳的社会保险费直接支付给其本人。公司考虑到部分员工经济困难,不想参保,希望直接获得货币形式的社会保险费用,因此,同意将应付的社保费223元折现为200元连同月工资一起支付给赵某。双方在劳动合同中对此作出了明确约定,赵某还签署了保证不再要求缴纳社会保险费的协议书。然而,合同到期后,公司决定不再续签,离职时赵某要求公司补缴社会保险费,遭到公司拒绝后赵某提起劳动仲裁。

仲裁委依法审理后,认为赵某与公司之间关于将社会保险费用直接发放给员工的约定因违反法律的强制性规定而无效,裁决公司依法为赵某补缴劳动合同期限内应缴的社会保险费用,同时赵某将已领取的社会保险费用返还公司。

案例2:内容违法的劳动合同无效

1994年10月27日,蒋某与某公司签订了一份劳动合同,合同约定:乙方(蒋某)每天工作14小时,每小时工资1.0元;工作期间乙方因病、因工或非因工负伤均自行承担,公司不负责;合同期5年,乙方每提前一年解除劳动合同,均要支付5000元/月违约赔偿金。另外,蒋某系临时性合同工,正式合同工待遇是每日工作10小时,每小时工资1.4元。公司加班从不征求工人意见,该公司亦未组建工会组织。1995年8月27日,申诉人蒋某以用人单位劳动条件恶劣和工资太低为由要求终止双方劳动合同。被诉人拒不同意,以要求蒋某支付2万余元违约金阻拦。蒋某不服,向当地劳动争议仲裁委员会申诉。

仲裁庭认为,劳动者享有休息权利和劳动保险福利待遇,是我国一项基本劳动法律制度。申诉人与被诉人签订的劳动合同违反了我国《劳动法》第36条关于"国家实行劳动者每日工作时间不超过八小时,平均每周工作时间不超过四十四小时的工作制度"的规定,亦违反了《劳动法》第70条规定的劳动者有在年老、患病、工伤、失业、生育等情况下获得帮助和补偿的权利;根据《劳动法》第18条的规定,违反法律、行政法规的劳动合同应认定无效,从订立时起就没有法律效力。劳动者蒋某可不受合同限制。相反,根据《劳动法》第46条规定的同工同酬原则和《劳动法》第44条规定的延长工时,应支付不低于工资150%的工资的规定,该厂并应按每小时1.4元支付工资和计发加班工资。仲裁庭依法作出如下裁决:(1)双方签订的劳动合同无效;(2)补付工资及加班工资3360元;(3)被诉人要求予以驳回。

案例3:用人单位以押金形式排除劳动者权利的约定条款无效

王某于2012年9月21日入职某科技公司,该公司在王某的工资中每月扣除数额不等的安全奖金。某科技公司规定,员工在离职后3个月如无泄密或者双方无纠纷时可以一次性补发安全奖金。诉讼中,某科技公司主张王某存在擅自获取公司系统截屏并散布的泄密行为以及双方发生纠纷的事实,故不同意补发王某该笔奖金。北京市第二中级人民法院作出终审判决,某科技公司应当支付王某每月扣发的工资(安全奖),且将其计入月平均工资的基数。

法院经审理后认为,用人单位免除自己的法定责任、排除劳动者权利的条款内容,依照法律规定属于无效条款,故某科技公司有关安全奖的约定和法律规定相悖,应认定为无效条款。故法院作出终审判决,某科技公司应当支付王某每月扣发的工资(安全奖),且将其计入月平均工资的基数。

案例4:劳动者与用人单位订立放弃加班费协议,协议被认定为无效

张某于2020年6月入职某科技公司,月工资为20,000元。某科技公司与张某订立劳动合同时,要求其订立一份协议作为合同附件,协议内容包括"我自愿申请加入公司奋斗者计划,放弃加班费"。半年后,张某因个人原因提出解除劳动合同,并要求支付加班费。某科技公司认可张某加班事实,但以其自愿订立放弃加班费协议为由拒绝支付。张某申请劳动仲裁,请求裁决某科技公司支付2020年6月至12月加班费24,000元。仲裁委员会裁决某科技公司支付张某2020年6月至12月加班费24,000元。

《劳动合同法》第26条规定:"下列劳动合同无效或者部分无效:……(二)用人单位免除自己的法定责任、排除劳动者权利的……"《最高人民法院关于审理劳动争议案件适用法律问题的解释(一)》(法释〔2020〕26号)第35条规定:"劳动者与用人单位就解除或者终止劳动合同办理相关手续、支付工资报酬、加班费、经济补偿或者赔偿金等达成的协议,不违反法律、行政法规的强制性规定,且不存在欺诈、胁迫

或者乘人之危情形的，应当认定有效。前款协议存在重大误解或者显失公平情形，当事人请求撤销的，人民法院应予支持。”加班费是劳动者延长工作时间的工资报酬，《劳动法》第44条、《劳动合同法》第31条明确规定了用人单位支付劳动者加班费的责任。约定放弃加班费的协议免除了用人单位的法定责任、排除了劳动者权利，显失公平，应认定无效。

本案中，某科技公司利用在订立劳动合同时的主导地位，要求张某在其单方制定的格式条款上签字放弃加班费，既违反法律规定，也违背公平原则，侵害了张某工资报酬权益。故仲裁委员会依法裁决某科技公司支付张某加班费。

风险应对

一、风险点：劳动合同排除劳动者权利

若劳动合同中明确排除劳动者的法定权利，则该劳动合同可能被认定为全部或部分无效。而且，劳动者仍可以依法向用人单位主张权利，要求用人单位承担法定责任。实务中，有些用人单位因为担心招用的职工，特别是一些技术人员跳槽，为了减少用人单位的经济损失，往往不给劳动者缴纳社会保险费，也有的用人单位把本应由用人单位缴纳的社会保险费随工资直接发给劳动者，让劳动者自己缴纳，这些做法违反了法律的强制性规定，一旦发现，用人单位仍需要为职工补缴社会保险费用。还有些用人单位通过每月扣发“安全奖”防止劳动者离职后与用人单位发生纠纷，只有离职后与其无纠纷的才可返还该笔款项，这种规定明显排除劳动者寻求法律救济的权利，属于无效条款。

【HR防范策略】

用人单位的法定责任和劳动者的法定义务不能通过约定加以免除和限制，用人单位制作劳动合同时应注意是否有该类条款，若有，应对该类条款予以修正使其符合法律规定。

二、风险点：劳动合同内容违法

依法订立的劳动合同具有法律效力，但并非所有的劳动合同内容都是依法订立，违反法律、行政法规的劳动合同自订立之日起就不具有法律约束力。即便劳动

合同无效，劳动者已经提供劳动的，用人单位仍须支付劳动报酬，履行其法定责任。若用人单位对劳动合同无效存在过错的，给劳动者造成损失，还应就其过错部分承担相应赔偿责任。

【HR 防范策略】

用人单位签订劳动合同时，应坚持合法原则，严格遵守法律、行政法规的规定。同时，用人单位也要注意与劳动者平等协商确定劳动合同内容。劳动合同的内容也要尽可能完备、明确、通俗易懂，防止因表述发生歧义。

疑难解答

一、没有法定必备条款是否意味着劳动合同无效？

按照《劳动合同法》第 17 条的规定，劳动合同应当包含用人单位的名称、住所和法定代表人或者主要负责人；劳动者的姓名、住址和居民身份证或者其他有效身份证件号码；工作内容和工作地点；工作时间和休息休假；劳动报酬；社会保险；劳动保护、劳动条件和职业危害防护；劳动合同期限等。但是，如果劳动合同中欠缺上述内容，并不必然导致合同无效。劳动合同无效的情形是法定的，只有劳动合同的内容符合法定无效情形时，劳动合同才可能无效。因此，如果劳动合同必备条款欠缺，双方可以通过协商处理，若协商不成的，还可以参照集体合同内容执行。如劳动合同中并未约定薪资待遇情况，可以视为约定不明，但并不影响劳动合同的效力。双方可以先协商处理，如果协商不成的，再按照集体合同标准执行。即便公司没有集体合同，也可以参照公司同岗位员工的工资待遇标准。

综上可知，虽然劳动合同缺乏必备内容，但并不因此无效，可以采用其他措施来补全未约定内容。但是，这种操作不一定给用人单位带来益处，若因劳动合同法定的必备内容不完备而发生争议，实务中常常会导致用人单位承担更多责任。因此，劳动合同的必备条款应尽可能完备。

二、用人单位与劳动者关于延长工作时间的约定是否有效？

用人单位可以与劳动者约定延长工作时间，但是应符合法律规定。根据《劳动法》第 41 条的规定，用人单位若要延长劳动者的工作时间，需同时满足以下条件：

(1)由于生产经营需要;(2)需要与工会或者劳动者协议一致;(3)一般情形下,每日不得超过1小时,因特殊原因需要延长工作时间的,在保障劳动者身体健康的条件下延长工作时间每日不得超过3小时,但是每月不得超过36小时。但是,在以下特殊情形下,用人单位延长劳动者工作时间可以不受上述条件限制:(1)发生自然灾害、事故或者因其他原因,威胁劳动者生命健康和财产安全,需要紧急处理的;(2)生产设备、交通运输线路、公共设施发生故障,影响生产和公众利益,必须及时抢修的;(3)法律、行政法规规定的其他情形。

总体而言,劳动法对用人单位延长工作时间限定得较为严格,用人单位确需延长工作时间的,应严格遵守法律规定、程序和时限要求,否则可能会导致约定无效。

法条链接

1.《劳动合同法》

第十七条 劳动合同应当具备以下条款:

(一)用人单位的名称、住所和法定代表人或者主要负责人;

(二)劳动者的姓名、住址和居民身份证或者其他有效身份证件号码;

(三)劳动合同期限;

(四)工作内容和工作地点;

(五)工作时间和休息休假;

(六)劳动报酬;

(七)社会保险;

(八)劳动保护、劳动条件和职业危害防护;

(九)法律、法规规定应当纳入劳动合同的其他事项。

劳动合同除前款规定的必备条款外,用人单位与劳动者可以约定试用期、培训、保守秘密、补充保险和福利待遇等其他事项。

第十八条 劳动合同对劳动报酬和劳动条件等标准约定不明确,引发争议的,用人单位与劳动者可以重新协商;协商不成的,适用集体合同规定;没有集体合同或者集体合同未规定劳动报酬的,实行同工同酬;没有集体合同或者集体合同未规定劳动条件等标准的，适用国家有关规定。

第二十六条 下列劳动合同无效或者部分无效：

（一）以欺诈、胁迫的手段或者乘人之危，使对方在违背真实意思的情况下订立或者变更劳动合同的；

（二）用人单位免除自己的法定责任、排除劳动者权利的；

（三）违反法律、行政法规强制性规定的。

对劳动合同的无效或者部分无效有争议的，由劳动争议仲裁机构或者人民法院确认。

第二十七条 劳动合同部分无效，不影响其他部分效力的，其他部分仍然有效。

第二十八条 劳动合同被确认无效，劳动者已付出劳动的，用人单位应当向劳动者支付劳动报酬。劳动报酬的数额，参照本单位相同或者相近岗位劳动者的劳动报酬确定。

第四十一条 用人单位由于生产经营需要，经与工会和劳动者协商后可以延长工作时间，一般每日不得超过一小时；因特殊原因需要延长工作时间的，在保障劳动者身体健康的条件下延长工作时间每日不得超过三小时，但是每月不得超过三十六小时。

第八十一条 用人单位提供的劳动合同文本未载明本法规定的劳动合同必备条款或者用人单位未将劳动合同文本交付劳动者的，由劳动行政部门责令改正；给劳动者造成损害的，应当承担赔偿责任。

第八十六条 劳动合同依照本法第二十六条规定被确认无效，给对方造成损害的，有过错的一方应当承担赔偿责任。

第八十八条 用人单位有下列情形之一的，依法给予行政处罚；构成犯罪的，依法追究刑事责任；给劳动者造成损害的，应当承担赔偿责任：

（一）以暴力、威胁或者非法限制人身自由的手段强迫劳动的；

（二）违章指挥或者强令冒险作业危及劳动者人身安全的；

（三）侮辱、体罚、殴打、非法搜查或者拘禁劳动者的；

（四）劳动条件恶劣、环境污染严重，给劳动者身心健康造成严重损害的。

2.《劳动法》

第十八条 下列劳动合同无效：

（一）违反法律、行政法规的劳动合同；

（二）采取欺诈、威胁等手段订立的劳动合同。

无效的劳动合同，从订立的时候起，就没有法律约束力。确认劳动合同部分无效的，如果不影响其余部分的效力，其余部分仍然有效。

劳动合同的无效，由劳动争议仲裁委员会或者人民法院确认。

第四十二条 有下列情形之一的，延长工作时间不受本法第四十一条规定的限制：

（一）发生自然灾害、事故或者因其他原因，威胁劳动者生命健康和财产安全，需要紧急处理的；

（二）生产设备、交通运输线路、公共设施发生故障，影响生产和公众利益，必须及时抢修的；

（三）法律、行政法规规定的其他情形。

第六节 集体劳动合同

实务精讲

一、集体劳动合同的概念和内容

（一）集体劳动合同的含义

集体劳动合同制度是市场经济条件下，规范和调整劳动关系的重要手段，是劳动者和用人单位自主协商解决劳动关系问题，维护双方合法权益的有效机制。集体劳动合同是用人单位与工会签订的以劳动条件为中心内容的书面集体协议。集体劳动合同与劳动合同不同，它不规定劳动者个人的劳动条件，而规定劳动者的集体劳动条件，一般适用于企业行政（或企业主）和全体工人、职员，也有的适用于企业行政（或企业主）和参加签订集体合同的工会成员。

（二）集体劳动合同的内容

集体劳动合同的内容主要包括三部分[①]：第一，劳动标准条件规范部分，这是集

① 刘继国、谢良敏：《我国劳动关系的法律调整》，中国工人出版社2013年版。

体劳动合同的核心内容,对个人劳动合同起制约作用。这部分内容具体为劳动报酬,包括工资水平,分配方式与支付办法等;安全生产与工业卫生;工作时间与休息休假;工伤、医疗、养老与死亡保险待遇;生活福利,包括改善住房条件、生活供应、保健、科学文化、体育设施等;职工技术培训;劳动纪律。第二,过渡性规定,主要包括因集体劳动合同履行发生纠纷的解决措施,优先招用被解雇的劳动者等。第三,关于集体劳动合同本身的一般性规定,包括集体劳动合同的有效期限,变更解除条件等。在我国公有制企业中,因集体劳动合同双方当事人之间没有根本的利害冲突,企业经营者与职工及其代表者工会同样关心企业生产的发展,关心在发展生产的基础上改善职工的劳动条件和物质文化生活条件,因此在一些公有制企业签订的集体合同中,还明确规定了企业的生产经营计划、指标,职工民主管理等内容,以便让职工了解企业年度主要任务,以主人翁态度完成和超额完成生产任务,它反映了具有中国特色的集体合同制度的优越性。

二、集体合同的效力

《劳动合同法》第 54 条规定,依法订立的集体合同对用人单位和劳动者具有约束力。行业性、区域性集体合同对当地本行业、本区域的用人单位和劳动者具有约束力;《劳动合同法》第 55 条规定,集体合同中劳动报酬和劳动条件等标准不得低于当地人民政府规定的最低标准;用人单位与劳动者订立的劳动合同中劳动报酬和劳动条件等标准不得低于集体合同规定的标准。

集体合同中劳动条件和劳动报酬的规定不得违背国家法律法规的规定;用人单位与劳动者签订的劳动合同在此方面不得低于集体合同的规定,即集体合同的法律效力要高于劳动合同,劳动法律、法规的法律效力要高于集体合同。

三、订立集体合同的程序

按照《劳动合同法》的规定,集体劳动合同的订立大致可以分为以下几个步骤:选出代表、平等协商、审议通过、共同签署、报备、生效并公布。

1. 选出代表。在订立集体劳动合同之前,应当先选出参与集体合同协商的主体,即工会代表或职工代表和企业代表。一般来说,建立工会的用人单位,由工会选派职工代表。没有建立工会的,由本单位职工民主推荐职工代表,并经本单位半数以上的职工同意。

2. 平等协商。职工代表和企业代表就订立集体劳动合同的有关内容有权进行平等协商，提出意见和要求。

3. 审议通过。集体劳动合同的草案内容应该经职工代表大会或职工大会审议。若有 2/3 职工代表或职工出席，且 1/2 职工代表或职工赞成集体劳动合同草案内容的，集体劳动合同草案通过。

4. 共同签署。集体劳动合同草案通过后，工会代表或职工代表与企业代表共同签署集体劳动合同。

5. 报备。集体劳动合同订立后，用人单位应当报送劳动行政部门备案。

6. 生效并公布。劳动行政部门收到上述集体合同文本之日起 15 日内未提出异议的，集体合同即行生效。集体劳动生效后，用人单位应当向劳动者公布。

四、集体合同的纠纷和法律救济

《劳动合同法》第 56 条规定，用人单位违反集体合同，侵犯职工劳动权益的，工会可以依法要求用人单位承担责任；因履行集体合同发生争议，经协商解决不成的，工会可以依法申请仲裁、提起诉讼。用人单位违反集体合同，侵犯职工劳动权益的情况多种多样，只要是集体合同有规定的，用人单位没有履行就构成了对职工劳动权益的侵犯。例如，用人单位违反集体合同规定，侵犯职工休息休假或者保险福利等约定权益的；违反女职工权益专项集体合同，侵犯女职工月经期、孕期、产期和哺乳期应得到特殊保护等权益的，用人单位都需要承担法律责任。

集体合同对用人单位所有劳动者和用人单位、工会都具有约束力。[①] 由于集体合同双方当事人的性质及其订约目的不同，订立集体合同的双方当事人虽然都有履行合同规定义务的职责，但其所承担责任的性质不同，当事人双方的义务具有不对等性。对用人单位来说，集体合同规定的义务都是它必须履行的法定义务，如果不按照合同规定履行义务，用人单位就要承担法律责任。工会组织及其所代表的全体职工都应当自觉履行集体合同规定的义务，在用人单位违反集体合同、侵犯职工劳动权益的时候，工会作为职工权益代表，作为与用人单位签订集体合同的法律主体，也可以依法要求用人单位承担责任；因履行集体合同发生争议，经协商解决不成的，工会还可以依法申请仲裁或者提起诉讼。

---

① 庞辉、芦文慧编著：《劳动关系与劳动法》，辽宁师范大学出版社 2013 年版。

案例说法

案例1:劳动者工资低于集体合同规定最低标准,用人单位补发所欠工资

一年前,王某应聘到一家建筑公司,与同事工种完全一样。两年前,该公司工会代表职工与用人单位签订了集体合同,约定他们所在工作岗位的工资标准不低于每月2500元。王某作为公司新招的员工,入职时公司与他单独约定了工作岗位、劳动报酬、休息休假等事项,并签订了劳动合同。这份合同,比之前工会代表职工签订的集体合同薪酬低一半左右。王某找公司询问,得到的答复:“你是新招的,工资低。这是历史遗留问题,是实行‘老人’老办法,‘新人’新办法。”王某便开始申请劳动仲裁。

北京劳动仲裁委仲裁认为,该公司将新聘员工列为临时工、不将其登记在册的做法不正确。作为公司员工,公司应该按照集体合同为新聘员工发工资。裁决该公司一次性补发所欠新聘员工的工资,并在剩余合同期内按集体合同规定的标准为新聘员工发工资。裁决书指出,集体合同是指工会或者职工推举的职工代表与用人单位依照法律规定就劳动报酬、工作条件、工作时间、休息休假、劳动安全卫生和社会保险福利等事项,在平等协商的基础上进行协商谈判所缔结的书面协议。《劳动法》第35条规定:“依法签订的集体合同对企业和企业全体职工具有约束力,职工个人与企业订立的劳动合同中劳动条件和劳动报酬等标准不得低于集体合同的规定。”据此推定,王某等人虽不是公司的老员工,但他们肯定属于公司的劳动者。正式工和临时工不过是企业用工形式的变化,不能以此否认王某等的公司员工身份。因此,公司与其签订的个人劳动合同条款不能违背集体合同。

案例2:用人单位违反法定程序订立集体合同,合同无效

某企业和职工签订集体合同时,由于企业没有建立工会,因此企业选取了7名职工代表,作为协商集体合同和进行表决的人选。但是,一部分职工认为集体合同中的职工代表应当由全体职工自己选出,于是有许多工人不参与表决。在这种情况下,企业确定的职工代表名单获得了参与表决的工人的过半数同意,于是这7名职工代表与企业的7名代表就集体合同的签订开始谈判。双方通过了企业预先拟定的谈判议案,双方首席代表随即签订了集体合同,并交当地劳动保障行政部门审查备案。随后，企业职工向当地劳动保障行政部门提出协调处理申请，要求重新协商和签订集体合同。在劳动保障行政部门的协调下，企业一方与职工一方签订了《协调处理协议书》，双方同意按照法律规定的程序和条件重新协商和签订集体合同。

风险应对

一、风险点：集体合同风险

实务中存在用人单位轻视职工提出进行集体协商要求的现象，对职工提出的要求一味回避；存在用人单位违反法律规定的程序，导致集体合同无效的现象。同时，根据《劳动合同法》的规定，用人单位违反集体合同，侵犯职工劳动权益的，工会可以依法要求用人单位承担责任；因履行集体合同发生争议，经协商解决不成的，工会可以依法申请仲裁，提起诉讼。

用人单位无论是在集体合同签订过程中，还是在集体合同履行过程中，都存在一定的风险，用人单位因集体合同侵犯到了劳动者权益，则用人单位需承担相应的法律责任。

【HR 防范策略】

用人单位在订立和履行集体合同过程中，应充分尊重工会或劳动者的意见，从以下几个方面着手避免发生法律风险。

1. 事先与工会或劳动者协商。在订立集体合同过程中，应及时与工会交流沟通。对可能发生争议的部分，要将讨论经过和分歧焦点如实记录，并严格遵守相关程序。

2. 由于集体合同牵涉面广，一旦发生争议有可能会造成群体性突发事件，因此用人单位应在签订集体合同后报政府相关部门审批，并在有可能发生群体事件时及时争取当地政府部门介入。

3. 用人单位应避免自身存在违约或违法行为，对劳动者已经申请仲裁或提起诉讼的，用人单位应及时收集证据材料，并到庭参与审理。

二、风险点：劳动者工资低于集体劳动合同的风险

实践中，有很多用人单位认为给劳动者发放的工资只要不低于当地最低工资标准，就不违反法律规定，这是因为他们忽略了集体劳动合同的效力。《劳动合同法》明确规定集体劳动合同经劳动行政部门备案生效后对用人单位和劳动者都有约束力，集体劳动合同的效力高于用人单位与劳动者签订的劳动合同。因此，用人单位不得违反集体劳动合同的约定，不得与劳动者约定低于集体劳动合同工资标准的薪资待遇，违反该约定的需承担违约责任，且应当按照集体劳动合同约定补足劳动者工资差额。

【HR 防范策略】

集体劳动合同一经报送劳动行政部门且 15 日之后未收到任何异议的，集体合同对劳动者和用人单位都发生法律效力，用人单位与劳动者所签订的个人劳动合同不应低于集体劳动合同所约定的劳动条件和薪资待遇等。一旦集体劳动合同中有关劳动者权益标准有所改变，个人劳动合同也应及时变更，防止个人劳动合同中的有关标准低于集体劳动合同标准。

三、风险点：集体劳动合同未经法定程序的风险

集体劳动合同与个体劳动合同一个较大的区别是集体劳动合同须经法定程序方可生效产生约束力。实践中，若用人单位想通过集体劳动合同约定劳动者权益并使之生效，则应严格遵守订立集体劳动合同的法定程序。

【HR 防范策略】

用人单位应注意在订立集体劳动合同过程中严格遵守《劳动合同法》的规定，避免违反法律程序。具体应做到以下几点：

(1)在选举工会代表或职工代表过程中，切勿直接干预代表的选任，违反民主平等原则。

(2)在集体劳动合同草案协商过程中，应注意保护职工方代表的建议权、发言权，切勿只听自家之言。

(3)在集体劳动合同草案审议环节，注意出席会议的职工代表或职工人数是否符合法定要求，以及支持草案内容的人数是否符合法定条件，只有两者同时符合条件时，草案才能通过。

(4)集体劳动合同生效的前提是向劳动行政部门报备,且劳动行政部门自收到集体劳动合同文本之日起15日内未提出异议,所以用人单位与职工方代表签订集体劳动合同后应及时报送劳动行政部门备案。

四、风险点:用集体劳动合同代替劳动合同

实践中,有些单位认为,用人单位已经与工会签订了集体劳动合同,就不需要与劳动者签订个人劳动合同了,这种观点法律风险很大。这可能直接导致用人单位承担未签订书面劳动合同的双倍工资。劳动合同与集体劳动合同是《劳动法》规定的两种形式,有众多区别。劳动合同约定的劳动报酬、工作时间、休息休假、劳动安全卫生、保险福利等事项不得低于集体劳动合同,劳动合同侧重劳动者个人权益的保护,而集体劳动合同侧重于维护劳动者的整体合法权益,有法定程序方可生效,集体劳动合同不同于劳动合同,二者不能互相替代。

【HR防范策略】

用人单位应在劳动者入职之日起1个月内与劳动者订立书面劳动合同,不能以已存在集体劳动合同为由,消极对待劳动合同的签署。同时应注意以集体劳动合同约定的劳动报酬和劳动条件等为底线,劳动合同约定的标准不能低于集体劳动合同的标准。

操作指引

集体合同订立的程序

集体合同的订立主体是劳动者和用人单位。第一,劳动者共同要求代表其利益的工会或者职工代表与用人单位进行协商,因此,劳动者是集体合同的主体。需要注意的是,此处的职工代表和工会都是劳动者的代表,代表劳动者和用人单位进行协商,实际的主体是劳动者,其和劳动合同不同的是,集体合同是全体劳动者作为订立的一方。第二,用人单位是集体合同的另一主体。集体合同订立的程序,是指集体合同从协商到合同成立生效所经过的过程。集体合同订立的程序为以下几点。

第一，制定集体合同草案。[1] 集体合同应由工会代表劳动者与用人单位签订，没有建立工会的企业，由职工推举的代表与用人单位签订。一般情况下，各个企业应当成立集体合同起草委员会或者起草小组，主持起草集体合同。起草委员会或者起草小组由用人单位行政和工会各派代表若干人，推行工会和用人单位行政代表各一人为主席或组长和副主席或副组长。起草委员会或者起草小组应当深入进行调查研究，广泛征求各方面的意见和要求，提出集体合同的初步草案。

第二，审议。将集体合同草案文本提交职工大会或职工代表大会审议。职工大会或职工代表大会审议时。由企业经营者和工会主席分别就协议草案的产生过程、依据及涉及的主要内容作说明，然后由职工大会或职工代表大会对协议草案文本进行讨论，作出审议决定。原劳动和社会保障部于2004年颁布的《集体合同规定》第36条规定：经双方协商代表协商一致的集体合同草案或专项集体合同草案应当提交职工代表大会或者全体职工讨论。职工代表大会或者全体职工讨论集体合同草案或专项集体合同草案，应当有二至三名以上职工代表或者职工出席，且须经全体职工代表半数以上或者全体职工半数以上同意，集体合同草案或专项集体合同草案方获通过。

第三，签字。集体合同草案经职工大会或职工代表大会审议通过后，由双方首席代表签字或盖章。

第四，登记备案。集体合同签订后，应将集体合同的文本及其各部分附件一式三份提请县级以上劳动行政主管部门登记备案。劳动行政部门有审查集体合同内容是否合法的责任，如果发现集体合同中的项目与条款有违法、失实等情况，可不予登记或暂缓登记，发回用人单位对集体合同进行修正。如果劳动行政部门在收到集体合同文本之日起15日内没有提出意见，集体合同应发生法律效力，企业行政、工会组织和职工个人均应切实履行。

疑难解答

一、劳动合同的工资标准能低于集体合同的标准吗？

当劳动合同约定的工资标准与集体合同约定的工资标准发生冲突时，应该以哪

① 参见朱绍明、苗超编著：《企业非诉讼类法律实务操作指南》，清华大学出版社2015年版。

个为准的问题,《劳动合同法》作出了明确性和强制性的规定,即用人单位支付给劳动者的工资标准不得低于集体合同规定的工资标准,也就是说,当劳动合同约定的工资标准低于集体合同规定的标准时,集体合同的效力是高于劳动合同的。

二、集体合同生效后入职的劳动者,能适用集体合同的规定吗?

根据《劳动合同法》和《集体合同规定》,依法订立的集体合同,在其合同期限内,对用人单位和全体劳动者具有约束力,也就是说,只要属于用人单位的员工,无论其是在集体合同签订前还是在集体合同签订后进入企业的,均应适用集体合同的全部约定。如果集体合同内容经集体协商发生了变更,变更后的集体合同也同样适用于全体劳动者。

法条链接

1.《劳动合同法》

第五十一条 企业职工一方与用人单位通过平等协商,可以就劳动报酬、工作时间、休息休假、劳动安全卫生、保险福利等事项订立集体合同。集体合同草案应当提交职工代表大会或者全体职工讨论通过。

集体合同由工会代表企业职工一方与用人单位订立;尚未建立工会的用人单位,由上级工会指导劳动者推举的代表与用人单位订立。

第五十二条 企业职工一方与用人单位可以订立劳动安全卫生、女职工权益保护、工资调整机制等专项集体合同。

第五十四条 集体合同订立后,应当报送劳动行政部门;劳动行政部门自收到集体合同文本之日起十五日内未提出异议的,集体合同即行生效。

依法订立的集体合同对用人单位和劳动者具有约束力。行业性、区域性集体合同对当地本行业、本区域的用人单位和劳动者具有约束力。

第五十五条 集体合同中劳动报酬和劳动条件等标准不得低于当地人民政府规定的最低标准;用人单位与劳动者订立的劳动合同中劳动报酬和劳动条件等标准不得低于集体合同规定的标准。

第五十六条 用人单位违反集体合同,侵犯职工劳动权益的,工会可以依法要求用人单位承担责任；因履行集体合同发生争议，经协商解决不成的，工会可以依法申请仲裁、提起诉讼。

2.《集体合同规定》(劳动和社会保障部令第22号)

第十九条 本规定所称集体协商代表(以下统称协商代表)，是指按照法定程序产生并有权代表本方利益进行集体协商的人员。

集体协商双方的代表人数应当对等，每方至少3人，并各确定1名首席代表。

第二十条 职工一方的协商代表由本单位工会选派。未建立工会的，由本单位职工民主推荐，并经本单位半数以上职工同意。

职工一方的首席代表由本单位工会主席担任。工会主席可以书面委托其他协商代表代理首席代表。工会主席空缺的，首席代表由工会主要负责人担任。未建立工会的，职工一方的首席代表从协商代表中民主推举产生。

第二十一条 用人单位一方的协商代表，由用人单位法定代表人指派，首席代表由单位法定代表人担任或由其书面委托的其他管理人员担任。

第二十二条 协商代表履行职责的期限由被代表方确定。

第二十三条 集体协商双方首席代表可以书面委托本单位以外的专业人员作为本方协商代表。委托人数不得超过本方代表的三分之一。

首席代表不得由非本单位人员代理。

第二十四条 用人单位协商代表与职工协商代表不得相互兼任。

第二十五条 协商代表应履行下列职责：

(一)参加集体协商；

(二)接受本方人员质询，及时向本方人员公布协商情况并征求意见；

(三)提供与集体协商有关的情况和资料；

(四)代表本方参加集体协商争议的处理；

(五)监督集体合同或专项集体合同的履行；

(六)法律、法规和规章规定的其他职责。

第三十二条 集体协商任何一方均可就签订集体合同或专项集体合同以及相关事宜，以书面形式向对方提出进行集体协商的要求。

一方提出进行集体协商要求的，另一方应当在收到集体协商要求之日起20日内以书面形式给以回应，无正当理由不得拒绝进行集体协商。

第三十六条 经双方协商代表协商一致的集体合同草案或专项集体合同草案

应当提交职工代表大会或者全体职工讨论。

职工代表大会或者全体职工讨论集体合同草案或专项集体合同草案，应当有三分之二以上职工代表或者职工出席，且须经全体职工代表半数以上或者全体职工半数以上同意，集体合同草案或专项集体合同草案方获通过。

第三十七条 集体合同草案或专项集体合同草案经职工代表大会或者职工大会通过后，由集体协商双方首席代表签字。

第四十二条 集体合同或专项集体合同签订或变更后，应当自双方首席代表签字之日起10日内，由用人单位一方将文本一式三份报送劳动保障行政部门审查。

劳动保障行政部门对报送的集体合同或专项集体合同应当办理登记手续。

第四十七条 劳动保障行政部门自收到文本之日起15日内未提出异议的，集体合同或专项集体合同即行生效。

第四十八条 生效的集体合同或专项集体合同，应当自其生效之日起由协商代表及时以适当的形式向本方全体人员公布。

第七节　试用期

实务精讲

一、试用期的含义

试用期一般是劳动者新入职一个单位的岗位后，由于用人单位对劳动者实际的工作能力以及工作态度不太了解，所以会先设置一定期限作为试用期，用这段时间来观察和考核劳动者是否满足该岗位的职责要求。

二、试用期的相关规定

根据现行的法律和政策规定，订立劳动合同时，约定试用期要执行以下六点规定：

第一，劳动合同中的试用期应由用人单位和劳动者双方平等协商约定，不得由用人单位一方强行规定。

第二，试用期的期限受法律限制。劳动合同在2年以下的，应按合同期限的长短来确定试用期，即劳动合同期限在6个月（半年）以下的，试用期不得超过15日；劳动合同期限在半年以上1年以下的，试用期不得超过30日；劳动合同期限在1年以上2年以下的，试用期不得超过60日。如果劳动合同期限在2年以上，可以在6个月内约定试用期。以完成一定工作任务为期限的劳动合同或者劳动合同期限不满3个月的，不得约定试用期。

第三，试用期包括在劳动合同期限内，不能把试用期计算在劳动合同以外，即试用期满后才签订劳动合同。劳动合同仅约定试用期的，试用期不成立，该期限为劳动合同期限。

第四，同一用人单位与同一劳动者只能约定一次试用期。试用期适用于初次就业或再次就业后改变岗位或工种的劳动者，对工作岗位没有发生变化的劳动者只能试用一次。续订劳动合同时，劳动者改变工种的，可以重新约定试用期，不改变工种的，不再约定试用。

第五，试用期不得延长。劳动者对用人单位不满意或认为不适合工作，可以解除劳动合同，而用人单位在试用期内发现劳动者不符合录用条件，也可以解除劳动合同，而不能延长试用期继续进行考察。

第六，试用期工资受法律限制。《劳动合同法》也对劳动者在试用期的工资作出限定。该法第20条规定：劳动者在试用期的工资不得低于本单位相同岗位最低档工资或者劳动合同约定工资的80%，并不得低于用人单位所在地的最低工资标准。该条款规定得很明确，即用人单位支付给在试用期的员工的工资不低于同岗位的最低档工资，或者不少于其正式工资的80%，同时，劳动者在试用期的工资不能低于当地最低工资标准。

案例说法

案例1：用人单位试用期无正当理由解除劳动合同，法院认定为违法解除判决支付赔偿金

广州×××市场研究有限公司北京市场调查分公司（以下简称×××公司）与东某某于2015年7月1日签订固定期限劳动合同，约定合同期限自2015年7月1

日始至2018年6月30日止，其中2015年7月1日至2015年12月31日为试用期，东某某在×××公司处数据采集部门担任数据处理员职务。双方在上述劳动合同中就试用期满的录用条件未作出任何约定。2015年11月2日，×××公司向东某某发出试用期劳动合同终止通知书，并以东某某在试用期内不符合录用条件为由，于2015年11月6日正式解除（解除日）双方的劳动合同关系。2015年11月6日，东某某进行了工作交接，未再到×××公司工作。2015年12月14日，东某某向大连市劳动人事仲裁委员会申请仲裁。仲裁裁决作出后，东某某对仲裁结果仍不服，遂向法院提起诉讼。

一审法院认为，本案争议的焦点是，劳动合同试用期内，作为劳动者的被告是否符合原告单位的录用条件。本案中，原告举证的其招聘外勤数据采集员的任职要求可认定为《劳动合同法》意义上的录用条件。现原告并未举证证明被告不符合其单位外勤数据采集员的任职要求，原告所主张的被告不符合录用条件的三项内容，其并未提供培训记录、考核记录等相关证据予以证明，且原告所列被告不符合录用条件的三项内容均属于工作职责范畴，而非录用条件，故原告以此为由与被告解除劳动合同的行为属违法解除行为。综上所述，判决×××公司向被告东某某支付违法解除劳动合同赔偿金人民币2500元……×××公司不服该判决，向大连市中级人民法院提起上诉。

二审法院认为，关于违法解除劳动合同赔偿金一节，上诉人以被上诉人在试用期内不符合录用条件为由解除劳动合同，但并未提供考核记录、培训记录、考勤记录等相关证据证明被上诉人不符合上诉人公司的录用条件，一审法院认为上诉人违法解除劳动合同，判令上诉人向被上诉人支付违法解除劳动合同赔偿金并无不妥，法院予以维持。上诉人的上诉请求及其依据的事实理由没有事实与法律依据，二审法院不予支持。遂判决：驳回上诉，维持原判。

【裁判文书编号】

大连市中级人民法院民事判决书，(2016)辽02民终4558号

案例2：用人单位与劳动者签订试用期协议后未签订劳动合同，被判支付双倍工资

2014年10月20日，阮某入职武汉×××科技有限公司（以下简称×××公司）从事销售工作。双方签订了一份试用期劳动协议，约定期限为2014年10月20日至2015年4月20日，试用期工资标准为每月3500元，销售提成按照销售回款金

额的4%核算，每月工资通过银行转账方式发放。试用期满后，双方未签订劳动合同。2016年2月23日，阮某先申请劳动仲裁申请，仲裁裁决作出后又向法院提起了诉讼，向用人单位主张经济赔偿金及未签书面劳动合同双倍工资等。

一审法院认为，《劳动合同法》第82条第1款规定，“用人单位自用工之日起超过一个月不满一年未与劳动者订立书面劳动合同的，应当向劳动者每月支付二倍的工资”。本案双方签订的试用期劳动协议于2015年4月20日到期，该协议到期后×××公司未再与阮某签订书面劳动合同，因此，×××公司应向阮某支付2015年5月20日至2016年1月15日未签订劳动合同的双倍工资差额部分29,514.39元。

×××公司不服湖北省武汉市江汉区人民法院（2016）鄂0103民初字3818号民事判决，向武汉市中级人民法院提起上诉。二审法院认为，关于×××公司是否应支付阮某未签书面劳动合同的双倍工资问题。法院认为，试用期是用人单位对新招收的劳动者进行思想品德、劳动态度、工作能力、身体情况等进行考察的期限，也是双方相互了解熟悉进而作出选择的时期。根据《劳动合同法》第19条规定和本案查明的事实，×××公司与阮某仅约定了试用期，×××公司在经历长达6个月的试用期后，如认为阮某不符合录用条件，应当及时与其解除劳动关系。×××公司在未举证证明双方对沿用原合同继续用工达成共识的情况下，采取观察留用的方式继续与阮某保持劳动关系，且在约定的试用期满后不续签书面劳动合同的行为，属于滥用试用期的情况，既加重了劳动关系的不平等，也增加了劳动者的职业不确定性，违反了法律规定。一审法院判决×××公司支付阮某未签书面劳动合同的双倍工资正确，应予维持。

【裁判文书编号】

武汉市中级人民法院民事判决书，（2016）鄂01民终8072号

风险应对

一、风险点：“试用期”内不签订书面劳动合同

用人单位超过1个月不满1年未与劳动者签订书面劳动合同的，用人单位须向劳动者支付双倍工资。超过1年未与劳动者签订书面劳动合同的，视为双方已经形成无固定期限劳动合同，同时仍应支付第一年度的双倍工资。双方一旦产生纠纷，

用人单位必定败诉。

【HR 防范策略】

用人单位一旦决定录用劳动者,1 个月内必须签订书面劳动合同,在劳动合同中明确约定“试用期”。

二、风险点:“试用期”内单签“试用合同”

劳动合同仅约定试用期的,试用期不成立,视为公司与劳动者签订的固定期限劳动合同,试用期间即劳动合同期限。之后用人单位再同劳动者签订的固定期限劳动合同视为续签合同。一旦劳动者在续签的劳动合同期间届满之后,要求与用人单位签订无固定期限的劳动合同,用人单位将缺乏有效手段应对。

【HR 防范策略】

用人单位不能与劳动者单独签订试用期协议,而应直接签订书面劳动合同,根据实际需要确定“试用期”。

三、风险点:“试用期”内不缴纳社会保险费用

劳动关系一旦建立,用人单位就应当依法为劳动者缴纳社会保险,试用期并非独立于劳动关系外的“特殊期”,试用期包括在劳动合同期限内。[①] 用人单位在试用期拒绝为劳动者办理社会保险的,劳动者可以向劳动和社会保障部门投诉,造成劳动者损失的,用人单位应当承担赔偿责任。应当特别注意的是,《工伤保险条例》修改后,大幅提高了工亡补助金的数额,使得一次性工亡补助金并标准达到将近 100 万元。一旦在试用期内发生工伤事故导致劳动者伤亡,将会导致近百万元的工伤补助全部由用人单位支付。同时,《劳动合同法》规定,用人单位未依法缴纳社会保险费的,劳动者有权解除劳动合同,用人单位须支付经济补偿。

【HR 防范策略】

试用期内用人单位未为劳动者缴纳社会保险费的,应当及时补缴(特别注意应当及时办理工伤保险,工伤保险金缴纳数额并不高),避免被投诉以及承担劳动者经济损失的风险。当然,更为重要的是,如果试用期内劳动者发生工伤,而用人单位未为其缴纳社保,用人单位需要完全承担向劳动者支付工伤待遇的法律责任。

---

① 参见余兴安主编:《人力资源管理风险防控》,中国人事出版社 2017 年版,第 5 页。

四、风险点：延长“试用期”

《劳动合同法》中关于试用期限的规定为强制性规定，超过该期限的约定属于无效约定，超过该期限的，用人单位应当按照合同约定全额发放工资。约定两次以上“试用期”的，第二次及以后约定的“试用期”无效，用人单位仍应当按照约定的工资全额发放。

【HR 防范策略】

用人单位直接根据《劳动合同法》规定的最长期限约定“试用期”，避免“试用期”延期。

五、风险点：用人单位要求劳动者赔付录取费用

《劳动合同法》第 90 条规定，劳动者违反本法规定解除劳动合同，或者违反劳动合同中约定的保密义务或者竞业限制，给用人单位造成损失的，应当承担赔偿责任。所以，只要劳动者按照《劳动合同法》的规定提前 3 日通知用人单位，用人单位就不能向劳动者要求赔付录取费用。

【HR 防范策略】

用人单位应在劳动合同中明确保密义务和竞业限制，同时保留劳动者违法解除劳动合同证据。如果劳动者在违法解除劳动合同关系后，违反了劳动合同中约定的保密或竞业限制义务，用人单位可以主张录用费用及其他损失。

疑难解答

一、哪些情形下不需要约定试用期？

根据原劳动部劳部发〔1995〕309 号和劳办力字〔1991〕40 号复函的规定，试用期应包括在劳动合同期限内，一般对初次就业或再次就业者约定。在原固定工转制过程中，双方签订劳动合同时，可以不再约定试用期。用人单位与合同制职工续订劳动合同时，职工改变工种的，应重新约定试用期；不改变工种的，不再规定试用期。重新就业的劳动合同制工人，仍从事原工种的，不再规定试用期；改变工种的，应约定试用期。

二、在试用期内，用人单位能随意解除劳动合同吗？

在试用期中，除非劳动者发生以下情形之一，否则，用人单位不得解除劳动合同：

(1)在试用期间被证明不符合录用条件的；

(2)严重违反用人单位的规章制度的；

(3)严重失职，营私舞弊，给用人单位造成重大损害的；

(4)劳动者同时与其他用人单位建立劳动关系，对完成本单位的工作任务造成严重影响，或者经用人单位提出，拒不改正的；

(5)因以欺诈、胁迫的手段或者乘人之危，使对方在违背真实意思的情况下订立或者变更劳动合同的情形致使劳动合同无效的；

(6)被依法追究刑事责任的；

(7)劳动者患病或者非因工负伤，在规定的医疗期满后不能从事原工作，也不能从事由用人单位另行安排的工作的；

(8)劳动者不能胜任工作，经过培训或者调整工作岗位，仍不能胜任工作的。

此外，即使劳动者符合上述情形之一，用人单位需要在试用期与劳动者解除劳动合同的，应当向劳动者说明理由。

三、能否先签试用期合同再签劳动合同呢？

根据我国相关法律规定，用人单位自用工之日起即与劳动者建立劳动关系，并且建立劳动关系，应当订立书面劳动合同。单独的试用期合同是无效的。《劳动合同法》规定，“用人单位自用工之日起即与劳动者建立劳动关系”，“建立劳动关系，应当订立书面劳动合同”，“已建立劳动关系，未同时订立书面劳动合同的，应当自用工之日起一个月内订立书面劳动合同”。原劳动部《关于贯彻执行〈中华人民共和国劳动法〉若干问题的意见》规定：“劳动者被用人单位录用后，双方可以在劳动合同中约定试用期，试用期应包括在劳动合同期限内。”

第一，单独签订试用期合同的做法违反法律规定。招聘新员工时，用人单位为了占据主动，往往不与试用期内的员工签订正式的劳动合同或只签订试用期合同，待试用期过后再与劳动者签订劳动合同。其实这种做法是违法的。我国法律规定，劳动者和用人单位建立劳动关系，就应当签订劳动合同。

第二，试用期是劳动者和用人单位劳动关系的一种表现形式，所以也应当签订劳动合同。法律规定,只签订试用期合同的,试用期不成立,该试用期为劳动合同期限。显然,试用期内不签劳动合同或者只签试用期合同的做法不仅使企业防止被"套"的本意没有达到,反而使自己套得更牢,因为此种情形使用人单位丧失了试用期内所享有的权利。

第三,试用期的工资,法律规定了明确的限定性标准。一是不得低于本单位相同岗位最低档工资;二是或者不低于劳动合同约定工资的80%;三是不低于当地最低工资标准。

四、试用期解除劳动合同应注意哪些事项?

《劳动合同法》第39条第1项规定,劳动者在试用期间被证明不符合录用条件的,用人单位有权解除劳动合同。因此,用人单位试用期解除合同不能随意为之,必须符合法律规定的条件,否则属于违法解除劳动合同,须支付赔偿金。具体而言,试用期解除劳动合同须符合以下要件:(1)用人单位有合法具体明确的录用条件;(2)录用说明书要事先公示或告知;(3)劳动者不符合录用条件须有证据证明;(4)用人单位以不符合录用条件解除劳动合同须在试用期内。

五、调整工作岗位能否再次约定试用期?

《劳动合同法》明确规定,同一用人单位与同一劳动者只能约定一次试用期。这其中有两层意思:一是同一用人单位与同一劳动者可以约定一次试用期;二是同一用人单位与同一劳动者只能约定一次试用期。这种要求意味着在具体用人单位和具体劳动者个体之间,无论是劳动关系建立或存续期间工作岗位调动,还是离开原用人单位后又重新回来工作的,用人单位也只能约定一次试用期。

实践中,用人单位往往习惯在劳动者调任新岗位的时候和劳动者重新约定试用期,这在法律上讲,是一种错误的做法。用人单位在调整员工岗位需要重新考察的时候,需要注意以下问题:第一,试用期次数只能是一次。依据以前的法律规定和实践习惯,同一用人单位对同一劳动者的同一岗位只能约定一次试用期。但是对同一劳动者如果岗位变化,单位还是可以与劳动者再行约定试用期的,而依据《劳动合同法》的规定,则不可以。这包括此后用人单位与劳动者续订劳动合同时,工作岗位发生重大变化,也不能再约定试用期了。第二,进行相关处理方式变通。新法规定,同一用人单位与同一劳动者只能约定一次试用期,但没有规定用人单位不能依据岗位、绩效和薪资等人力资源管理指标对员工设置相应的转岗考核期。所以相应的变通做法是,对调整岗位或重新任职的员工进行岗位管理、绩效考核和薪资管理的制度考评,并依据这些制度给予相应的处理。当然,这种做法仍然要以合理合法为基础。

六、用人单位能随意延长或缩短试用期吗?

试用期条款是劳动合同的条款之一,合同条款的修改变更必须经合同主体协商一致。试用期是劳动关系双方进行互相考核、增进了解的特殊阶段,这种考核与了解的权利对于劳动者和用人单位是对等的,因此试用期一经约定,非经合同双方协商一致,不能由任何一方随意延长或缩短。

七、试用期有工伤赔偿待遇吗?

《劳动合同法》规定,用人单位自用工之日起即与劳动者建立。其中,试用期包含在劳动合同期限内。该法第 17 条还规定,工伤保险是劳动合同的必备条款。这就是说,劳动者从试用之日起就是单位的职工,在试用期内,除劳动报酬和劳动合同解除等方面和试用期满后的有关规定有所差异外,其他的权利都是一样的,同样享受工伤待遇。

法条链接

1.《劳动合同法》

第十九条 劳动合同期限三个月以上不满一年的,试用期不得超过一个月;劳动合同期限一年以上不满三年的,试用期不得超过二个月;三年以上固定期限和无固定期限的劳动合同,试用期不得超过六个月。

同一用人单位与同一劳动者只能约定一次试用期。

以完成一定工作任务为期限的劳动合同或者劳动合同期限不满三个月的,不得约定试用期。

试用期包含在劳动合同期限内。劳动合同仅约定试用期的,试用期不成立,该期限为劳动合同期限。

第二十条 劳动者在试用期的工资不得低于本单位相同岗位最低档工资或者

劳动合同约定工资的百分之八十，并不得低于用人单位所在地的最低工资标准。

第二十一条 在试用期中，除劳动者有本法第三十九条和第四十条第一项、第二项规定的情形外，用人单位不得解除劳动合同。用人单位在试用期解除劳动合同的，应当向劳动者说明理由。

第三十九条 劳动者有下列情形之一的，用人单位可以解除劳动合同：

（一）在试用期间被证明不符合录用条件的；

（二）严重违反用人单位的规章制度的；

（三）严重失职，营私舞弊，给用人单位造成重大损害的；

（四）劳动者同时与其他用人单位建立劳动关系，对完成本单位的工作任务造成严重影响，或者经用人单位提出，拒不改正的；

（五）因本法第二十六条第一款第一项规定的情形致使劳动合同无效的；

（六）被依法追究刑事责任的。

第四十一条 有下列情形之一，需要裁减人员二十人以上或者裁减不足二十人但占企业职工总数百分之十以上的，用人单位提前三十日向工会或者全体职工说明情况，听取工会或者职工的意见后，裁减人员方案经向劳动行政部门报告，可以裁减人员：

（一）依照企业破产法规定进行重整的；

（二）生产经营发生严重困难的；

（三）企业转产、重大技术革新或者经营方式调整，经变更劳动合同后，仍需裁减人员的；

（四）其他因劳动合同订立时所依据的客观经济情况发生重大变化，致使劳动合同无法履行的。

裁减人员时，应当优先留用下列人员：

（一）与本单位订立较长期限的固定期限劳动合同的；

（二）与本单位订立无固定期限劳动合同的；

（三）家庭无其他就业人员，有需要扶养的老人或者未成年人的。

用人单位依照本条第一款规定裁减人员，在六个月内重新招用人员的，应当通知被裁减的人员，并在同等条件下优先招用被裁减的人员。

第四十三条 用人单位单方解除劳动合同，应当事先将理由通知工会。用人单位违反法律、行政法规规定或者劳动合同约定的，工会有权要求用人单位纠正。用人单位应当研究工会的意见，并将处理结果书面通知工会。

第四十八条 用人单位违反本法规定解除或者终止劳动合同,劳动者要求继续履行劳动合同的,用人单位应当继续履行;劳动者不要求继续履行劳动合同或者劳动合同已经不能继续履行的,用人单位应当依照本法第八十七条规定支付赔偿金。

第八十三条 用人单位违反本法规定与劳动者约定试用期的,由劳动行政部门责令改正;违法约定的试用期已经履行的,由用人单位以劳动者试用期满月工资为标准,按已经履行的超过法定试用期的期间向劳动者支付赔偿金。

2.《劳动合同法实施条例》

第十五条 劳动者在试用期的工资不得低于本单位相同岗位最低档工资的80%或者不得低于劳动合同约定工资的80%,并不得低于用人单位所在地的最低工资标准。

第八节 岗位说明书

实务精讲

一、岗位说明书的内容

岗位说明书又称职务说明书、职位说明书,岗位说明书是指对岗位工作的性质、任务、责任、环境、处理方法以及对岗位工作人员的资格条件的要求所做的书面记录。它是根据岗位分析的各种调查资料,加以整理、分析、判断所得出的结论而编写成的一种文件,是岗位工作分析的结果。通俗地讲,是指用人单位期望劳动者做什么、劳动者应该做什么、应该怎么做和在什么情况下履行职责的总汇。岗位说明书的基本格式,也因不同情况而异,但在大多数情况下,岗位说明书应该包括以下主要内容:

第一,岗位基本信息。包括岗位名称、岗位工作编号、汇报关系、直属主管、所属部门、工资等级、工资标准、所辖人数、工作性质、工作地点、岗位分析人等。

第二,岗位分析日期。目的是避免使用过期的岗位说明书。

第三,岗位工作概述。简要说明岗位工作的内容,并逐项加以说明岗位工作活动的内容,以及各活动内容所占时间百分比,活动内容的权限,执行的依据等。

第四,岗位工作责任。包括直接责任与领导责任(非管理岗位则没有此项内容),要逐项列出任职者工作职责。

第五,岗位工作资格。从事该项岗位工作所必需具备的基本资格条件,主要有学历、个性特点、体力要求以及其他方面的要求。

此外,有必要注意的是,岗位说明书的内容,可依据岗位工作分析的目标加以调整,内容可繁可简。

二、岗位说明书的作用

岗位说明书的作用具体有以下几点。①

1. 组织作用。确定本职位工作在组织中的地位,是本职位人员及相关人员明确在本职位工作的目的、作用。

2. 招募与选拔作用。使人力资源管理部门依据本岗位说明书的条件,对本职位人员的具体要求,甄选该岗位的工作人员,便于熟悉与掌握选拔和用人条件。

3. 契约规范作用。使用人单位在人员选拔与任用上,有据可依,公平、公正、透明,以免引起内部纠纷和法律诉讼,也是本职位人员依照工作内容和职责有所遵循。

4. 绩效管理作用。提供了设置岗位目标的基本构架,为用人单位进行全面绩效管理提供重要衡量标准。

5. 薪酬管理作用。岗位说明书是用人单位进行工作评价与分级的重要工具,通过对工作进行评价与分级,可平衡每个工作岗位对企业的贡献,从而为薪酬级档的确定提供参考。

6. 培训作用。岗位说明书中必须明确提出岗位对知识、技能、经验和能力的要求,如果新招聘或现岗人员不具备岗位说明书上所列要求,人力资源部门和所在岗位部门就要提出相应培训计划。

案例说法

案例:岗位说明书设计失败,导致招聘失败

从事人力资源工作的R小姐在一家知名的大型上市公司任职,R小姐在该公司

① 参见史常青、邹莉编著:《营销文案写作技巧与实例》,广西人民出版社2008年版。

任职的3年中积累了较丰富的HR经验，同时也具有一定的行政管理经验。不久前，因经济环境影响公司大面积裁员，R小姐不幸身列其中，于是开始寻求职业生涯第二次发展之机会。很快，一位朋友推荐一家小公司给她，声称该公司在寻找人力资源经理，并把职位描述发送给她，职位描述中明确列出了四条人力资源经理通用的任职资格和工作描述，另外加注有一定的行政经验者优秀。由此R小姐得出，此职位相当于人力行政经理，重点在人力资源各个模块的运用，和自己之前经历相符，同时其本人也期望得到一个全面掌控HR工作的机会，由此看来，此机会很适合自己的发展。不出所料，面谈进展很顺利，工资5000元，虽低于之前的5500元，但R小姐并不介意，1周后正式入职。

在入职10天后，R小姐却主动提出离职。短短10天，是什么让R小姐的态度瞬时转变呢？经友人了解，R小姐很胜任此工作，并在1周内将全公司的绩效考核体系搭建起来，马上就要实施，此时却得到了减薪的通知，令她十分费解，找到投资方大老板沟通。这次沟通直接导致她对工作及公司失去了信任。原来大老板不但对其所做工作不认可，同时明确表示自己所需要的只是一个行政人员，相应的薪水并不能给到之前谈好的5000元，需要减薪至3000元左右，当时，R小姐很愤怒。用R小姐的话说，行政的工作和人力资源的工作在老板眼里原来是一回事，这是对她的工作专业度的一种侮辱，这种看低HR工作的老板和公司，是不值得一起共事的。同时，R小姐对公司出尔反尔的态度很费解，“说实话，如果刚开始谈3000元，我也不会完全拒绝，毕竟工作内容对我以后的发展有很大帮助，也是一种挑战，现在突然要求减薪，我不能接受”。

追根溯源，R小姐的遭遇，从企业方招聘角度来讲，是岗位说明书设计的失败。但是，隐藏在一行行任职资格和职位描述背后的诸多因素才是导致招聘失败的关键因素。岗位说明书，相信专业的HR可以写得很漂亮，但这种漂亮在某种意义上可以和“不实际”概念偷换。这种不实际在真正工作中会有很多表现，如“公司的财务人员同样肩负着行政的职责”“以绩效和培训见长的HR在80%的时间里忙于处理员工关系问题”“拥有丰富的医药领域客户资源的销售总监长时间带领团队维护FMCG客户”……归纳一下，招聘的失败往往体现在企业对人选的不满意，或者人选对职位设置的不理解，要么大材小用，要么小材大用，要么边用边看。

风险应对

风险点:岗位说明书风险

工作内容是《劳动合同法》要求的劳动合同必备条款之一。当签订劳动合同时,HR或律师一般建议在具体工作内容处填写"详见岗位职责说明书"。如此一来,岗位职责说明书即成为劳动合同的补充条款。岗位职责是企业用工管理中最为基础的工作,其是确定劳动者工作内容或者职责的基础文件,也是用人单位薪酬、绩效、培训、惩戒等制度的管理依据。但在实际的用工实务中,岗位职责说明书往往流于形式,无法达到预期目的。

【HR防范策略】

1. 在明确岗位名称的基础上,应根据用人单位自身的构架情况,确定岗位职级,以便于后期各项工作的顺利执行;

2. 应当具备任职资格条款,如此一来,当员工因个人原因导致出现不具备任职资格的情形时,可以考虑按照不能胜任工作操作;

3. 具体工作职责应当用语规范、描述准确或再配合以相应的责任书、计划书等资料,切忌描述原则、宽泛,用词遗漏或累述不详;

4. 劳动者基于诚实信用原则所必须具备的最基础义务(忠实恪守、保密、利益冲突回避)应当释义或说明;

5. 岗位说明书最后一般均有"领导指派的其他工作"的描述,此部分建议进行列举式说明或解释说明,以避免后期随意使用导致的争议。

岗位说明书应根据用人单位的具体情况进行制定,内容越具体越好,避免形式化、书面化。另外,在实务中,随着用人单位业务的发展和规模的扩大,岗位说明书制定之后,在一定的时期内,有必要给予一定程度的修改和补充,以便与公司的实际发展状况保持同步。

操作指引

一、岗位说明书的编制流程

岗位说明书的编制流程主要包括下述几个部分。

第一步,公司已有资料的收集。首先要对公司已有的相关资料进行整理收集,主要包括已有的部门岗位职责说明,如《××公司中高层目标责任说明书》等,还包括相应的年或季度工作报告、工作总结等。这些资料有利于了解公司各岗位工作大致的职责方向和内容。

第二步,公司员工访谈。员工访谈是编写岗位说明书的重要依据。访谈中需要了解的内容有现有岗位职责、岗位权限、岗位之间的相互关系等。描述岗位职责时,应选取主要职责进行描述,一般不超过6~8项,不要试图穷尽所有职责。

第三步,公司员工问卷调查。员工问卷调查和访谈都是编写岗位说明书的重要内部依据,针对不同特点的公司设计不同类型的问卷,其调查内容一般包括个人基本情况、岗位目的、工作职责、主要工作关系、工作汇报关系、对其他岗位的指导监督、工作时间与环境、对任职者的基本要求等。

第四步,科学资料查阅。科学资料指的是资料库中相应岗位说明模板或其他项目中的岗位说明书。在收集和分析公司内部相应资料后,还需要了解相同或相似岗位说明书的一般性内容,以作参考。

第五步,初步说明书编写。前四个步骤主要从不同方面进行了一个资料收集、整合和分析过程,在此基础上,编写初步的岗位说明书,并注意以下问题:(1)岗位说明书的内容要紧密结合岗位本身的特性,语言要规范,文字要简单明了,避免使用笼统含糊的词语,让使用岗位说明的人员能清楚地理解其工作内容和要求。(2)对岗位职责的表述应当详略有当,描述主要职责即可,无须列举全部职责。(3)尽量采用量化的考核指标。(4)采用统一格式,但允许合理变动。(5)将组织机构图附在岗位说明书后。

第六步,验证核实。岗位说明书的初稿完成之后,是一个复查验证的过程。为保证岗位说明书的内容契合公司岗位实际,需要将初稿和相应岗位人员进行核实,确保其真实可靠。

第七步,终稿输出。通过验证核实后得到最终的岗位说明书。

二、岗位说明书在编制过程中应注意哪些问题？

岗位说明书在编制过程中应注意以下几个问题。

第一，直接上级如何填写？在实务中，劳动者的岗位上面有几个领导同时指挥安排工作，在填写直接上级的时候，相关岗位的人员往往会把指派自己工作的领导统统认为是自己的直接上级。其实每个岗位的直接上级只能有一个，否则两个领导同时安排工作究竟是先做哪位领导的工作呢？

这种现象从表面上看似多头领导，但追究本源其实是本岗位的职责没有界定清楚，本岗位承担的职能不归属为某一类，跨度几项职能或者就是本岗位人员能力素质比较高得到领导们的认同。咨询人员一旦发现这种现象就需要立即与相关领导进行职能确认，辨别清楚本岗位所在部门的关键职责，以及本岗位在本部门所承担的责任，通过分析判断本岗位应该承担的主要工作职责，而其他职能项只能安排其他岗位完成，倘若在所有部门中没有合适的人选完成，我们也不能把此项任务作为本岗位应该完成的工作，只能作为临时性工作，添加在“领导交办的其他任务”这一项，一旦有合适的人选或者是其他相关岗位出现，则需要把此项工作进行转移。[①]

第二，直接下级如何填写？很多的集团公司或者是生产工程部门的工作人员，往往会把有分公司、子公司岗位中有业务指导关系的岗位作为自己的下级。所谓的直接下级就是在行政关系上、业务工作安排上、工作任务的协调上有紧密联系的岗位，而不仅仅是单方面业务工作的指导。

第三，工作职责如何阐述？所谓工作职责，就是把日常的工作内容通过书面化的语言描述出来。工作职责描述其实有两种方式，一种是简单的概述，即通过几句话，把该岗位所有的工作内容进行总结性的表述；另一种是比较详细的描述，通过详细的分析，汇总出该岗位的所有工作任务，把这些工作任务进行业务轻重或者是时间长短地分门别类，然后对各个类别再进行二次分解，把该岗位的内容分解到能够清晰阐述一个事件甚至是一个具体的动作。在这个过程中关键是要先了解所有的业务，以及业务的具体情况，然后再进行分解，这样才能够使岗位的价值、岗位的重点一一体现。

第四，工作权限如何规定？其实每个岗位的每一条工作内容都隐藏一个工作权

① 参见吴博、程支中、薛艳编著：《人力资源管理理论与实践》，中国电力出版社 2013 年版，第 12 页。

限，但是由于这些权限并不会发挥作用，往往不会被撰写人员所关注。但是关键任务中的工作权限，需要在岗位说明书中体现，这不仅能够体现该岗位工作重点，而且能够为这项工作的开展发挥约束和推动作用。

第五，任职资格如何填写？任职资格包括工作年限、工作经验、工作知识、学历背景、技术能力、工作环境等方面的内容，我们在填写的过程中往往会忽视这方面的内容，或者就是按照当前本岗位人员的现状来填写这项内容。这项内容与招聘、培训、员工职业发展规划有非常紧密的联系，倘若工作分析做得不细致，这个内容可以先不考虑，不过我们可以参照当前岗位人员的能力现状进行分析。配合我们进行的工作内容调整撰写培训要求和岗位技能要求是非常可取的方法。

疑难解答

岗位说明书如何使用？

只有有用的东西，只有与劳动者利益相关的东西，劳动者才会关心并认同。所以岗位说明书的应用就成为职责落实的关键。

第一，岗位价值评估模型的设计应与岗位说明书内容紧密结合。岗位的高低取决于岗位的价值，岗位价值的高低取决于岗位价值要素及其表现。岗位价值要素体现了一个公司价值分配的哲学，应与岗位说明书紧密结合。如岗位职责反映岗位的工作及责任大小，岗位的关键成果领域反映岗位的核心贡献，岗位管辖范围反映岗位管理的难度及广度，岗位任职资格反映以往经验及知识的补偿等。岗位价值评估要素如果与岗位说明书内容紧密结合，岗位任职者会主动要求承担更大的职责，主动要求岗位任职条件的提高，从而促进公司职责的落实及劳动者能力的提升。

第二，套薪规则应与岗位说明书内容紧密结合。薪点表设计后，一个岗位会对应一个职级，从而对应一定幅宽、多个职级的薪点。究竟任职者套入哪个职级与任职者以往的业绩、与岗位任职资格的胜任度有关系。所以当建立套薪规则时，主动将岗位说明书的内容，尤其是任职资格要素涵盖进去，可引导员工关心岗位说明书，有针对性地提高自身能力素质，提高与岗位要求的胜任度，从而促进业绩的创造。

第三，考核指标应从岗位职责中提炼。考核指标除从上级年度任务中直接分解外，还应从岗位职责中提炼，即分析岗位职责为哪些顾客（内部、外部）服务，有什么产出,顾客对产出有什么要求,从而提炼要完成什么考核指标。通过指标的考核来引导劳动者关注职责,从而确保职责的落实。

第四,招聘条件从岗位说明书中提炼。写招聘广告时总经理岗位说明书,对岗位主要工作的描述来自岗位说明书中的“职位目的、关键成果领域及职责”,对招聘条件的描述来自岗位说明书中的任职资格“知识、经验等硬性条件及能力素质”。实际招聘时总经理岗位说明书,面试难度及面试问题的设计均来自岗位说明书任职资格的要求。建立招聘与岗位说明书的联系,从而促进各级主管关心岗位说明书:通过岗位说明书的应用招聘到合适、高绩效的人才,可进一步提高各级主管对岗位说明书的信任及重视。

第五,新员工入职时沟通、学习的工具。新员工入职时总经理岗位说明书,除员工手册、岗位说明书等资料外,部分先进企业会同时给予职责系统图。仅有岗位说明书,只了解本岗位需要做什么,并不清楚自身工作应如何与同事分工协作,是无法快速理解并做好工作的,所以一定要补充一份职责系统图。这也是大多数用人单位目前所欠缺的。更为欠缺的是,大多数用人单位主管只是将相关资料扔给劳动者,并没有与劳动者沟通,容易令劳动者无所适从,或经过较长时间摸索后才能步入正轨,影响了劳动者绩效的正常、快速创造。

从多家企业的成功实践来看,只要岗位说明书的撰写建立在职责优化的基础上,必能得到老板及各级主管的认可:只要职责优化及职责撰写时让劳动者充分参与,必能得到劳动者的认可;只要打通岗位说明书与薪酬设计、套薪处理、绩效考核、招聘管理、入职沟通的关系,并能严格贯彻、执行、实施,必能大大提高劳动者对岗位说明书的关注,从而促进职责落实。

文书工具

《岗位说明书》【见书尾文书,文书编号:NO.11】

第九节 入职欺诈

实务精讲

一、入职欺诈的概念和情形

（一）入职欺诈的概念

根据《劳动合同法》的相关规定，劳动者在订立劳动合同时应遵循诚实信用原则。但在实际生活中，部分劳动者在入职过程中，出于种种目的，对与劳动合同履行直接相关的情况进行编造，若因劳动者虚假陈述致使劳动合同无法履行，或误导了用人单位对劳动者是否适合岗位需求的认识进行错判，则可认定劳动者的行为属于入职欺诈。

（二）入职欺诈的情形

根据《劳动合同法》的规定，用人单位有权了解劳动者与劳动合同直接相关的基本情况，劳动者应当如实说明。劳动者与劳动合同直接相关的基本情况，主要包括劳动者以下信息情况：劳动者的健康状况、知识技能、学历、工作经历等。此外，这些基本情况根据行业的性质不同也会有所区别，如特定传染病史（如乙肝大小三阳）在一般行业不属用人单位知情权的范围，但在餐饮业中劳动者对有无特定传染病（如乙肝大小三阳）就负有如实说明义务。相应地，如果劳动者在入职过程中对上述相关情况进行虚假陈述或向用人单位提供虚假资料，导致劳动合同无法履行或导致用人单位对劳动者是否适合岗位需求产生了错误认识，则劳动者就构成入职欺诈。

二、入职欺诈的法律后果

按照《劳动合同法》第 3 条第 1 款的规定，“订立劳动合同，应当遵循合法、公平、平等自愿、协商一致、诚实信用的原则”。劳动者在劳动合同订立过程中应遵守诚实信用原则，如实提供其教育经历、工作经历、身份信息等个人信息，不得做虚假陈述或提供虚假材料欺骗用人单位。

劳动以欺诈手段入职的，根据《劳动法》第18条和《劳动合同法》第26条、第28条的规定，劳动合同因欺诈而归于无效，自始不发生效力，对用人单位和劳动者均无约束力。用人单位也因此享有解除劳动合同的权利，且无须向劳动者支付任何经济补偿金。因劳动者欺诈导致合同无效的，即便用人单位此前与劳动者未订立书面劳动合同，用人单位也无须向劳动者支付未签订书面劳动合同的双倍工资。

案例说法

案例1：未成年人冒用他人身份证入职，法院判决支付非法用工一次性赔偿金

2018年6月16日，江某由某鑫达公司派遣至某瑞德非公司从事普工工作。2018年7月5日，江某在某瑞德非公司工作时，被机器压伤左手中指，最终被鉴定为十级伤残。深圳市人力资源和社会保障局出具的《深圳市工伤认定书》显示某鑫达公司员工“郭修康”属工伤。经法院查明，江某冒用他人身份证在某瑞德非公司工作，某鑫达公司作为派遣单位也未尽到审慎义务，派遣未成年人江某至某瑞德非公司工作。

法院认为，关于非法用工的认定及责任划分问题。江某由某鑫达公司派遣至某瑞德丰公司从事普工工作，劳务派遣单位派遣职工在用人单位工作期间因工伤亡的，派遣单位为承担工伤保险责任的单位。本案中，虽然江某冒用他人身份证在某瑞德丰公司工作，但某鑫达公司作为派遣单位未尽到审慎义务，派遣未成年人江某至某瑞德丰公司工作，某鑫达公司属于非法用工，应承担相应的赔偿责任。最终，法院判决劳务派遣单位支付住院伙食补助费、生活费、一次性赔偿金、营养费、鉴定费、律师费等。

【裁判文书编号】

深圳市龙华区人民法院民事判决书，（2018）粤0309民初6706号

案例2：劳动者伪造学历入职，用人单位解除劳动合同获得法院支持

乐某林于2020年6月4日入职宏鹏塑胶公司处工作，担任副总经理，负责行政、人事与生产的管理。乐某林入职时与宏鹏塑胶公司签订了《新进员工薪资确认

表》,约定:乐某林试用期为2020年6月4日至2020年9月3日,综合工资为26,000元每月。入职时,乐某林向宏鹏塑胶公司提交了《个人履历表》,该表载明其于1996年至2000年在湖南师范大学接受教育,并获得中文专业本科毕业证书。乐某林于入职时还在《宏鹏公司入职须知》上签名,该须知第2条规定,新员工入职时需提交身份证、学历证、技术证等资质证件的原件及复印件,如发现证件造假,公司有权立即解除劳动关系且无须支付补偿金,工资按东莞市最低工资标准计算。宏鹏塑胶公司于2020年7月1日以乐某林试用期不合格为由辞退了乐某林。乐某林后申请劳动仲裁请求宏鹏塑胶公司支付违法解除劳动关系赔偿金及工资等,宏鹏塑胶公司在仲裁阶段主张乐某林学历造假,案涉劳动合同为无效合同。

法院认为,案涉薪资确认表已对岗位、报酬及工作时间进行了约定,应当视为双方已经签订了劳动合同。虽宏鹏塑胶公司辞退乐某林时仅以其试用期不合格为由,但乐某林在宏鹏塑胶公司处担任副总经理,其学历是宏鹏塑胶公司在录用乐某林时所认定乐某林是否能与岗位匹配的重要因素,依照《劳动合同法》第26条的规定,乐某林提供虚假学历,致使宏鹏塑胶公司在意思表示不真实的情况下签订了案涉劳动合同,案涉劳动合同应为无效合同。违法解除劳动关系的前提是劳动关系依法成立,依照《合同法》第56条的规定,合同无效,自始没有约束力,故对于乐某林主张的宏鹏塑胶公司系违法解除劳动关系的抗辩不予采信,宏鹏塑胶公司主张确认案涉劳动合同无效及无须向乐某林支付经济赔偿金,法院予以支持。乐某林提交虚假学历证书以及多次作虚假陈述,违反诚信原则,严重妨害本案的审理,法院已依照法律规定对其作出了5000元罚款的处罚。

【裁判文书编号】

广东省东莞市第一人民法院民事判决书,(2020)粤1971民初32596号

案例3:劳动者提供虚假学历证书可能导致劳动合同无效

2018年6月,某网络公司发布招聘启事,招聘计算机工程专业大学本科以上学历的网络技术人员1名。赵某为销售专业大专学历,但其向该网络公司提交了计算机工程专业大学本科学历的学历证书、个人履历等材料,网络公司同意录用。2018年9月初,网络公司偶然获悉赵某的实际学历为大专。网络公司认为,赵某提供虚假学历证书、个人履历属欺诈行为,严重违背诚实信用原则,根据《劳动合同法》第26条、第39条解除了与赵某的劳动合同。赵某申请劳动仲裁,请求裁决网络公司继

续履行劳动合同。仲裁委员会裁决驳回赵某的仲裁请求。

《劳动合同法》第8条规定："用人单位招用劳动者时，应当如实告知劳动者工作内容、工作条件、工作地点、职业危害、安全生产状况、劳动报酬，以及劳动者要求了解的其他情况；用人单位有权了解劳动者与劳动合同直接相关的基本情况，劳动者应当如实说明。"第26条第1款规定："下列劳动合同无效或者部分无效：(一)以欺诈、胁迫的手段或者乘人之危，使对方在违背真实意思的情况下订立或者变更劳动合同的……"第39条规定："劳动者有下列情形之一的，用人单位可以解除劳动合同……(五)因本法第二十六条第一款第一项规定的情形致使劳动合同无效的……"由上述条款可知，劳动合同是用人单位与劳动者双方协商一致达成的协议，相关信息对是否签订劳动合同、建立劳动关系的真实意思表示具有重要影响。《劳动合同法》第8条既规定了用人单位的告知义务，也规定了劳动者的告知义务。如果劳动者违反诚实信用原则，隐瞒或者虚构与劳动合同直接相关的基本情况，根据《劳动合同法》第26条第1款规定属于劳动合同无效或部分无效的情形。用人单位可以根据《劳动合同法》第39条解除劳动合同并不支付经济补偿。因此，网络公司根据《劳动合同法》第39条第5项解除与赵某的劳动合同符合法律规定，故仲裁委员会依法驳回赵某的仲裁请求。

风险应对

风险点：劳动者冒用他人身份证入职

在实践中，冒用他人身份证或者持假身份证入职的现象不在少数，在劳动密集型企业尤为多见。用人单位招录员工时，对员工身份资料进行审查时稍有不慎，就有可能将此类员工招录进公司。用人单位在为员工购买社会保险时使用的自然是他人的身份证或者假的身份证，一旦发生工伤等事故，劳动者去社保基金中心请求支付社会保险时，社保基金中心往往会以身份资料不符而拒绝赔付。在工伤保险无法获得赔付的情况下，劳动者肯定会要求用人单位承担赔偿责任。如果劳动者因此申请仲裁，仲裁庭一般会以用人单位在招录员工时未尽到审查义务为由，要求用人单位承担一定的赔偿责任，实践中，在这种情况下，用人单位的赔偿责任不会低于三成。

【HR 防范策略】

用人单位应在入职审查时多下功夫，尤其要注意审查排除未满 16 周岁的童工或已达到退休年龄的人员，大部分使用假身份入职的人员，都是因为未达到法定劳动年龄，或超过法定劳动年龄。用人单位已经为假冒身份证显示的人员购买保险，但如果真实入职者发生工伤，社保基金会以员工身份假冒为由拒绝赔付，用人单位会因为过错而承担一定的赔偿责任。所以，用人单位在招聘时应认真核查应聘者的身份信息，防止应聘者假冒身份入职。

第一，应在入职前严格核实劳动者提供的相关证件原件。入职审查并非简单地复印劳动者的入职资料或者随便看看，行政人员或人力资源部门的工作人员应持审慎的态度，认真仔细地核对入职劳动者的身份证、户口簿、结婚证、学历证书、资格认定书等材料的原件和复印件，并从各证件的发证日期、关联信息等判断是否存在相互矛盾的地方，如根据身份证上的出生时间和学历证书的发证时间推断，劳动者 19 岁时即获得了本科毕业证书，这明显不符合常理，由此可以断定劳动者提供的证件不真实。用人单位还应核对照片与本人是否相像，如果时间越久远，人的相貌变化越大，与证件上的照片的相貌差别越大，时间越近，人的相貌变化不大，与证件上的照片的相貌越像；核对印章有无作假的痕迹，多数假证纸表面油性大，吸水性和黏附力差，书写的字及公章都容易模糊，采用激光打印机打印的文字则有脱落的现象；检查身份证的有效期，证件如果即将无效，用人单位也应备案留底，要求劳动者及时更新并提供新的证件原件予以核对和复印留底，如果劳动者冒用他人身份证入职，也容易在此时露出马脚，因此用人单位应做好劳动者身份证有效期的登记，及时更新，尽早排除员工假冒他人身份入职的用工法律风险。

第二，用人单位在招聘时会要求劳动者提供简历，用人单位应为劳动者建立资料库，并通过与劳动者进行面谈，了解劳动者的经历、家庭情况，不断完善劳动者的身份背景资料。对于企业高管等可能接触商业机密的人员，更应做好身份核查的工作，必要时，还可以通过向相关人员（如学历证书上注明的大学校长、班主任）核实情况、实地考察等方式了解劳动者的经历。因冒用身份的劳动者多以兄弟姐妹的身份入职，因此了解劳动者家庭情况，根据劳动者自我陈述其家庭人员的情况，也比较容易找出端倪。如发现提供虚假资料者，及时处理，避免后续法律风险。

第三，用人单位可要求新员工签订未提供虚假资料及陈述承诺书或者在劳动合同上约定劳动者的忠实义务，提供真实身份证明、学历证明等材料的义务，如有欺骗、隐瞒等情况，属于对公司不忠实的行为，用人单位可解除劳动合同。用人单位拥有单方面解除劳动合同的权利，一旦发现冒用身份的劳动者解除劳动合同即不属于违法解除劳动合同，避免因解除劳动合同而支付经济补偿金。

操作指引

用人单位如何防止劳动者入职欺诈？

用人单位对部分不诚信的劳动者，应充分使用好法律所赋予的知情权，应对劳动者进行充分有效的了解，将法律风险控制在劳动合同订立之前。防止劳动者入职欺诈，根据相关法律规定，用人单位应在以下几个方面对劳动者进行入职审查。

（一）年龄审查

年龄审查的主要目的是确认求职者是否达到法定就业年龄（年满16周岁）、是否未成年工和是否开始享受基本养老保险待遇或达到退休年龄等。审查年龄，可以查验身份证，并登录公安部网站进行仔细核对。

1. 未满16周岁者，为童工，不应录用。如果招用了未满16周岁的员工，则有可能面临行政处罚甚至刑事责任。

2. 年满16周岁不满18周岁的为未成年工，用人单位面临较重的法律义务。

3. 开始享受基本养老保险待遇或达到退休年龄的，建立的不再是劳动关系，而是劳务关系。男年满60周岁，女年满50周岁，为通常情况下的退休年龄。

（二）身份审查

审查是否在校大学生、是否外国人以及港澳台人员等。

1. 在校大学生不属于适格的劳动者，建立的一般不认为是劳动关系。原劳动部印发的《关于贯彻执行〈中华人民共和国劳动法〉若干问题的意见》第12条规定："在校生利用业余时间勤工助学，不视为就业，未建立劳动关系，可以不签订劳动合同。"因此在校的大学生，即使年龄已满16周岁，因为是在校生利用业余时间勤工助学，不视为就业，因此也不是"劳动者"。

2. 外国人以及港澳台人员是否办理两证。《外国人在中国就业管理规定》第5

条规定："用人单位聘用外国人须为该外国人申请就业许可，经获准并取得《中华人民共和国外国人就业许可证书》（以下简称许可证书）后方可聘用。"第8条规定："在中国就业的外国人应持Z字签证入境（有互免签证协议的，按协议办理），入境后取得《外国人就业证》（以下简称就业证）和外国人居留证件，方可在中国境内就业。"没有办理两证的，双方建立的不属于劳动关系，而属于劳务关系。

（三）资质审查

与应聘职位相关的学历证明和各种资格证明。如将相关资格证书送至专业机构验证，或登录相关网站查询等。如果用人单位忽视上述审查，使得劳动者以欺诈手段骗取录用，将导致劳动合同无效，同时使企业付出较大的招聘成本。

（四）身体状况审查

实践中，用人单位往往是在员工入职后才发现员工入职前存在潜在疾病甚至职业病，但在劳动者没有违法违纪的情况下，用人单位不能随意解除劳动合同。用人单位是不能以身体条件为由辞退劳动者的，而是必须等到医疗期满。因此，员工入职前的健康检查是非常有必要的。

疑难解答

一、劳动者求职时隐瞒结婚生育、离职原因，能否认为是"入职欺诈"？

虽然用人单位有知情权，有权了解劳动者的基本情况，但用人单位的知情权范围不包括劳动者的婚育情况和离职原因。根据《劳动合同法》第8条的规定，"用人单位有权了解劳动者与劳动合同直接相关的基本情况，劳动者应当如实说明"。用人单位知情权的范围仅限于与劳动合同直接相关的基本情况，而婚育情况和离职原因与工作岗位和工作能力并不直接相关，劳动者没有如实告知的义务。因此，即便劳动者入职时隐瞒了"婚育情况"，或对"离职原因"做了虚假陈述，用人单位发现后仍不能以"入职欺诈"为由解除劳动合同。一旦用人单位据此解除劳动合同，就有可能构成违法解除，需要向劳动者支付违法解除赔偿金。

那是否能在招聘要求或岗位考核事项中明确将"婚育情况"作为考核条件之一

呢？这种做法也不可取，这可能涉嫌对女性职工的性别歧视。婚育情况并非用人单位录用员工的法定依据，也不属于用人单位知情权的范围，劳动者可以不将婚育情况告知用人单位，且不构成入职欺诈。

二、欺诈入职用人单位可以索赔吗？

劳动者欺诈入职造成用人单位损失，用人单位可以索赔。

首先，入职前用人单位就应当对求职人员的身份进行背景调查，调查职位要求中所列的所有项目，如学历、技术职称、户籍、从业经历、与原用人单位是否存在竞业限制或保密约定、是否存在违纪违法等不良记录等，这样才能将不符合录用条件的人员排除。

其次，根据《劳动合同法》第 26 条，以欺诈、胁迫的手段或者乘人之危，使对方在违背真实意思的情况下订立或者变更劳动合同的，劳动合同无效或者部分无效。对劳动合同的无效或者部分无效有争议的，由劳动争议仲裁调解机构或者人民法院确认。该法第 28 条规定，劳动合同被确认无效，劳动者已付出劳动的，用人单位应当向劳动者支付劳动报酬。劳动报酬的数额，参照本单位相同或者相近岗位劳动者的劳动报酬确定。《劳动合同法》第 86 条规定，劳动合同依照本法第 26 条规定被确认无效，给对方造成损害的，有过错的一方应当承担赔偿责任。可见，如果劳动者欺诈入职造成用人单位损失，用人单位是可以要求劳动者进行适当赔偿的。

法条链接

1.《民法典》

第一百四十八条 一方以欺诈手段，使对方在违背真实意思的情况下实施的民事法律行为，受欺诈方有权请求人民法院或者仲裁机构予以撤销。

2.《劳动合同法》

第三条 订立劳动合同，应当遵循合法、公平、平等自愿、协商一致、诚实信用的原则。

第八条 ……用人单位有权了解劳动者与劳动合同直接相关的基本情况，劳动者应当如实说明。

第二十六条 下列劳动合同无效或者部分无效:(一)以欺诈、胁迫的授权或者乘人之危,使对方在违背真实意思的情况下订立或者变更劳动合同的;……

第三十九条 劳动者有下列情形之一的,用人单位可以解除劳动合同:……(五)因本法第二十六条第一款第一项规定的情形致使劳动合同无效的。

第九十一条 用人单位招用与其他用人单位尚未解除或者终止劳动合同的劳动者,给其他用人单位造成损失的,应当承担连带赔偿责任。

3.《关于〈劳动法〉若干条文的说明》

第十八条 "欺诈"是指:一方当事人故意告知对方当事人虚假的情况,或者故意隐瞒真实的情况,诱使对方当事人作出错误意思表示的行为。

4.《广东省高级人民法院关于审理劳动争议案件若干问题的指导意见》

第三十条 劳动者冒用他人名义与用人单位订立劳动合同的,应按实际劳动关系确定主体。用人单位以劳动者假冒身份证明为其投保而遭受社会保险损失的,用人单位和劳动者应按各自的过错承担相应的民事责任。

不满16岁的未成年人冒用他人名义与用人单位订立劳动合同或形成事实劳动关系的劳动合同无效,但用人单位仍应按合同的约定支付报酬。该未成年人因工作遭致伤害的,应由用人单位负人身损害赔偿责任。

文书工具

《未提供虚假资料及陈述承诺书》【见书尾文书,文书编号:NO.12】

第三章

多元化用工

第一节　劳务派遣招聘

实务精讲

一、劳务派遣招聘概述

劳务派遣指的是劳务派遣单位在与劳动者建立劳动关系之后，将劳动者派遣至实际用工单位，劳动者在实际用工单位的指挥与监督下给付劳务的一种用工形式，劳务派遣最明显的特点是劳动力的雇佣与使用相分离。劳务派遣招聘是指劳务派遣单位招聘相关人才，为实际用工单位所用。劳务派遣中用人单位与用工单位有以下区别。

1. 含义上的区别。用人单位是指劳动法律中具有一定法律资格，能够运用劳动能力组织生产劳动，并向劳动者支付报酬的组织。用人单位一般为我国境内的企业、个体经济组织、民办非企业单位等组织以及国家机关等。用工单位是指在劳务派遣协议中，接受派遣员工并安排其进行工作的单位。用工单位与用人单位之间存在合同关系，用人单位根据双派遣协议和用工单位的需求向其派遣员工。

2. 法律性质不同。用人单位与劳动者之间存在劳动关系，适用劳动法律规范。用工单位与劳动者之间属于劳务关系。

3. 法律责任不同。用人单位与劳动者之间存在劳动关系，需要承担法定责任。按照《劳动合同法》的规定，用人单位应与劳动者应签订 2 年以上的书面劳动合同，未签订书面劳动合同的需向劳动者支付双倍工资。同时，用人单位还负有依法告知劳动者劳务派遣协议的内容以及被派遣岗位、派遣期限等事项的义务；按时足额支付劳动者工资的义务；不得将连续用工期限分割订立数个短期劳务派遣协议；在与劳动者解除或终止劳动关系后出具解除或终止劳动关系证明，办理档案和社会保险移交手续的义务等。

用工单位与劳动者之间并不存在劳动关系，双方之间仅存在劳务关系。但是用工单位也应履行以下义务：执行国家劳动标准，提供相应的劳动条件和劳动保护；告知被派遣劳动者的工作要求和劳动报酬；支付加班费、绩效奖金，提供与工作岗位相关的福利待遇;对在岗被派遣劳动者进行工作岗位所必需的培训;连续用工的实行正常的工资调整机制等。

此外,在劳务派遣过程中,劳动者发生工伤事故的,由用人单位承担工伤保险责任;但在用人单位未依法为劳动者购买社保的情形下,用工单位作为实际使用劳动力和受益方,与用人单位同时具有保障劳动安全的法定义务,因此,实务中一般认为用人单位与用工单位共同承担工伤赔偿责任。

二、劳务派遣的相关限制

(一)用人单位招聘劳务派遣工应具有相应资质

根据《劳动合同法》第57条的规定,用人单位招聘劳务派遣工应具有的资质:第一,注册资本不得少于人民币200万元;第二,有与开展业务相适应的固定的经营场所和设施;第三,有符合法律、行政法规规定的劳务派遣管理制度;第四,应当向劳动行政部门依法申请行政许可;第五,法律、行政法规规定的其他条件。

(二)用人单位招聘劳务派遣工的岗位限制

根据《劳务派遣暂行规定》第3条的规定,用工单位只能在临时性、辅助性或者替代性的工作岗位上使用被派遣劳动者。前款规定的临时性工作岗位是指存续时间不超过6个月的岗位。将常设性工作岗位分割成若干个临时工作岗位,仍是违法派遣。辅助性工作岗位是指为主营业务岗位提供服务的非主营业务岗位。替代性工作岗位可以是常设工作岗位,是指用工单位的劳动者因脱产学习、休假等原因无法工作的一定期间内,可以由其他劳动者替代工作的岗位。

(三)用人单位应与劳务派遣工签订合同

按照《劳动合同法》第58条和《劳务派遣暂行规定》第5条的规定,劳务派遣单位(用人单位)应当与被派遣劳动者订立2年以上的固定期限劳动合同,按月支付劳动报酬,此外,被派遣劳动者在无工作期间,用人单位应当按照所在地人民政府规定的最低工资标准,向其按月支付报酬。

案例说法

案例1:用工单位与不具有劳务派遣资质的公司签订劳务派遣合同的风险

上诉人上海珂帝纸品包装有限责任公司(以下简称珂帝公司)因行政处理决定一案,不服上海市黄浦区人民法院(2009)黄行初字第98号行政判决,向法院提起上诉。本案一审的争议焦点:王某英等72名外来从业人员中的部分人员是否属于其他公司的劳务派遣人员;原告珂帝公司和案外人关于为这部分外来从业人员缴纳综合保险费的约定可否免除原告的缴费义务。

一审法院认为:关于部分外来从业人员是否属于原告珂帝公司员工的争议。首先,从协议内容来看,双方约定由黄氏公司在1年的期限内派遣部分劳动者至原告单位工作,该部分劳动者应享有与原告单位员工同等的待遇,原告单位定期结算该部分劳动者的工资,经合议庭调查核实,该份协议存在主体不适格的问题。本案中黄氏公司不是合法成立的公司,并不具备合法的劳务派遣资质。此外,劳务派遣单位还应当与被派遣劳动者订立2年以上的劳动合同,向其支付基本的劳动报酬,而本案中涉案的35名外来人员并没有与黄氏公司签订劳动合同,实际上也不在黄氏公司处工作,而是一直在原告公司从事原告的生产任务,故本案中原告所主张的劳务派遣关系并不能成立。

在劳务派遣关系不成立的情况下,本案需对35名外来人员是否属于原告珂帝公司的员工,从而应否由原告为其缴纳综合保险费作出认定。劳动关系是用人单位和劳动者之间的关系……引起劳动关系产生的基本法律事实是用工,而不是订立劳动合同;只要存在用工行为,劳动者即享有法律规定的权利。结合到本案的实际情况,原告在劳动监察过程中所作笔录可以证明,原告公司共使用了95名外来从业人员,其中即包括争议的35名外来员工;原告提供的出勤考核表、员工出勤记录表、工资发放表等证据材料也反映出,原告单位员工共95名,包括该部分外来员工均在原告处工作,从事原告单位的生产任务,受原告统一管理,并从原告处领取工资报酬;原告在庭审中也确认了35名外来人员在原告单位务工的事实,据此,该部分外来从业人员与原告之间的关系符合事实劳动关系的基本特征,应当属于原告的员工,原告应履行用人单位的相关法定义务。

(2)原告珂帝公司与案外人关于为部分外来从业人员缴纳综合保险费的约定可

否免除原告的缴费义务的争议。本案中被告市人保局作出具体行政行为所适用的条文依据是《上海市外来从业人员综合保险暂行办法》(以下简称《暂行办法》)的相关规定。作为社会保险的外来从业人员综合保险,由政府强制实施,凡本市行政区域内使用外来从业人员的单位及其使用的外来从业人员均须按规定参加。根据该办法,使用外来从业人员的用人单位应当及时、足额地为每一位外来从业人员缴纳综合保险。故本案需要明确的问题:综合保险费的缴纳主体应当如何认定,以及原告与黄氏公司的约定能否排除其缴费义务。

根据《暂行办法》第3条和第8条的规定,使用外来从业人员的用人单位是缴纳其工作期间综合保险费的法定义务主体。由于本案中劳务派遣关系并不成立,而原告作为经工商注册登记、具备合法用工主体资格的企业法人,在本案中实际使用外来从业人员,并与其建立事实劳动关系,故属于《暂行办法》规定的法定缴费主体,应当为这部分外来从业人员缴纳综合保险费用。至于原告与黄氏公司在协议中的约定,黄氏公司由于不具备合法的劳务派遣资质,并非可承担缴纳综合保险费责任的适格主体,原告以协议方式将其法定缴费义务转让给不具有缴费资格的案外人,不符合《暂行办法》的规定,故不能免除原告的缴费义务。

【裁判文书编号】

上海市黄浦区人民法院行政判决书,(2009)黄行初字第98号

案例2:劳务派遣员工有权签订无固定期限劳动合同

马某某今年49岁,1995年11月,他从河北农村来到中盐北京市盐业公司工作,先后在第一批发部和通州食盐配送中心工作,做过搬运工、叉车司机。2006年1月,单位将他的劳动关系转到了北京市崇正劳务服务中心(以下简称崇正劳务),由该中心为他缴纳各项社会保险,2007年12月1日崇正劳务与他签订了书面劳动合同。马某某提供的一份《劳动合同书》显示:合同期限为2007年12月1日至2008年12月31日;马某某担任食盐配送中心操作工。该合同后面还附有两份《劳动合同续订书》,签订时间分别是2009年1月1日、2010年1月1日,续订合同的终止期限分别是2009年12月31日和2011年12月31日。在2011年12月31日合同到期前,马某某觉得自己年龄越来越大了,在食盐配送中心工作也干习惯了,就想稳定下来。更为重要的是,马某某觉得在单位里,派遣工与正式职工的待遇相差很大。"干同样的活,工资比他们低也就算了,可手套、肥皂等劳保福利也要少一大截儿,逢年过节

发东西也相差悬殊。我专门在网上看了相关法律，连续签订两次合同，或者连续工作满10年就能签无固定期限劳动合同，所以我也想签个无固定期限合同。”马某某说。一审法院认定，马某某要求续订无固定期限合同于法无据。一审判决后，马某某不服，提起上诉。2013年12月19日，北京市第二中级人民法院撤销原判发回重审。

2014年12月17日，北京市东城区人民法院重审后作出判决，认定马某某要求续订无固定期限劳动合同于法有据，马某某在配送中心的工作年限应当合并计算。判令崇正劳务向马某某支付2012年1月1日至3月20日不订立无固定期限劳动合同二倍工资差额4724元，违法解除劳动合同赔偿金66,864元，配送中心承担连带赔偿责任。

案例3：劳动者超时加班发生工伤，用工单位、劳务派遣单位承担连带赔偿责任

2017年8月，某服务公司（已依法取得劳务派遣行政许可）与某传媒公司签订劳务派遣协议，约定某服务公司为某传媒公司提供派遣人员，每天工作11小时，每人每月最低保底工时286小时。2017年9月，某服务公司招用李某并派遣至某传媒公司工作，未为李某缴纳工伤保险。2018年8月、9月、11月，李某月工时分别为319小时、293小时、322.5小时，每月休息日不超过3日。2018年11月30日，李某工作时间为当日晚8时30分至12月1日上午8时30分。李某于12月1日凌晨5时30分晕倒在单位卫生间，经抢救无效于当日死亡，死亡原因为心肌梗死等。2018年12月，某传媒公司与李某近亲属惠某等签订赔偿协议，约定某传媒公司支付惠某等工亡待遇42万元，惠某等不得再就李某工亡赔偿事宜或在派遣工作期间享有的权利，向某传媒公司提出任何形式的赔偿要求。上述协议签订后，某传媒公司实际支付惠某等各项费用计423,497.80元。此后，李某所受伤害被社会保险行政部门认定为工伤。原告亲属惠某等请求判决某服务公司与某传媒公司连带支付医疗费、一次性工亡补助金、丧葬补助金、供养亲属抚恤金，共计1,193,821元。一审法院判决：按照《工伤保险条例》，因用人单位未为李某参加工伤保险，其工亡待遇由用人单位全部赔偿。某服务公司和某传媒公司连带赔偿惠某等医疗费、一次性工亡补助金、丧葬补助金、供养亲属抚恤金合计766,911.55元。某传媒公司不服，提起上诉。二审法院判决：驳回上诉，维持原判。

《劳动合同法》第92条规定：“……用工单位给被派遣劳动者造成损害的，劳务派遣单位与用工单位承担连带赔偿责任。”《国务院关于职工工作时间的规定》(国务院令第174号)第3条规定:“职工每日工作8小时、每周工作40小时。”休息权是劳动者的基本劳动权利,即使在支付劳动者加班费的情况下,劳动者的工作时间仍然受到法定延长工作时间上限的制约。劳务派遣用工中,劳动者超时加班发生工伤,用工单位和劳务派遣单位对劳动者的损失均负有责任,应承担连带赔偿责任。劳动者与用工单位、劳务派遣单位达成赔偿协议的,当赔偿协议存在违反法律、行政法规的强制性规定,欺诈、胁迫或者乘人之危情形时,不应认定赔偿协议有效;当赔偿协议存在重大误解或者显失公平情形时,应当支持劳动者依法行使撤销权。

本案中,某服务公司和某传媒公司协议约定的被派遣劳动者每天工作时间及每月工作保底工时,均严重超过法定标准。李某工亡前每月休息时间不超过3日,每日工作时间基本超过11小时,每月延长工作时间超过36小时数倍,其依法享有的休息权受到严重侵害。某传媒公司作为用工单位长期安排李某超时加班,存在过错,对李某在工作期间突发疾病死亡负有不可推卸的责任。惠某等主张某传媒公司与某服务公司就李某工伤的相关待遇承担连带赔偿责任,应予支持。惠某等虽与某传媒公司达成了赔偿协议,但赔偿协议是在劳动者未经社会保险行政部门认定工伤的情形下签订的,且赔偿协议约定的补偿数额明显低于法定工伤保险待遇标准,某服务公司和某传媒公司应对差额部分予以补足。

风险应对

风险点:用人单位与用工单位在招聘时主体混淆

在劳务派遣招聘中,由于“招人的不用人,用人的不招人”,因此很多实际用工单位都不太放心让派遣服务机构去招聘人员。于是,在实务中就出现了这样一种操作模式:由用工单位招工,招到合适人员后,再由派遣服务机构与该员工签订劳动合同,建立劳动关系。这体现在派遣协议中,就出现了这样一些条款“派遣公司根据实际用工单位的要求代实际用工单位招聘某某岗位多少名员工”“派遣公司的招聘人选及过程应接受实际用工单位的监督与确认”等。这些条款的规定带来的是招聘主体的不明确,进而带来的是劳动关系主体的混乱,造成派遣员工的认识错误,一旦发生纠纷,特别是发生工伤事件,无论是派遣服务机构还是实际用工单位,都会被卷入纠纷。[1]

【HR 防范策略】

在劳动法中，招聘被认为是建立劳动法律关系的前提。对招聘主体，一般会被认为可能是建立劳动法律关系的主体双方。[2] 因此，在劳务派遣中，应当尽量避免实际用工单位插足招聘过程的情况发生，避免引起不必要的主体混乱。在派遣协议中涉及招聘的事项，也应该只体现两个主体：派遣服务机构与派遣员工。同时，协议中应体现派遣服务机构的招聘是独立地根据自己意志进行的，而且《录用通知书》等类似文书也应当由派遣服务机构出具。

在实务中，由于派遣服务机构对用工单位的用工要求并不完全了解，为保证招聘质量，派遣服务机构可书面授权用工单位代为招聘。但是具体的招聘事宜应当由派遣服务机构出具的授权书规定，实际用工单位代派遣服务机构招聘的，实际用工单位在招聘时应向劳动者出具授权书或披露其代理人身份。这样才能最大限度地避免造成招聘时的主体混乱。[3]

操作指引

一、怎样招聘劳务派遣人员

一般劳务派遣公司与企业签订合同后就着手派遣人员的招聘工作了，具体流程如下。

第一，劳务公司与企业人力资源部相关负责人商讨，详细了解招聘岗位及职责说明、招聘要求、工资标准及其他配套待遇等信息；

第二，根据企业公司提出的岗位用人需求，从劳务公司的人力资源寻访网络中确定最佳的组织渠道及集聚方式，从而保证招聘劳务派遣人员的数量和派遣人员质量；

第三，劳务公司根据企业要求对所有组织的劳务工进行初步的筛选，将最优秀的劳务工输送至用工单位进行面试，从而提高客户公司的招聘效率；

---

① 参见孙泽厚、徐慧娟主编：《人力资源法规》，科学出版社 2016 年版。

② 朱飞、邱婕编著：《劳动合同法释义与实务操作》，企业管理出版社 2007 年版。

③ 参见曹晓宏编著：《劳动者权益维护 100 问》，中山大学出版社 2012 年版，第 12 页。

第四，劳务公司将挑选好的派遣人员集中起来，并组织劳务派遣人员进用工单位面试，面试完毕，安排派遣人员离开用工单位；

第五，面试完毕，劳务公司对被录用人员进行名单确认，并办理派遣手续、安排和组织被录用人员进行体检安排及其个人的信息采集等工作；

第六，派遣人员体检完成后，安排宿舍，签订合同，安排上岗。

二、劳务派遣单位常用的招聘派遣人员途径

1. 人才市场、招聘会、人才机构等；
2. 举办专场招聘会，定向吸引专门人才；
3. 劳务公司自身的人才储备库，实施派遣工调配；
4. 网络招聘网站、公司网站等其他网站；
5. 一些技工学校校企合作平台；
6. 人脉关系举荐同行业劳务派遣人员；
7. 其他特殊渠道达成人才搜寻。

疑难解答

一、什么样的人员适合进行劳务派遣？

劳务派遣涉及专业极为广泛，从管理人员、专业技术人员至一般员工，均可采用派遣方式，目前主要劳务派遣人员类别：第一，国有企业改制后所使用的合同制员工；第二，国家事业单位编外临时聘用人员；第三，服务性行业员工（餐饮服务、客房酒店服务等）；第四，商业企业员工（收银员、销售人员、文员等）；第五，物业管理员工（各类技术人员、保洁员、保安员、园艺师等）；第六，工业企业员工（司机、仓储人员、普通技工、劳务工等）。[①]

二、劳务派遣单位的法定责任有哪些？

第一，劳务派遣单位必须与劳动者签订《劳动合同》，如未执行，发生争议，劳动

---

① 参见罗海燕、黄小凤主编：《劳动法学》，吉林大学出版社2014年版，第6页。

保障行政部门则按照未签订劳动合同的人数处以罚款。第二，劳务派遣单位不得以任何形式收取抵押金、保证金及其他费用，劳动保障行政部门可对违反规定的单位处以罚款。第三，劳务派遣单位应为劳动者缴纳社会保险，劳动保障行政部门可对违反规定的单位给予行政处分，逾期不缴的按日加收欠缴金额的滞纳金。

三、劳务派遣招聘可能面临的问题有哪些？

劳务派遣招聘可能面临以下问题：第一，招聘渠道少，可供利用选择的渠道不多；第二，招聘周期长，增加招聘成本；第三，人岗匹配性低，人员流失率高；第四，招聘流程传统性强，缺乏创新性；第五，国家法律法规限制劳务派遣企业的发展，使劳务派遣企业招聘面临国家政策的宏观压力；第六，同行业的竞争，使招聘工作进行受到牵制；第七，应聘者的主观意识强烈，排斥劳务派遣用工形式。

四、劳务派遣公司的员工无工作期间就无报酬吗？

劳务派遣单位应当履行用人单位对劳动者的义务。劳务派遣单位应当与被派遣劳动者订立2年以上的固定期限劳动合同，按月支付劳动报酬；被派遣劳动者在无工作期间，劳务派遣单位应当按照所在地人民政府规定的最低工资标准，向其按月支付报酬。因此，劳务派遣公司在劳动者没有派遣出去的时候，不支付劳动者工资的行为是违法的。

五、劳务派遣公司的劳动者可以要求签订无固定期限劳动合同吗？

《劳动合同法》不仅在第14条规定了用人单位应与劳动者订立无固定期限劳动合同的情形，同时也在第58条规定了用人单位应与劳务派遣员工签订2年以上的固定期限劳动合同，这就导致实务中对劳务派遣员工是否有权签订无固定期限劳动合同存在分歧。一种观点认为，劳务派遣员工有权签订无固定期限劳动合同。其理由是劳务派遣员工也属于劳动者，只要符合《劳动合同法》第14条规定的在用人单位连续工作满十年或连续签订二次固定期限劳动合同等劳务派遣员工就有权提出签订无固定期限劳动合同。另一种观点认为，《劳动合同法》第58条已经对劳务派遣员工与用人单位签订的劳动合同期限作出了特别规定，该特别规定优先于一般规定，应当适用该规定，派遣员工只能与用人单位签订2年以上固定期限劳动合同，不能提出签订无固定期限劳动合同。

本书编者支持前一种观点。《劳动合同法》第58条规定了用人单位应与劳务派遣员工签订2年以上固定期限劳动合同,相较于普通劳动者,这体现了劳动法对劳务派遣劳动者的特殊优待保护。因此更加不能排除劳务派遣员工作为劳动者的基本权利,在满足应签订无固定期限的劳动合同情形下,劳务派遣员工有权要求签订无固定期限劳动合同。还有些质疑这种观点的声音认为,劳务派遣用工是企业用工的补充形式,只能在临时性、替代性、辅助性工作岗位,存续期限比较短,岗位稳定性比较差,因此不宜赋予劳务派遣员工有权订立无固定期限的权利。但是,这种观点忽视了劳务派遣单位的主营业务就是劳务派遣,劳务派遣公司长期甚至是公司运营期间都在从事劳务派遣工作,用工单位的岗位是否短期,都不能影响劳务派遣员工与用人单位之间劳动合同期限。即便劳务派遣员工在某一单位完成短期工作后,劳务派遣单位仍可以再次派遣劳动者到新的工作岗位中,且法律赋予在劳务派遣员工在无工作期间劳务派遣单位只需支付最低工资标准。虽然还有些质疑的观点认为,每个用工企业的工作要求都不一致,有些劳务派遣员工可能因为工作技能问题会被用工单位退回。但是,这也不属于劳务派遣员工工作能力的问题,劳务派遣员工与劳务派遣单位签订劳动合同时,单位已经认可了其工作能力,若因劳务派遣单位的业务出现新的需求,就要求劳动者承担相应责任和风险,这显然是不合理的。劳务派遣单位常需要对接多个种类用工单位,应对不同企业用工需求,劳务派遣单位应通过培训改进劳动者的工作能力,而不是要求劳动者承担其被用工单位退回的风险。不应期待劳动者会所有技能,符合所有企业的岗位要求。

因此,劳务派遣员工与普通劳动者一样,都应赋予其在符合法律规定的情形下,有权要求签订无固定期限劳动合同。

法条链接

1.《劳动合同法》

第五十七条 经营劳务派遣业务应当具备下列条件:

(一)注册资本不得少于人民币二百万元;

(二)有与开展业务相适应的固定的经营场所和设施;

(三)有符合法律、行政法规规定的劳务派遣管理制度;

（四）法律、行政法规规定的其他条件。

经营劳务派遣业务，应当向劳动行政部门依法申请行政许可；经许可的，依法办理相应的公司登记。未经许可，任何单位和个人不得经营劳务派遣业务。

第五十八条 劳务派遣单位是本法所称用人单位，应当履行用人单位对劳动者的义务。劳务派遣单位与被派遣劳动者订立的劳动合同，除应当载明本法第十七条规定的事项外，还应当载明被派遣劳动者的用工单位以及派遣期限、工作岗位等情况。

劳务派遣单位应当与被派遣劳动者订立二年以上的固定期限劳动合同，按月支付劳动报酬；被派遣劳动者在无工作期间，劳务派遣单位应当按照所在地人民政府规定的最低工资标准，向其按月支付报酬。

第五十九条 劳务派遣单位派遣劳动者应当与接受以劳务派遣形式用工的单位（以下称用工单位）订立劳务派遣协议。劳务派遣协议应当约定派遣岗位和人员数量、派遣期限、劳动报酬和社会保险费的数额与支付方式以及违反协议的责任。

用工单位应当根据工作岗位的实际需要与劳务派遣单位确定派遣期限，不得将连续用工期限分割订立数个短期劳务派遣协议。

第六十条 劳务派遣单位应当将劳务派遣协议的内容告知被派遣劳动者。

劳务派遣单位不得克扣用工单位按照劳务派遣协议支付给被派遣劳动者的劳动报酬。

劳务派遣单位和用工单位不得向被派遣劳动者收取费用。

第六十六条 劳动合同用工是我国的企业基本用工形式。劳务派遣用工是补充形式，只能在临时性、辅助性或者替代性的工作岗位上实施。

前款规定的临时性工作岗位是指存续时间不超过六个月的岗位；辅助性工作岗位是指为主营业务岗位提供服务的非主营业务岗位；替代性工作岗位是指用工单位的劳动者因脱产学习、休假等原因无法工作的一定期间内，可以由其他劳动者替代工作的岗位。

2.《劳动合同法实施条例》

第三十条 劳务派遣单位不得以非全日制用工形式招用被派遣劳动者。

3.《劳务派遣暂行规定》

第三条 用工单位只能在临时性、辅助性或者替代性的工作岗位上使用被派遣劳动者。

前款规定的临时性工作岗位是指存续时间不超过6个月的岗位；辅助性工作岗

位是指为主营业务岗位提供服务的非主营业务岗位;替代性工作岗位是指用工单位的劳动者因脱产学习、休假等原因无法工作的一定期间内,可以由其他劳动者替代工作的岗位。

用工单位决定使用被派遣劳动者的辅助性岗位,应当经职工代表大会或者全体职工讨论,提出方案和意见,与工会或者职工代表平等协商确定,并在用工单位内公示。

第五条 劳务派遣单位应当依法与被派遣劳动者订立2年以上的固定期限书面劳动合同。

第六条 劳务派遣单位可以依法与被派遣劳动者约定试用期。劳务派遣单位与同一被派遣劳动者只能约定一次试用期。

第七条 劳务派遣协议应当载明下列内容:

(一)派遣的工作岗位名称和岗位性质;

(二)工作地点;

(三)派遣人员数量和派遣期限;

(四)按照同工同酬原则确定的劳动报酬数额和支付方式;

(五)社会保险费的数额和支付方式;

(六)工作时间和休息休假事项;

(七)被派遣劳动者工伤、生育或者患病期间的相关待遇;

(八)劳动安全卫生以及培训事项;

(九)经济补偿等费用;

(十)劳务派遣协议期限;

(十一)劳务派遣服务费的支付方式和标准;

(十二)违反劳务派遣协议的责任;

(十三)法律、法规、规章规定应当纳入劳务派遣协议的其他事项。

第八条 劳务派遣单位应当对被派遣劳动者履行下列义务:

(一)如实告知被派遣劳动者劳动合同法第八条规定的事项、应遵守的规章制度以及劳务派遣协议的内容;

(二)建立培训制度,对被派遣劳动者进行上岗知识、安全教育培训;

(三)按照国家规定和劳务派遣协议约定,依法支付被派遣劳动者的劳动报酬和相关待遇;

(四)按照国家规定和劳务派遣协议约定,依法为被派遣劳动者缴纳社会保险费，并办理社会保险相关手续；

（五）督促用工单位依法为被派遣劳动者提供劳动保护和劳动安全卫生条件；

（六）依法出具解除或者终止劳动合同的证明；

（七）协助处理被派遣劳动者与用工单位的纠纷；

（八）法律、法规和规章规定的其他事项。

第二节　非全日制用工

实务精讲

一、非全日制用工概述

非全日制用工，指的是以小时计酬为主，劳动者在同一用人单位一般平均每日工作时间不超过4小时，每周工作时间累计不超过24小时的用工形式。

非全日制用工是一种灵活的用工形式，近年来在我国得到广泛和迅速的发展。特别是在餐饮、超市、社区服务等领域，越来越多的用人单位通过非全日制用工形式，降低了用工成本，实现了灵活用工。

二、非全日制用工与全日制用工的区别

全日制用工和非全日制用工是企业用工的两种形式，全日制用工是最常见的一种用工形式，非全日制用工是类似于“小时工”的一种灵活用工形式，有助于帮助节省企业用工成本，也颇受欢迎。两种用工形式在法律上也存在较大区别，主要有以下几点。

1. 工作时间。按照《劳动合同法》第68条的规定，非全日制的劳动者在同一用人单位一般平均每日工作时间不超过4小时，每周工作时间累计不超过24小时。而全日制劳动者执行的是每天不超过8小时，每周不超过40小时的标准工作时间。

2. 是否需要订立书面劳动合同。全日制用工，用人单位必须与劳动者订立书面劳动合同，用人单位不签订书面劳动合同的，还需要支付双倍工资。而非全日制用工，用人单位无须与劳动者签订书面劳动。

3. 有无试用期不同。非全日制用工，用人单位不得与劳动者约定试用期。而全日制用工，用人单位可以与劳动者约定试用期，但是劳动合同期限未超过 3 个月的和以完成一定任务为期限的劳动合同除外。

4. 是否可以与多个用人单位建立劳动关系不同。全日制用工，劳动者通常只能与一家用人单位建立劳动关系，与多家用人单位建立劳动关系严重影响正常工作的，经用人单位提出拒不改正的，用人单位可以主张解除劳动合同关系。而非全日制用工，劳动者一般与多个用人单位建立劳动合同关系。

5. 劳动合同的解除或终止。针对非全日制用工，劳动者或用人单位可以随时要求解除劳动合同关系，且用人单位无须支付经济补偿金。但是，针对全日制用工，劳动合同的解除需存在法定理由，履行法定程序方可解除，用人单位构成违法解除的还需承担赔偿责任。

6. 工资支付周期。非全日制用工的工资支付周期灵活，只要在 15 日内支付的均可。而全日制用工一般是按月支付劳动报酬。

7. 是否需要购买社保。针对非全日制用工，用人单位只需为劳动者购买工伤保险。但是，针对全日制用工，用人单位负有为劳动者购买社保的法定义务。

案例说法

案例 1：非全日制用工违反合同约定和劳动法规定，最终确定为全日制用工

2018 年 11 月，小徐到一家超市工作，主要负责店内的啤酒促销，她在入职后便与这家超市签订了 1 年期的非全日制劳动合同。双方约定平均每天工作 4 小时，每周累计工作不超过 24 小时，小时工资不低于最低工资标准，支付周期不超过 15 日，同时还约定双方可以在任何情况下解除劳动合同。但实际上，超市每周安排小徐工作 6 日，每天 6 小时，分别在 17 时 30 分至 20 时 30 分、20 时 30 分至 23 时 30 分这两个时段，甚至在工作期间，超市还会对小徐是否在岗进行抽查。

2019 年 2 月，超市突然通知小徐，要与她解除劳动关系。可小徐觉得，自己提供的劳动已经超出了非全日制用工的要求，于是她便向仲裁委员会申请劳动争议仲裁，但仲裁委驳回了她的申请。在被仲裁委驳回申请后，小徐又向法院提起了诉讼，要求确认她与超市存在全日制用工关系。

法院认为，对劳动关系实质的审查不应局限于劳动合同的书面约定，更应关注劳动合同履行的状态。且经过核查，小徐的工作时间确实已经超过《劳动合同法》第68条的规定，在同一用人单位一般平均每日不超过4小时，每周累计不超过24小时的上限。最后，对小徐要求确认其与超市之间存在全日制用工关系的请求予以了支持。

案例2：用人单位按月发放劳动者工资，用人单位与劳动者成立全日制劳动关系

戎某于2011年6月1日进入甲公司工作。银行汇款记录显示，甲公司于2011年7月8日支付戎某"服务费"2450元，8月8日、9月8日分别支付"服务费"3000元。戎某在职期间，双方未签订劳动合同，甲公司不对戎某实行考勤。后因劳动合同解除问题，双方产生争议。2012年8月29日，戎某提出仲裁申请，要求甲公司支付2011年7月1日至2011年10月7日未签订劳动合同二倍工资差额9700元等请求。仲裁对戎某的请求未予支持。戎某不服裁决，诉至法院。

法院认为，甲公司主张双方系非全日制用工关系，在庭审中提供了其统计的工资构成明细，旨在证明戎某的工作时间以及工资构成，但是该证据系甲公司单方制作，戎某又不予认可，在缺乏其他证据佐证的情况下，法院对该证据不予采信。依照《劳动合同法》第72条第2款之规定，非全日制用工劳动报酬结算支付周期最长不得超过15日。而本案中甲公司是按月发放戎某工资，显然违反了上述禁止性规定。综上所述，双方之间的用工形式不符合法律规定的非全日制用工法律关系的构成要件，甲公司陈述双方属于非全日制用工，法院不予采信。

案例3：用人单位与劳动者约定工作低于最低小时工资标准，用人单位需补发最低工资差额

刘某于2014年4月底入职B公司，担任清洁工一职。双方签订的非全日制合同中约定：刘某每周工作6日，每天的工作时间为3小时，每小时的工资为14元，劳动报酬的支付周期为月结。刘某在B公司工作3个月后，以公司发放的小时最低工资低于上海市小时最低工资标准17元且工资发放周期不符合法律规定为由，遂要求公司补发入职以来的最低工资差额，并变更工资的发放周期。B公司予以拒绝，刘某遂诉诸劳动仲裁。

仲裁认为，双方建立非全日制劳动关系后，应依法、适当履行劳动义务，行使劳动权利，B公司的上述行为明显违反了《劳动合同法》第72条的规定，因此裁决B公司向刘某补发最低工资差额，并应至少每15日发放一次劳动报酬。

案例4：用人单位需要为非全日制员工购买工伤保险

孙某于2015年7月入职某塑料制品厂担任仓库管理员，双方签订了1年期的非全日制劳动合同，约定孙某每天工作4小时，每周上班6日，每小时工资为20元(含社保费用)。2015年12月孙某在仓库工作时不慎发生事故，经鉴定构成工伤九级，后因支付工伤相关待遇事宜与公司产生纠纷(公司认为支付的小时工资中已包含了社保费用，因此无须担责)，因此诉至法院，要求公司支付停工留薪期工资、伤残补助金、工伤医疗补助金、伤残就业补助金等工伤待遇共计13万余元。

法院认为，根据《关于非全日制用工若干问题的意见》及《社会保险法》的规定，从事非全日制用工的劳动者可以个人身份参加基本养老保险、基本医疗保险，用人单位无须为劳动者缴纳养老保险、医疗保险，但应当为劳动者缴纳工伤保险费，本案中因制品厂未为孙某缴纳工伤保险费，相应的工伤待遇损失应由制品厂承担，故判决支持了孙某的全部诉讼请求。

风险应对

一、风险点：非全日制用工招聘风险

在实际操作中，非全日制用工很容易被认定为全日制用工，因工作时间超过了法定时限，就容易被认定为全日制用工。一旦被认定为全日制用工，就存在未订立书面劳动合同，支付双倍工资、支付经济补偿金、赔偿金等风险。

同时，非全日制用工的劳动者可以与一个以上的用人单位签订劳动合同，这增加了用人单位使用非全日制用工劳动者的风险，例如，如果非全日制用工劳动者不能协调好自己的工作时间，则公司的效益等方面多少会受到影响。

【HR防范策略】

实务中，用人单位应与非全日制员工主动签订书面劳动合同，固定证据。用人单位也无须顾虑，签订书面劳动合同并不是区分全日制和非全日制用工的关键。是否为全日制用工要看劳动合同内容是否约定试用期、工作时间长短、工资支付周期是否超过15日。因此，签订书面的非全日制劳动合同有利于明确用工性质及双方

的权责，一旦发生争议，书面劳动合同也成为一项有利证据。此外，非全日制用工的一大特点是工作时间短，工作灵活，工资支付周期短。因此，用人单位也需注意不要让非全日制员工的工作时间超过法定时间限制，工资的支付周期也不能超过 15 日，这也是判定是否为全日制用工的一个危险因素。

二、风险点：工资支付不足额

按照《劳动合同法》第 72 条第 1 款“非全日制用工小时计酬标准不得低于用人单位所在地人民政府规定的最低小时工资标准”以及《关于非全日制用工若干问题的意见》第 2 条规定可知，非全日制用工的最低工资标准应当综合考虑当地最低工资标准和用人单位应缴纳养老保险和医疗保险因素。因此，用人单位向劳动者支付的最低工资标准不应包含应缴纳的社保费用。

用人单位不足额支付非全日制员工工资，或者所支付的工资标准低于当地最低工资标准的，用人单位可能面临补足工资并支付经济补偿的法律风险、支付加付赔偿金的法律风险，以转移财产、逃匿等方式拖延支付工资的，还可能构成刑事犯罪。

【HR 防范策略】

用人单位应当按时向非全日制劳动者支付工资，尽量避免发生拖欠工资或者少发工资的事情。用人单位应当制作工资条，将基本工资、绩效考核奖金、社保缴纳情况等列明，在发放工资时还应保留好签收凭证。

三、风险点：未为非全日制劳动者购买工伤保险

有些用人单位认为非全日制员工属于灵活用工就无须为其购买社保，但法律明确规定用人单位负有为非全日制员工购买工伤保险的法定义务。《关于非全日制用工若干问题的意见》第 12 条规定，“用人单位应当按照国家有关规定为建立劳动关系的非全日制劳动者缴纳工伤保险费”，《实施〈中华人民共和国社会保险法〉若干规定》第 9 条规定：“职工（包括非全日制从业人员）在两个或者两个以上用人单位同时就业的，各用人单位应当分别为职工缴纳工伤保险费。职工发生工伤，由职工受到伤害时工作的单位依法承担工伤保险责任。”因此，用人单位违反法律规定不为非全日制员工购买工伤保险的，员工一旦发生工伤，用人单位需承担工伤赔偿责任。

【HR 防范策略】

用人单位未依法为非全日制劳动者缴纳社会保险，其面临的法律风险较大，劳

动者一旦发生工伤事故,用人单位需全额承担劳动者工伤赔偿责任,赔偿数额较大。所以,用人单位应及时自查自纠,及时依法为非全日制员工缴纳工伤保险。

法条链接

1.《劳动合同法》

第六十八条 非全日制用工,是指以小时计酬为主,劳动者在同一用人单位一般平均每日工作时间不超过四小时,每周工作时间累计不超过二十四小时的用工形式。

第六十九条 非全日制用工双方当事人可以订立口头协议。

从事非全日制用工的劳动者可以与一个或者一个以上用人单位订立劳动合同;但是,后订立的劳动合同不得影响先订立的劳动合同的履行。

第七十条 非全日制用工双方当事人不得约定试用期。

第八十五条 用人单位有下列情形之一的,由劳动行政部门责令限期支付劳动报酬、加班费或者经济补偿;劳动报酬低于当地最低工资标准的,应当支付其差额部分;逾期不支付的,责令用人单位按应付金额百分之五十以上百分之一百以下的标准向劳动者加付赔偿金:

(一)未按照劳动合同的约定或者国家规定及时足额支付劳动者劳动报酬的;

(二)低于当地最低工资标准支付劳动者工资的;

(三)安排加班不支付加班费的;

(四)解除或者终止劳动合同,未依照本法规定向劳动者支付经济补偿的。

2.《实施〈中华人民共和国社会保险法〉若干规定》

第九条 职工(包括非全日制从业人员)在两个或者两个以上用人单位同时就业的,各用人单位应当分别为职工缴纳工伤保险费。职工发生工伤,由职工受到伤害时工作的单位依法承担工伤保险责任。

3.《关于非全日制用工若干问题的意见》

一、关于非全日制用工的劳动关系

1.非全日制用工是指以小时计酬、劳动者在同一用人单位平均每日工作时间不超过5小时累计每周工作时间不超过30小时的用工形式。

从事非全日制工作的劳动者，可以与一个或一个以上用人单位建立劳动关系。用人单位与非全日制劳动者建立劳动关系，应当订立劳动合同。劳动合同一般以书面形式订立。劳动合同期限在一个月以下的，经双方协商同意，可以订立口头劳动合同。但劳动者提出订立书面劳动合同的，应当以书面形式订立。

5. 用人单位招用劳动者从事非全日制工作，应当在录用后到当地劳动保障行政部门办理录用备案手续。

二、关于非全日制用工的工资支付

7. 用人单位应当按时足额支付非全日制劳动者的工资。用人单位支付非全日制劳动者的小时工资不得低于当地政府颁布的小时最低工资标准。

8. 非全日制用工的小时最低工资标准由省、自治区、直辖市规定，并报劳动保障部备案。确定和调整小时最低工资标准应当综合参考以下因素：当地政府颁布的月最低工资标准；单位应缴纳的基本养老保险费和基本医疗保险费（当地政府颁布的月最低工资标准未包含个人缴纳社会保险费因素的，还应考虑个人应缴纳的社会保险费）；非全日制劳动者在工作稳定性、劳动条件和劳动强度、福利等方面与全日制就业人员之间的差异。

小时最低工资标准的测算方法为：小时最低工资标准 = [（月最低工资标准 ÷ 20.92 ÷ 8）×（1 + 单位应当缴纳的基本养老保险费和基本医疗保险费比例之和）] ×（1 + 浮动系数）。

三、关于非全日制用工的社会保险

10. 从事非全日制工作的劳动者应当参加基本养老保险，原则上参照个体工商户的参保办法执行。对于已参加过基本养老保险和建立个人账户的人员，前后缴费年限合并计算，跨统筹地区转移的，应办理基本养老保险关系和个人账户的转移、接续手续。符合退休条件时，按国家规定计发基本养老金。

11. 从事非全日制工作的劳动者可以以个人身份参加基本医疗保险，并按照待遇水平与缴费水平相挂钩的原则，享受相应的基本医疗保险待遇。参加基本医疗保险的具体办法由各地劳动保障部门研究制定。

12. 用人单位应当按照国家有关规定为建立劳动关系的非全日制劳动者缴纳工伤保险费。

文书工具

《非全日制用工招聘管理办法》【见书尾文书,文书编号:NO. 13】

第三节　业务外包

实务精讲

一、业务外包的概念与特点

现行《劳动法》《劳动合同法》等劳动法律法规并未对外包行为作出规定,一般来说,与劳动法业务相关的业务外包是指,用人单位作为发包方,与其他专业机构订立民事合同,将本单位部分业务交由本单位之外的机构具体负责实施的生产管理方式。业务外包有以下特征。

第一,业务外包在法律关系的性质上不属于人事关系。就用人单位而言,合同相对人是负责该业务的专业机构,用人单位并不与承包方负责该业务的工作人员形成劳动关系或劳动关系,因此,用人单位与工作人员并不存在劳动法意义上的权利义务关系,用人单位不对工作人员承担发放报酬等义务,同理,工作人员也不存在法律上对用人单位的权利主张。

第二,业务外包的标的是完成一定工作,形成相应劳动成果。进言之,用人单位虽然并不直接管理从事相应业务的工作人员,但是有权利要求合同相对人——专业机构按合同约定交付相应工作成果,换言之,在业务外包中,由承包方对工作人员的素质与生产管理风险负责,而不能以此作为对发包方诉请的抗辩事由,而发包方仅以工作成果认定承包方是否忠实履行合同义务。在此意义上,业务外包更近似于加工承揽合同。

第三,业务外包中用人单位与负责该业务的工作人员不存在用工管理关系。那么虽然在事实上用人单位不可避免地需要管理与指导负责外包业务的工作人员,但这种管理并不具备法律意义,一方面,既然业务外包并非劳动关系或劳务关系,那么用人单位就没有行使管理权的法律基础；另一方面，既然业务外包的标的是劳动成果，那么用人单位也就没有对劳动过程进行管理的必要。

二、业务外包与劳务派遣的区别

业务外包劳动者从表象上看与劳务派遣劳动者是非常相似的：一是他们都要接受两个单位的管理，劳务派遣劳动者要同时接受用人单位和用工单位的管理，业务外包劳动者则要同时接受业务发包和业务承包单位的管理。二是他们都不是在用人单位内提供劳动。劳务派遣劳动者虽然与用人单位签订劳动合同，却是为用工单位提供劳动；业务外包劳动者虽然与业务承包方签订劳动合同，却为业务发包方提供劳动。虽然如此，从本质上看，业务外包与劳务派遣在实质上还是存在很大区别的。

第一，合同主体的资质要求不同。劳务派遣的企业必须符合《劳动合同法》第57条规定，注册资本不少于200万元，有固定的经营场所和设施，并办理行政许可等。但是业务外包中的用人单位并无上述特殊要求。

第二，法律性质不同。业务外包中的发包方与承包方之间是承揽合同的关系，承包方应完成一定工作成果。除此之外，业务外包的发包方并不与承包方的员工建立其他法律关系。而劳务派遣中派遣单位与接受派遣单位是劳务合同关系，派遣单位为接受派遣单位提供劳动力，接受派遣单位通过派遣单位向劳动者支付工资，二者与劳动者之间构成三方法律关系。

第三，业务的独立性不同。业务外包中承包方独立对工作进行安排，独立管理现场劳动者，不受发包方干预。而劳务派遣中，劳动者直接接受用工单位的管理，用工单位直接控制业务进程，派遣单位不干涉任何用工单位的业务问题。

第四，费用结算周期不同。业务外包中，发包企业按照业务进度支付相应款项。但是劳务派遣中，用工单位需按月将工资支付至派遣企业，派遣企业再及时支付给劳动者。

第五，用工范围不同。劳务派遣中，接受派遣的岗位只能是临时性、辅助性、替代性岗位，且被派遣员工不能超过用工单位劳动者总数量的10%。但是业务外包则无此要求。

第六，风险负担不同。劳务派遣的用工单位作为直接使用劳动力的一方，需承担一定的用工风险。若劳务派遣单位给劳动者造成损害的，用工单位与劳务派遣单位需承担连带赔偿责任。而劳务外包中,承包方企业的用工风险与发包企业无关,各自的用工风险完全隔离。

案例说法

案例1:以业务外包之名实行劳务派遣之实,法院认为应适用劳务派遣有关法律规范

2011年12月,某建筑公司与某劳务服务公司签订业务外包合同,某建筑公司将项目资料整理等工作内容委托给某劳务服务公司完成。双方另协议约定某劳务服务公司委托某建筑公司代发工资。2013年3月1日,娄某与某劳务服务公司签订劳动合同后,某劳务服务公司将娄某安排至某建筑公司某项目部从事资料员工作。娄某在某建筑公司工作期间直接接受某建筑公司的日常用工管理及工作安排,某建筑公司为娄某发放工资。娄某主张与某建筑公司系劳务派遣关系,请求裁定两被申请人支付同工同酬工资差额、奖金共计77,774.58元。某建筑公司答辩称其将项目资料整理、厨师、车队等业务外包给某劳务服务公司,娄某属于某劳务服务公司员工,从事工作是某劳务服务公司自某建筑公司承包的业务,与某建筑公司无劳动关系,不存在同工不同酬问题。经审查,某劳务服务公司具有劳务派遣资质。

法院认为,某建筑公司虽以业务外包合同的形式将娄某从事的项目资料整理服务工作委托给某劳务服务公司,但在履行合同期间,娄某实际上直接向某建筑公司提供劳动。某建筑公司负责对娄某进行考勤、工作指挥等日常管理工作,且以其人力资源部门确认的考勤数据、工作业绩作为向娄某发放工资的依据。某建筑公司的上述行为均具有对娄某进行直接管理的属性。同时某建筑公司与某劳务服务公司签订的关于"外包"项目的业务确认书中明确约定:项目费用标准的具体金额根据外包业务实际使用人员和天数核算。这一条款亦不符合外包合同主要以外包业务完成情况为核算标准的特点。故仲裁委根据上述情形确认娄某与两被申请人之间形成事实上的劳务派遣关系。最终仲裁委支持了娄某的主张。

【案例来源】

2017年山东省人力资源和社会保障厅、山东省劳动人事争议仲裁委员会发布2016年山东省劳动人事争议典型案例之案例二。

案例2：业务外包协议约定由发包方管理劳动者和负责已外包业务，发包方否认与劳动者存在劳动关系不能获得支持

A公司（甲方）与B公司（乙方）于2012年12月签订了档案数字化项目合同书，约定由B公司向A公司提供档案数字化加工项目需要的全部软硬件设备等内容。A公司作为乙方，北京市怀柔区档案局作为甲方，双方于2013年4月1日签订了技术服务合同，约定由A公司进行数字化加工并向该档案局提供符合加工内容及要求的加工产品，并按时完成全部的扫描加工任务等事项。A公司在签订了上述技术服务合同后将怀柔区档案局的数字化项目外包给了B公司。赫某于2013年5月与A公司冯某商谈具体工作时间和工资数额，即到怀柔区档案局从事文件电子录入工作，其在工作过程中执行标准工时制并由A的员工冯某和段某进行管理，赫某完成工作后由B公司打款支付月工资，未签订劳动合同。2014年2月，赫某接到冯某不用再到公司上班的通知。后赫某进行劳动仲裁，仲裁委员会裁决赫某和A公司自2013年5月4日至2014年2月24日存在劳动关系并由该公司支付赫某未签订劳动合同的双倍工资差额19,800元。A公司不服起诉至法院。

法院认为，A公司和北京市怀柔区档案局签订了技术服务合同后虽然主张将其承揽的数字化扫描加工等工作外包给了第三人B公司，并由B公司通过银行划账的方式向赫某支付工资。但该主张与技术服务合同中约定的由A公司进行数字化加工和按时完成全部扫描加工任务等主要内容不符，赫某入职和在完成文字录入工作过程中均由A公司指派其公司人员冯某和段某进行管理。而赫某自入职始至离职止，A公司并未告知其系由第三人支付月工资，由此造成的不利后果应当由A公司自行承担。故认定赫某和A公司存在劳动关系，鉴于A公司未依法履行与劳动者签订劳动合同的义务，故该公司应支付签订劳动合同的双倍工资差额。

【裁判文书编号】

北京市怀柔区人民法院民事判决书，(2014)怀民初字第04671号

风险应对

一、风险点：业务外包与劳务派遣的区分

劳务派遣与业务外包最显著的区分点在于何者系员工的管理主体。在劳务派遣中，被派遣员工受实际用工单位管理，而业务外包中员工由承包方进行管理。然而，在实务中，由于劳动生产工作往往需要协作，且为使具体工作能够符合承包方的要求，承包方往往需要在实际上对执行业务的工作人员进行指导管理，因此，如果承包方与发包方在合同中未明确法律关系的性质，或者承包方深度介入对执行业务的工作人员的管理，根据《劳务派遣暂行规定》第 27 条，用人单位以承揽、外包等名义，按劳务派遣用工形式使用劳动者的，按照本规定处理。如果被认定为劳务派遣关系，若工作人员因工致人损害，则承包方将因被认定为实际用人单位而承担相应责任。

【HR 防范策略】

根据实务观点，承包方如要规范外包行为，避免法律风险，就有必要退出以下领域：外包员工的招聘以及劳动合同的签订、变更、终止和解除；确定外包工作人员的资薪待遇；外包员工的日常及绩效考核管理；员工的排班、工作时间和休息休假，工作的具体安排、调度等。[①] 此外，发包方与承包方订立合同时，应当明确合同的性质，清晰说明承包方系将某业务委托由发包方负责，并妥善保存；同时，还可向法院提供薪酬发放记录等供会议记录、相关日常生产管理文件，证明发包方并未对外包员工进行管理。

二、风险点：商业秘密的保护

应当注意的风险：不同于劳动派遣，发包方进行业务外包并无明确法律规定，换言之，既不要求发包方仅在临时性、辅助性与替代性的岗位实施外包，也不限制其将整个部门或者业务外包予专业服务机构。而在实务中，将某个部门或者生产线一体外包给其他机构是较为常见的做法。然而，由于发包方并不直接管理发包员工，因此对外包员工行为的约束力和及时性相当受限。如果外包员工所从事的工作可能

---

① 参见《劳务派遣与劳务外包的 12 个实务要点》，载 https://mp. weixin. qq. com/s/mK6CxkA4HieiGYqAKwQX2w，最后访问日期：2020 年 4 月 27 日。

接触到本单位的商业秘密，兼之外包员工的流动性较强，则容易导致本单位的商业秘密外泄。

【HR 防范策略】

对此，首先，发包方应尽量将可能涉及商业秘密的业务或部门由订立劳动合同关系的劳动者负责，由本单位直接进行关系，虽然法律并未限制业务外包的实施范围，但基于稳妥起见，外包的业务应当与本单位的生产经营领域无涉或者较为边缘；其次，对于优秀的外包员工，如确需其长期工作，可以与员工和承包方协商，转为劳务派遣，或者与之订立劳动合同，既能够保护商业秘密，又能够增强用工稳定性；最后，可以在外包协议中对保密作出明确合适的约定，针对外包员工对发包企业造成的损失保留对劳务外包企业的追偿权。①

三、风险点：业务外包协议条款"劳务派遣化"

相较于劳务派遣协议，选择业务外包模式的企业，用工法律风险更小。但是，实践中，有部分企业常因业务外包协议的条款设计得不合理，导致在诉讼过程中被法院认定为"实为劳务派遣协议"，从而需要承担劳动法中用人单位的法律责任，尤其是业务外包的发包企业都不会与承包方企业签订劳动合同，但由于其业务外包协议的劳务派遣化，可能直接导致了发包企业需要承担未签订书面劳动合同的双倍工资。

【HR 防范策略】

为避免业务外包协议劳务派遣化，发包企业可以采取以下措施进行防范。

1. 业务外包协议中应当避免出现类似于直接管理现场承包方员工或其他用工管理的条款，尤其不能要求承包方员工遵守发包企业的规章制度、日常遵守发包企业的打卡考勤制度、发包方可以对外包员工进行违纪处罚等条款。

2. 业务外包协议条款不能出现发包企业承办发包业务的条款，不能直接干预承包企业对业务的管理。

3. 结算条款。业务外包协议的结算条款应尽量按照业务办理进度支付，双方可约定以验收合格作为支付的前提条件，验收标准可以作为合同附件。业务外包协议

---

① 参见《劳务派遣与劳务外包区别及风险防范》，载 https://mp. weixin. qq. com/s/BsoE__zOMHiCTLhF8NP-_g，最后访问日期：2020 年 4 月 27 日。

中切勿约定按照承包方“人数”支付，支付周期也尽量避免“按月定时”支付等。

4. 严格监督承包方与其员工签订劳动合同和办理社保情况。

操作指引

企业的业务外包流程及如何管控风险①

1. 拟定业务外包方案

企业制定业务外包方案环节时，要注意结合企业的生产计划和预算进行考虑。制定业务外包方案首先应建立或完善企业的业务外包管理制度，为业务外包提供制度支撑；其次，要明确业务外包的范围，不宜将企业的主营业务或核心业务外包；再次，要确定业务外包的方式、程序、条件、期限等；最后，深入评估业务外包的可行性，成本效益等，并根据评估结果对业务外包方案进行修正。

2. 审核并通过业务外包方案

审核业务外包方案环节最重要的就是要明确审核主体及职权、审核范围、审核程序以及审核内容。在审核程序开始之前应设立或完善审核批准制度；确定审核主体及审核权限，一些重大分包项目也应将财会人员纳入审核主体范围；应重点审核业务分包的成本与收益。

3. 确定承包方

确定承包方时应对承包方做背景调查，重点审查其资质、经营实力、有无项目经验、商业信誉程度等。必要时，可采用招标的形式进行选择合作对象。

4. 签订业务外包协议

除上文提到的业务外包协议应避免发包企业对承包方员工直接管理、直接插手发包业务外，业务外包协议还应明确发包企业和承包企业的权利义务、违约责任、结算条款、验收标准以及合理控制发包成本等。

5. 履行业务外包协议

双方应认真执行业务外包协议的内容，发包企业应督促承包方按照协议约定履

---

① 参见金恒内控：《企业十八项指引——第十三项_业务外包》，载微信公众号“金恒内控”2022 年 4 月 30 日，https://mp. weixin. qq. com/s/gEJ1HGQPii5_DtXfJhETJQ。

行义务。委派专门人员负责与承包方对接，建立良好的沟通协调机制，这也是确保协议顺利履行的一种良策。

6. 验收

为确保外包业务最终顺利验收，企业应对承包方采取动态管理方式，对承包方开展日常绩效评价和定期考核，并建立监控制度和应急方案。一旦发现承包方履行行为有违协议约定或损害发包方利益，发包方应及时反馈沟通，如承包方确实无法继续履行协议，发包方应及时启动应急计划，确保外包业务能顺利完成。

法条链接

1.《劳务派遣暂行规定》

第二十七条 用人单位以承揽、外包等名义，按劳务派遣用工形式使用劳动者的，按照本规定处理。

2.《劳动和社会保障部关于确立劳动关系有关事项的通知》

第四条 建筑施工、矿山企业等用人单位将工程（业务）或经营权发包给不具备用工主体资格的组织或自然人，对该组织或自然人招用的劳动者，由具备用工主体资格的发包方承担用工主体责任。

第四节 外国人就业

实务精讲

一、外国人入职的条件

用人单位招聘外国人需要的条件如下：

（1）用人单位聘用外国人须为该外国人申请就业许可，经获准并取得《中华人民共和国外国人就业许可证书》（以下简称许可证书）后方可聘用。

（2）用人单位聘用外国人从事的岗位应是有特殊需要的岗位，国内暂缺适当人选，且不违反国家有关规定的岗位，用人单位一般不得聘用外国人从事营业性文艺演出。

(3)用人单位聘用外国人，须填写《聘用外国人就业申请表》(以下简称申请表)，向其与劳动行政主管部门同级的行业主管部门(以下简称行业主管部门)提出申请，并提供下列有效文件：

①拟聘用外国人履历证明；

②聘用意向书；

③拟聘用外国人原因的报告；

④拟聘用的外国人从事该项工作的资格证明；

⑤拟聘用的外国人健康状况证明；

⑥法律、法规规定的其他文件。

(4)经行业主管部门批准后，用人单位应持申请表到本单位所在地区的省、自治区、直辖市劳动行政部门或其授权的地市级劳动行政部门办理核准手续。省、自治区、直辖市劳动行政部门或授权的地级市劳动行政部门应指定专门机构(以下简称发证机关)具体负责签发许可证书工作。发证机关应根据行业主管部门的意见和劳动力市场的需求状况进行核准，并在核准后向用人单位签发许可证书。

(5)中央级用人单位、无行业主管部门的用人单位聘用外国人，可直接到劳动行政部门发证机关提出申请和办理就业许可手续。

(6)外商投资企业聘雇外国人，无须行业主管部门审批，可凭合同、章程、批准证书、营业执照和《外国人在中国就业管理规定》第 11 条所规定的文件直接到劳动行政部门发证机关申领许可证书。

(7)获准聘用外国人的用人单位，须由被授权单位向拟聘用的外国人发出通知签证函及许可证书，不得直接向拟聘用的外国人发出许可证书。

二、用人单位招聘外国员工的要求

现在用人单位招聘外国人入职已经非常的常见，但是对这些外国人来说，他们所在的国家与我国在社会的各个方面都是有一定差别的，所以为了能够更好地管理这些外国人，国家出台了相关的外籍人员入职的法律。如《出境入境管理法》《外国人入境出境管理条例》《外国人在中国就业管理规定》等。根据相关法律法规规定，用人单位招聘外国人应做到以下几个方面。

第一,外国人在中国就业必须三证齐全。《出境入境管理法》第 41 条第 1 款规定:“外国人在中国境内工作,应当按照规定取得工作许可和工作类居留证件。任何单位和个人不得聘用未取得工作许可和工作类居留证件的外国人。”《外国人在中国就业管理规定》第 8 条第 1 款规定:“在中国就业的外国人应持 Z 字签证入境(有互免签证协议的,按协议办理),入境后取得《外国人就业证》(以下简称就业证)和外国人居留证件,方可在中国境内就业。”外国人在本国时,要在中国驻本国大使馆办理职业签证,来到中国后,再到当地劳动部门办理就业证,最后到公安部门办理居留证。上述三证齐全后,才能到有聘用外国人资质的单位去工作。

第二,外国人在中国境内就业必须满足法定条件。《外国人在中国就业管理规定》第 7 条规定:“外国人在中国就业须具备下列条件:(一)年满 18 周岁,身体健康;(二)具有从事其工作所必须的专业技能和相应的工作经历;(三)无犯罪记录;(四)有确定的聘用单位;(五)持有有效护照或能代替护照的其他国际旅行证件。”第 6 条规定:“用人单位聘用外国人从事的岗位应是有特殊需要,国内暂缺适当人选,且不违反国家有关规定的岗位。用人单位不得聘用外国人从事营业性文艺演出,但符合本规定第九条第三项规定的人员除外。”可见,就业的岗位必须属于有特殊需求、国内暂缺适当人员的岗位,同时必须满足年满 18 周岁、身体健康、具有从事相关岗位必需的专业技能和工作经历、无犯罪记录、持有有效护照或其他国际旅行证件等要求。

第三,用人单位的主体资格。《外国人在中国就业管理规定》第 33 条规定:“禁止个体经济组织和公民个人聘用外国人。”可见,聘用外国人的用人单位必须是依法设立的企业法人、社团法人、民办非企业单位等,中国境内的个体经济组织和公民个人不得聘用外国人。

第四,用人单位须提供符合法律规定的工作条件、福利待遇、缴交社会保险等。用人单位必须依法与所聘任外国人签订《劳动合同》,但最长期限不超过 5 年,合同期满后须履行审批手续后方可续签。用人单位支付所聘用外国人的工资不得低于当地最低工资标准。外国人在中国就业的工作时间、休息休假、劳动安全卫生以及社会保险按国家有关规定执行。

第五,用人单位应当为外国人就业办理合法手续。用人单位如聘用外国员工,首先要向劳动部门申请,取得用人资质。娱乐场所聘用外国员工,要向当地文化部门申请。办理许可等相关手续时,在公安机关登记的时限一般是 1 年,过期后需要办理延期手续,否则属于非法。

如果属于临时性演出,可以不用办理就业许可,只须到相关部门备案即可。

三、用人单位非法招聘外国人的法律后果

《出境入境管理法》第 43 条规定:“外国人有下列行为之一的,属于非法就业:(一)未按照规定取得工作许可和工作类居留证件在中国境内工作的;(二)超出工作许可限定范围在中国境内工作的;(三)外国留学生违反勤工助学管理规定,超出规定的岗位范围或者时限在中国境内工作的。”

如果外国人非法就业的,可以处 5000 元以上 2 万元以下罚款;如果非法就业情节严重的,处 5 日以上 15 日以下拘留,并处 5000 元以上 2 万元以下罚款。

如果用人单位非法聘用外国人的,可以处每非法聘用一人 1 万元,总额不超过 10 万元的罚款;有违法所得的,没收违法所得。

案例说法

案例 1:用人单位非法招聘外国人,用人单位和外国人均受到相应的行政处罚

爱尔兰籍男子 K. N.(化名),现年 24 岁,大学本科文化,持有普通护照,受聘于慈利县某学校担任外教。通过 K. N. 的陈述及慈利县某英语培训学校老师杨某、张家界市永定区某培训学校负责人田某的证词,民警查实自 2018 年 3 月以来,K. N. 未取得工作许可证跨区域先后 4 次到张家界永定区某培训学校非法进行助教的违法事实,K. N. 的行为已构成非法就业。张家界市永定区某培训学校负责人田某,现年 35 岁,大学本科文化。通过田某本人陈述及慈利县某英语培训学校老师杨某、外教 K. N. 的证词,证实了自 2018 年 3 月以来,田某先后 4 次非法聘用外国人 K. N. 到张家界市永定区某培训学校进行助教的违法事实。

2019 年 1 月,湖南省慈利县公安局根据《出境入境管理法》第 80 条规定和《行政处罚法》第 31 条规定,对非法就业的爱尔兰籍男子 K. N. 给予相应的行政处罚;田某的行为涉嫌非法招聘外国人,根据《出境入境管理法》第 80 条规定和《行政处罚法》第 31 条规定,同样给予非法招聘外国人的某英语培训学校负责人田某相应的行政处罚。

案例2:非法聘用外国人就业,广西鹿寨一企业领万元罚单[①]

2021年11月,广西鹿寨警方接到群众举报,有外国籍人员在鹿寨县鹿寨镇某木业公司非法务工。掌握该情况后,11月9日,鹿寨县公安局立即出动警力对该木业公司进行全面清查。经清查,发现一名东南亚某国籍女子在该公司务工,鹿寨警方遂将该外国籍女子及该公司法定代表人传唤至县公安局进行调查。经调查,该名外国籍女子梅某为东南亚某国人,初中文化程度,护照有效期至2026年3月18日,签证种类为居留许可,居留事由为团聚。梅某自2018年12月18日持普通护照进入中国境内后跟随其丈夫莫某在贵州省荔波市居住生活,2020年9月和其丈夫莫某从贵州省荔波市来到广西鹿寨县某木业公司打工,主要从事木板加工的流水线工作,直至被鹿寨县警方查获。

梅某在未取得工作许可和工作类居留证件的情况下在鹿寨县某木业有限公司务工,违反了《出境入境管理法》第41条、第43条之规定,构成非法就业。根据《出境入境管理法》第80条第1款之规定,鹿寨县公安局于2021年11月10日对违法行为人梅某处以行政拘留10日,并处罚款1万元的处罚。

其就业的鹿寨县某木业有限公司聘用未取得工作许可和工作类居留证件的外国人,违反了《出境入境管理法》第41条之规定,构成非法聘用。根据《出境入境管理法》第80条第3款之规定,鹿寨县公安局依法对非法聘用梅某的鹿寨县某木业有限公司处以罚款1万元的处罚。

风险应对

一、风险点:外国人入职风险

用人单位招聘外国人,有以下法律风险。

第一,手续烦琐,条件严格。根据目前政策规定,外国人到中国就业需同时持有外国人就业证和外国人居留证,方可构成合法就业。而外国人就业证的办理须先由

① 参见柳州警方:《非法聘用外国人就业,广西鹿寨一企业领万元罚单!》,载微信公众号"柳州警方官方"2022年3月16日,https://mp.weixin.qq.com/s/orDJ2vhdTKn_dqj6GhNQtg。

用人单位向市人社局申请就业许可证书，获得批准后再由外籍员工持就业许可书等材料向外国驻该国领事馆申请职业签证，外国人入境后须在法定期限内申办外国人就业证及居留证件，如逾期未办，则相关证件失效，该外国人员工面临驱逐出境的风险。

第二，社会保险负担。用人单位招聘外国人，需要为外国人缴纳五项保险，如果不缴纳，则同样适用劳动法规，面临追责的法律风险。而且，由于外籍员工实发工资普遍高于当地政府规定的社会保险缴费基数的最高限额，导致其实发工资与社保缴费之间存在一个很大的差额，该部分将无法通过社会保险基金予以报销，因此，用人单位不得不将负担此笔高额的社保差额费用。

第三，非法招聘外国人的法律后果严重。根据相关规定，如果用人单位构成了非法聘用外国人行为，将面临最高 10 万元的罚款等处罚措施。

【HR 防范策略】

用人单位聘用外国人时，一定要严格遵守相关法律法规，最大限度降低因违法用工可能产生的法律风险，应做到以下三点。

第一，遵守法律法规。一些用人单位未严格为其雇佣的外国员工办理就业手续，致使在出现劳动争议时外国员工与用人单位的劳动关系无法确定，导致用人单位承担相应法律责任。故用人单位聘用外国人工作时务必遵守相关法律规定，切莫抱着侥幸心理不办理手续。

第二，审慎审查义务。用人单位应当审慎对待雇用外国人的每一个步骤，认真核实外国人的各类信息，包括为外国人出具内容真实的邀请函件，及时为外国人办理就业证和居留证等，在确保单位自身取得合法手续后也要留心聘用外国人是否具备相应的工作资质。

第三，做好日常审核。用人单位也应当格外注意对外籍员工的日常管理，以确保雇用外国人的相关文件齐全、有效。就就业证而言，用人单位应注意相关情形并及时办理就业证的延期、变更、挂失等；就居留证而言，外国人的就业证获延期或变更的，应在 10 日内到公安机关相应办理居留证件的延期或变更。

二、风险点：非法招聘外国人

非法聘用外国人，用人单位需要承担行政处罚责任，外国人被遣送出境的，聘用单位还需要承担遣送费。用人单位违反《出境入境管理法》的规定，违法招录外国人工作的，构成非法就业的，按照《出境入境管理法》第 80 条需要承担行政处罚责任。用人单位每非法聘用一人处 1 万元罚款，总额不超过 10 万元的罚款；有违法所得的，没收违法所得。《外国人入境出境管理条例》第 32 条还规定了外国人被遣送出境的，非法聘用外国人的雇主应承担相应遣送费。

【HR 防范策略】

用人单位聘请外国人工作时，应严格审查外国人是否持有工作许可证和工作居留证，是否超过工作许可证范围工作。一般来说，工作许可证上的工作单位必须与聘用单位一致，否则可能构成非法用工。留学生实习的，用人单位也应审查其是否超过勤工助学规定，超过岗位范围和时间范围在中国境内工作。

操作指引

外国人入职的手续

用人单位招聘外国人，不仅用人单位需要具备相应的条件，其所招聘的外国人也应该办理相应的入职手续。

第一，办理居留登记表。外国人依法进入中国境内的第一天就应到所在城市派出所办理临时居留登记。

第二，体检。提交由中国检验检疫机构出具的境外人员体格检查记录验证证明或健康检查证明书，或经中国检验检疫机构认可的境外卫生医疗机构出具的体检证明，签发时间均在 6 个月内。法定体检检查项目包括常规的临床医学检查和实验室检验。临床医学检查项目包括内科、外科、眼科、X 线检查、心电图；实验室检查项目包括艾滋病抗体、性病（梅毒）。

第三，申领工作许可证。外国人入境前，拟聘用单位应为外国人办理外国人工作许可证，获准聘用该外国人的用人单位，应凭人力保障部门签发的外国人工作许可证书，到人民政府外事办公室办理通知签证函电；外国人再携带相关材料到中国驻外使、领馆处办理职业签证。外国人工作许可证只在发证机关规定的区域内有效。① 外国人入境后,外国人持有关材料到外国专家管理局为该外国人申领外国人工作证。一般需携带外国人来华工作许可申请表、体检报告、申请人所持签证(Z 字或 R 字)或有效居留许可、聘用合同等。

第四,办理居住证。外国人成功申领工作证之后,应到公安部门办理居住证。办理居住证需要持 Z 字签证;应当提交当地人力资源和社会保障、外国专家等主管部门出具的工作许可证明以及工作单位出具的证明函件;填写申请表并提交证件照等其他申请材料。一般来说,工作类居留可以签发居留期不超过 1 年的居留证件。

法条链接

1.《出境入境管理法》

第四十一条第一款 外国人在中国境内工作,应当按照规定取得工作许可和工作类居留证件。任何单位和个人不得聘用未取得工作许可和工作类居留证件的外国人。

第四十三条 外国人有下列行为之一的,属于非法就业:

(一)未按照规定取得工作许可和工作类居留证件在中国境内工作的;

(二)超出工作许可限定范围在中国境内工作的;

(三)外国留学生违反勤工助学管理规定,超出规定的岗位范围或者时限在中国境内工作的。

第四十五条第一款 聘用外国人工作或者招收外国留学生的单位,应当按照规定向所在地公安机关报告有关信息。

第八十条 外国人非法就业的,处五千元以上二万元以下罚款;情节严重的,处五日以上十五日以下拘留,并处五千元以上二万元以下罚款。

介绍外国人非法就业的,对个人处每非法介绍一人五千元,总额不超过五万元的罚款;对单位处每非法介绍一人五千元,总额不超过十万元的罚款;有违法所得的,没收违法所得。

---

① 参见仇少明:《劳动争议审判大数据应用指南——“后劳动法时代”HR 必备》,中国法制出版社 2016 年版,第 3 页。

非法聘用外国人的，处每非法聘用一人一万元，总额不超过十万元的罚款；有违法所得的，没收违法所得。

2.《社会保险法》

第九十七条 外国人在中国境内就业的，参照本法规定参加社会保险。

3.《外国人在中国就业管理规定》

第十七条 用人单位与被聘用的外国人应依法订立劳动合同。劳动合同的期限最长不得超过五年。劳动合同期限届满即行终止，但按本规定第十八条的规定履行审批手续后可以续订。

第二十一条 用人单位支付所聘用外国人的工资不得低于当地最低工资标准。

第二十二条 在中国就业的外国人的工作时间、休息休假、劳动安全卫生以及社会保险按国家有关规定执行。

4.《外国人入境出境管理条例》

第二十六条 聘用外国人工作或者招收外国留学生的单位，发现有下列情形之一的，应当及时向所在地县级以上地方人民政府公安机关出入境管理机构报告：

（一）聘用的外国人离职或者变更工作地域的；

（二）招收的外国留学生毕业、结业、肄业、退学，离开原招收单位的；

（三）聘用的外国人、招收的外国留学生违反出境入境管理规定的；

（四）聘用的外国人、招收的外国留学生出现死亡、失踪等情形的。

第三十二条第一款 外国人被遣送出境所需的费用由本人承担。本人无力承担的，属于非法就业的，由非法聘用的单位、个人承担；属于其他情形的，由对外国人在中国境内停留居留提供保证措施的单位或者个人承担。

5.《在中国境内就业的外国人参加社会保险暂行办法》

第四条 用人单位招用外国人的，应当自办理就业证件之日起30日内为其办理社会保险登记。

受境外雇主派遣到境内工作单位工作的外国人，应当由境内工作单位按照前款规定为其办理社会保险登记。

依法办理外国人就业证件的机构，应当及时将外国人来华就业的相关信息通报当地社会保险经办机构。社会保险经办机构应当定期向相关机构查询外国人办理就业证件的情况。

文书工具

《外国人就业申请表》【见书尾文书,文书编号:NO. 14】

第五节　招录在校学生

实务精讲

一、招录在校生的概念

在校生就是指在学校就读的学生。实践中很多企业热衷于招聘在读学生,一是因为大学生人数众多,招聘较为方便;二是因为企业一般以"实习名义"招聘在读学生,所需支付的薪水相对较低,可以减少用工成本;三是有些用人单位错误地认为所招聘大学生不属于劳动法保护的劳动者,用人单位能够灵活地召之即来,挥之即去,不用承担任何法律责任。

二、关于在校生与用工单位是否建立了劳动关系

在校生到企业工作的形式有多种,根据各种不同的形式,分析他们是否与用工单位建立了劳动关系。

1. 勤工俭学。在校生利用业余时间勤工助学,不视为就业,未建立劳动关系。在校学生的主要任务是完成学业,勤工俭学只能在课余时间进行,不能与用工单位建立较为长期稳定的全日制劳动关系。

2. 实习。实习是学生专业培养和教学计划的一部分,且不以获取劳动报酬为目的,无论是学校组织的还是个人联系的实习,一般不应将其办公视为劳动关系。根据相关法律规定,大学生到企业去实习是教学的一个组成部分,是一种培训性质的实习,不能算是一种用工行为,实习生与公司没有形成劳动关系,公司没有义务按照法律规定支付工资,一些公司愿意提供给实习生一定的劳动报酬,但这不属于企业支付的工资,而是企业给实习生的一种生活补助或补贴。同时,根据原劳动部发布

的《关于贯彻执行〈中华人民共和国劳动法〉若干问题的意见》第 12 条的规定，在校生利用业余时间勤工助学，不视为就业，未建立劳动关系，可以不签订劳动合同。

3. 准毕业就业。首先界定其是否属于实习，若不属于实习则可参照劳动关系的认定标准，看其是否符合劳动关系的要件，对符合劳动关系要件的用工关系应当认定为劳动关系。

4. 就业见习。就业见习是政府对毕业生的一项就业扶助措施，毕业生从用工单位处获取的并非劳动报酬，而是由政府提供财政支持的生活补助。此种用工形式虽然与劳动关系有相似之处，但不应当被界定为劳动关系。

案例说法

案例 1：应届毕业生签订劳动合同有效，用人单位解除合同属违法解除

原告郭某系江苏广播电视大学（南京市莫愁中等专业学校办学点）药学专业 2008 届毕业生，于 2008 年 7 月毕业。2007 年 10 月 26 日原告郭某向被告×××大药房连锁有限公司（以下简称×××公司）进行求职登记，并在被告×××公司的求职人员登记表中登记其为南京市莫愁职业高级中学 2008 届毕业生，2007 年是其实习年。2007 年 10 月 30 日原告与被告签订劳动合同书一份，期限为 3 年，从 2007 年 10 月 30 日起至 2010 年 12 月 30 日止；其中试用期 60 天，从 2007 年 10 月 30 日起至 2007 年 12 月 30 日止。合同还约定，录用条件之一为具备中专或中专以上学历；原告从事营业员工作；试用期满后月工资收入不少于 900 元，试用期工资标准不低于同工种同岗位职工工资的 80% 等。2008 年 7 月 21 日，被告向南京市白下区劳动争议仲裁委员会提出仲裁申请，请求确认其与原告之间的劳动关系不成立。南京市白下区劳动争议仲裁委员会经审查，依据原劳动部发布的《关于贯彻执行〈中华人民共和国劳动法〉若干问题的意见》，于 2008 年 8 月 19 日作出仲裁决定，以原告系在校学生，不符合就业条件，不具有建立劳动关系的主体资格，在校学生勤工助学或实习与用人单位之间的关系不属于《劳动法》的调整范围，故被告与原告之间的争议，不属于劳动争议处理范围为由，决定终结被告诉原告的仲裁活动，并于 2008 年 8 月 27 日送达了仲裁决定书。原告对此不服，认为原告、被告之间存在劳动关系，双方签订的劳动合同真实、合法、有效，于是向江苏省南京市白下区人民法院提起诉讼，请求法院判决确认原告、被告之间的劳动合同有效。

一审法院认定,本案争议焦点:原告郭某与被告×××公司签订的劳动合同是否有效。第一,判断原告郭某与被告×××公司签订的劳动合同是否有效,原告郭某是否具备劳动关系的主体资格。原告与被告×××公司签订劳动合同时已年满18周岁,符合《劳动法》规定的就业年龄,具备与用工单位建立劳动关系的行为能力和责任能力。原劳动部发布的《关于贯彻执行〈中华人民共和国劳动法〉若干问题的意见》第4条并未将在校学生排除在外,学生身份并不当然限制郭某作为普通劳动者加入劳动力群体。该意见第12条规定仅适用于在校生勤工助学的行为,并不能由此否定在校生的劳动权利,推定出在校生不具备劳动关系的主体资格。综上所述,法律并无明文规定在校生不具备劳动关系的主体资格,故原告能够成为劳动关系的主体。第二,原告郭某于被告×××公司处劳动的行为不属于该意见第12条规定的情形。该条规定针对的是学生仍以在校学习为主,不以就业为目的,利用业余时间在单位进行社会实践打工补贴学费、生活费的情形。郭某登记求职时,已完成了全部学习任务,明确向×××公司表达了求职就业愿望,双方签订了劳动合同书。郭某在与×××公司签订劳动合同后,亦按照规定内容为×××公司付出劳动,×××公司向郭某支付劳动报酬,并对其进行管理,这完全符合劳动关系的本质特征。故×××公司辩称双方系实习关系的理由不能成立。第三,原告郭某签约时虽不具备被告×××公司要求的录用条件,但郭某填写×××公司求职人员登记表时,明确告知了×××公司其系2008届毕业生,2007年是学校规定的实习年,自己可以正常上班,但尚未毕业。×××公司对此情形完全知晓,双方在此基础上就应聘、录用达成一致意见,签订劳动合同。因此,劳动合同的签订是双方的真实意思表示,不存在欺诈、隐瞒事实或胁迫等情形,也没有违反法律、行政法规的规定,且郭某已于2008年7月取得毕业证书,×××公司辩称郭某不符合录用条件的理由亦不能成立。故一审法院于2008年11月18日判决:原告郭某与被告×××公司于2007年10月30日签订的劳动合同有效。

南京市中级人民法院二审认为,实习是以学习为目的,到相关单位参加社会实践,没有工资,不存在由实习生与单位签订劳动合同、明确岗位、报酬、福利待遇等情形。本案中,被上诉人郭某虽于2008年7月毕业,但其在2007年10月26日明确向上诉人×××公司表达了求职就业愿望,并进行了求职登记,求职人员登记表中登记其为2008届毕业生,2007年是其实习年。2007年10月30日郭某与×××公司自愿签订了劳动合同。×××公司对郭某的情况完全知情，双方在此基础上就应聘、录用达成一致意见，签订了劳动合同，而且明确了岗位、报酬，该情形不应视为实习。郭某与×××公司签订劳动合同时已年满18周岁，符合《劳动法》规定的就业年龄，具备与用工单位建立劳动关系的行为能力和责任能力。《关于贯彻执行〈中华人民共和国劳动法〉若干问题的意见》第12条不能推定出在校生不具备劳动关系的主体资格。故上诉人的上述理由不能成立。遂判决驳回上诉，维持原判。

【裁判文书来源】

《中华人民共和国最高人民法院公报》2010年第6期(总第163期)

案例2:大学生发生工伤事故，由用人单位承担工伤待遇赔偿

被告胡某某于2012年10月到安康学院中药制药技术专业学习，于2015年7月1日毕业。2015年3月28日，被告胡某某经人介绍开始在原告榆林市某建筑工程有限责任公司(以下简称某公司)上班，工种为电工。2015年3月31日，被告在安装灯泡时掉下受伤，被告受伤后在府谷县人民医院住院治疗40天，住院期间原告支付了4万元医疗费，其余医疗费由被告支付，前三次住院的住院伙食费由原告支付。被告申请劳动仲裁，府谷县劳动争议仲裁委员会于2016年4月25日作出的府劳仲案字(2016)26号裁决书，裁决原告、被告存在劳动关系，后被告申请工伤认定和劳动能力鉴定，榆林市人力资源和社会保障局于2016年6月30日作出榆人社伤险认决字〔2016〕第759号工伤认定决定书，认定被告属于工伤；府谷县劳动争议仲裁委员会于2017年5月25日作出的府劳仲案字(2017)29号裁决书，裁决原告、被告解除劳动关系，确定原告应支付被告工伤待遇等费用。

一审法院认为，被告作为即将毕业的大学生，以就业为目的，经人介绍到原告公司上班，虽未与原告签订劳动合同，但接受用人单位(原告)管理，并付出劳动；原告雇用电工，未对被告的身份和专业技能进行核实、考核、检验，即让被告参与实际工作，双方形成劳动关系，府谷县劳动争议仲裁委员会裁决原告、被告存在劳动关系正确。据此，一审法院判决原告支付被告工伤待遇等费用共计288,152.17元。

【裁判文书编号】

陕西省府谷县人民法院民事判决书，(2017)陕0822民初1839号

案例 3：单位与实习生之间存在雇佣关系，实习生发生事故时，用人单位需负赔偿责任

姚某系安徽经济管理干部学院物业管理专业 2010 级学生。2013 年 3 月 4 日，姚某（乙方）与 × × × 物业服务有限公司合肥分公司（甲方）签订应届毕业生实习协议书，约定：甲方为乙方提供在安全部门实习的机会，实习期限为 3 个月，从 2013 年 3 月 4 日起至 2013 年 6 月 30 日止。甲方不保证乙方享有员工的一切权利，甲乙之间也不形成劳动关系。2013 年 5 月 10 日 24 时 40 分左右，姚某在 × × × 物业服务有限公司合肥分公司的售楼部巡逻时，听到位于该售楼部二楼的烟感消防报警器发出警报声，就上前查看是否有火灾发生，在确认没有燃烧迹象后就搬了木梯去检查报警器，因梯子支撑不稳致姚某摔下，姚某在身体下落过程中用手去抓旁边的镀锌板，致手被割伤。姚某自安徽经济管理干部学院的毕业时间为 2013 年 7 月 1 日。2013 年 8 月 18 日，司法鉴定所鉴定认为被鉴定人姚某因外伤致右手功能丧失达双手功能 5% 以上，属十级伤残。

一审法院认为，双方签订实习协议后，姚某在 × × × 物业服务有限公司合肥分公司的售楼部从事安全员的工作，负责所在区域的安保，× × × 物业服务有限公司合肥分公司按照每天 50 元的标准支付报酬并提供宿舍，双方事实上形成了雇佣关系，双方签订的保密协议也进一步证实了双方雇佣关系的存在。姚某在值班过程中为查看发生故障的烟感报警器致伤，× × × 物业服务有限公司合肥分公司作为雇主对姚某的损失应当承担赔偿责任。攀爬木梯时应有他人辅助并扶稳，这是一般人都应当知道的生活常识，姚某作为一个物业管理专业即将毕业的学生，应当具备更强的安全意识和专业技能，却违反了基本的操作规范，独自一人攀爬木梯致跌落并受伤，其自身过失也是导致损害结果发生的直接原因之一，因此应适当减轻 × × × 物业服务有限公司合肥分公司的赔偿责任，一审法院酌定 × × × 物业服务有限公司合肥分公司对姚某的损失承担 80% 的赔偿责任。一审法院最终判决 × × × 物业服务有限公司合肥分公司一次性赔偿姚某各项损失共计 53，200 元。

二审法院认为，姚某与 × × × 物业服务有限公司合肥分公司签订实习协议，约定姚某到该公司售楼部从事安全员的工作，负责所在区域的安保，由 × × × 物业服务有限公司合肥分公司按照每天 50 元的标准支付报酬并提供宿舍，应当认定双方之间存在雇佣关系。姚某在工作过程中受伤，× × × 物业服务有限公司合肥分公司应当承担赔偿责任。原审法院综合考虑姚某自身对损害的发生存在一定过错，确定由×××物业服务有限公司合肥分公司对姚某的损失承担80%的赔偿责任,并无不当。×××物业服务有限公司合肥分公司上诉认为姚某所在的安徽经济管理干部学院存在过错亦应承担责任,但未提供证据证明姚某系由该校指派至×××物业服务有限公司合肥分公司实习,因安徽经济管理干部学院对姚某的损害发生并无过错,×××物业服务有限公司合肥分公司上诉主张该校应承担一定责任的理由不能成立,二审法院不予支持。据此,二审法院判决撤销原判决,×××物业服务有限公司合肥分公司于本判决生效之日起10日内赔偿姚某各项损失46,358.04元。

【裁判文书编号】

安徽省合肥市中级人民法院民事判决书,(2014)合民一终字第02304号

安徽省合肥市蜀山区人民法院民事判决书,(2014)蜀民一初字第01147号

风险应对

一、风险点:招录实习生的风险

实习生进入用人单位的目的在于实习,原劳动部发布的《关于贯彻执行〈中华人民共和国劳动法〉若干问题的意见》中有明确的规定,在校生利用业余时间勤工助学,不视为就业,未建立劳动关系,可以不签订劳动合同。在校生并非基于建立劳动关系的目的而到用人单位处工作,因此,不受劳动法律法规的调整。但是,在校生从事用人单位授权事宜内的活动,为用人单位提供劳动,应当属于雇佣关系。用人单位作为雇主,对实习生也应当承担相应的法律义务,故也存在相当的法律风险。

【HR防范策略】

用人单位招用实习生虽然不成立劳动合同关系,但会被认定为雇佣关系。用人单位作为雇主,仍应承担相应的赔偿责任。因为无法给实习生购买社会保险,用人单位在雇佣关系中的法律风险事实上较劳动关系中要大。因此,用人单位在招用实习生时应特别小心。

第一,要对实习生主体进行确认。法律未对实习生的概念进行明确界定,但实习生一般包括两类人员,一是中等职业学校或普通高等教育学院组织到企业等用人单位实习的在校学生,二是利用业余时间勤工助学的在校生。若实习人员不属于在校学生而实习单位不能证明已尽审查义务,则自用工之日视为双方已建立劳动合同

关系。因此，用人单位在与实习生签约时应注意核实在校学生主体的证明文件，并留存复印件。

第二，要注意实习协议中的条款。由于用人单位与实习生之间不属于劳动合同关系，因此双方关系不受《劳动法》或《劳动合同法》的调整，如无须遵守最低工资标准、缴纳社会保险、加班支付加班工资等规定。报酬和实习方式等均以双方协议约定为准。因此，首先应注意实习协议的报酬金额、支付方式、实习时间等约定明确，实习截止日期应在毕业日期之前；另外，根据教育部规章的要求，每天实习时间不要超过 8 小时、不要安排实习生从事高危作业等。

第三，要注意保险缴纳问题。虽然实习生在工作期间发生伤亡事故，实习单位无须进行工伤认定，但并不代表实习单位没有赔偿责任。实际上，实习单位与实习生为雇主与雇员的关系，若实习生出现事故，实习单位仍具有一定的赔偿义务。因此为分散和转移该法律风险，若学校安排的实习，应要求学校确认已为所有实习生缴纳人身意外险；若属勤工助学的，也可要求其出具学校已缴纳意外险凭证。另外实习单位也可考虑为危险性较高的岗位缴纳人身意外险。

第四，要注意实习学生毕业日期，对拟留用的及时签署书面劳动合同。若实习生毕业后仍在实习单位实习，实习单位与其之间将自实习生毕业之日起视为建立劳动合同关系，实习单位应承担劳动法律法规规定的义务，如未签订书面劳动合同支付双倍工资的义务等。因此一方面可在实习协议中约定：实习生应于乙方毕业前，提前 1 个月通知实习单位；另一方面实习单位应及时跟进实习生毕业情况处理。

二、风险点：招录以就业为目的的在校生的风险

在司法实践中，用人单位明知在校生的身份，仍与其建立以就业为目的的劳动合同，在校生提供劳动，由用人单位发放劳动报酬和管理，并办理了入职手续的，一般都会被认定双方之间建立了劳动关系。若用人单位随意解除双方之间的劳动关系，可能被法院认定违法解除劳动合同关系，从而需要承担赔偿金。此外，招聘在校生还有一个工伤赔偿责任的法律风险。因为在校大学生的身份，用人单位无法为其购买工伤保险，这意味着如果在校大学生工作期间发生工伤，因为没有社保基金的赔付，所有工伤赔偿责任将由用人单位承担。

【HR 防范策略】

其一，用人单位若非必要，尽量不要招收在读大学生。在招聘中发现疑似大学

生的求职者,应让其提供毕业证和学位证书供用人单位查验,这样才能避免招录到尚未毕业的大学生;其二,如果招录大学生是必要的,应与在读大学生及其学校签订三方协议,确保三方的权利义务按照三方协议进行,这才可以尽量避免用工过程中的风险。

疑难解答

一、如何认定在校生与用人单位之间签订的劳动合同是否有效?

认定在校生与单位签订的劳动合同是否有效,关键要看劳动者的实际情况及劳动合同约定内容。

符合求职就业条件应有劳动主体资格,《关于贯彻执行〈中华人民共和国劳动法〉若干问题的意见》第12条规定:"在校生利用业余时间勤工助学,不视为就业,未建立劳动关系,可以不签订劳动合同。"该条规定针对的是学生仍以在校学习为主,不以就业为目的,只是利用业余时间进行社会实践或打零散工的情形,但并没有否定在校学生的劳动主体资格。此外,相关法规也明确规定了不适用劳动法的主体范围,其中有公务员和比照公务员制度的事业组织和社会团体的工作人员,以及农村劳动者、现役军人和家庭保姆,并未将在校学生罗列在内。所以,在校生只要在签订劳动合同时已经年满16周岁,已具备面向社会求职和就业的条件,应具有劳动主体资格。

如果在校生已完成了全部学习任务,向单位明确了求职就业愿望,双方签订了内容全面的劳动合同,劳动者按合同约定按时上班为单位付出自己的劳动,单位也按合同约定对在校生进行管理。在此情况下,单位明知劳动者为在校学生而与之建立劳动关系,应当认定劳动者与单位签订的劳动合同是合法有效的。

二、用人单位聘用在校学生能否转移用工风险?

现在越来越多的单位由于工作需要喜欢招录即将毕业的在校学生到单位工作,①因在校生还没正式毕业,其档案、人事关系等还在学校,单位与之建立劳动关系后,由于各政策及条件限制,单位在该生毕业之前是没有办法为其交纳社会保险的。

---

① 张居盛、唐文娟:《劳动与社会保障法实务教程》,科学出版社2016年版。

这种情况下单位就违反了《劳动法》的相关规定，如果劳动者去相关部门反映或仲裁，单位可能要承担一定的赔偿责任，甚至存在被有关部门处罚的风险。

对于劳动者的工伤风险，用人单位通常以购买社保的方式将其转移给社会保险机构，但对于实习学生，用人单位无法转移工伤风险。如果在此期间，该劳动者发生了工伤，由于单位没有为其上工伤保险，工伤支付的费用就只能由用人单位承担，这样用人单位存在支付高额赔偿费用的风险。

三、用人单位如何降低招在校生的风险？

单位尽量不要采取聘用的方式招用在校生到公司工作，如果确有需要，可以让在校生以实习的形式到单位工作，签订实习合同，明确双方的关系不是劳动关系，明确实习期双方的责任承担。如果已经和在校毕业生签订劳动合同，就应按照合同约定支付相应待遇。

法条链接

1.《民法典》

第一千一百九十二条第一款 个人之间形成劳务关系，提供劳务一方因劳务造成他人损害的，由接受劳务一方承担侵权责任……提供劳务一方因劳务受到损害的，根据双方各自的过错承担相应的责任。

2.《关于贯彻执行〈中华人民共和国劳动法〉若干问题的意见》

第四条 公务员和比照实行公务员制度的事业组织和社会团体的工作人员，以及农村劳动者（乡镇企业职工和进城务工、经商的农民除外）、现役军人和家庭保姆等不适用劳动法。

第十二条 在校生利用业余时间勤工助学，不视为就业，未建立劳动关系，可以不签订劳动合同。

3.《劳动合同法》

第十六条 劳动合同由用人单位与劳动者协商一致，并经用人单位与劳动者在劳动合同文本上签字或者盖章生效。

劳动合同文本由用人单位和劳动者各执一份。

文书工具

《实习协议》【见书尾文书,文书编号:NO.15】

第六节 招录离退休人员

实务精讲

一、招录退休人员概述

退休人员是指按照国家法律、法规的规定,劳动者符合退休标准,用人单位解除劳动者劳动义务,开始享受养老保险待遇的人员。实际生活中,一些用人单位出于节省用工成本、充分发挥离退休人员自身优势等目的,会招录离退休人员到本单位工作。

二、用人单位与退休人员的法律关系

根据《关于实行劳动合同制度若干问题的通知》、《劳动部办公厅对〈关于实行劳动合同制度若干问题的请示〉的复函》、《劳动合同法》、最高人民法院《关于审理劳动争议案件适用法律若干问题的解释(三)》(已失效)等相关规定,招录离退休人员的用人单位与离退休人员之间的法律关系有以下三种:

第一,如果退休人员属于已达到法定退休年龄但未享受养老保险待遇或退休金的人员,退休人员与企业之间形成的用工关系按劳动关系处理;

第二,如果退休人员属于已享受养老保险待遇或退休金的人员,退休人员与企业形成的用工关系按雇佣关系处理;

第三,如果退休人员尚未达到法定退休年龄,但在前一个单位办理内退手续后,又在后一个企业工作的,退休人员与企业之间形成的用工关系按劳动关系处理。

案例说法

案例1：退休职工发生工伤不能享受工伤保险待遇时，用人单位负赔偿责任

被告××复合布业有限公司原名为×××复合布业有限公司，2016年3月22日，变更为现名××复合布业有限公司。原告潘某于2004年7月进入被告单位工作，做对边工作。2015年11月2日10时许，原告在工作过程中，因未关掉运转的机器进行整理塑料纸，致右手被滚筒机卷入受伤，构成人体损伤十级伤残。

一审法院认为，当事人之间的法律关系问题。原告主张双方之间系劳务关系，被告则认为双方之间为劳动关系。事实表明，原告、被告之间在2004年7月至2008年12月5日存在劳动关系，自2008年12月6日起，因原告已年满50周岁而达到法定退休年龄，双方劳动关系即为终止。根据最高人民法院行政审判庭《关于离退休人员与现工作单位之间是否构成劳动关系以及工作时间内受伤是否适用〈工伤保险条例〉问题的答复》（〔2007〕行他字第6号）规定，"根据《工伤保险条例》第二条、第六十一条等有关规定，离退休人员受聘于现工作单位，现工作单位已经为其缴纳了工伤保险费，其在受聘期间因工作受到事故伤害的，应当适用《工伤保险条例》的有关规定处理"。同时，浙江省高级人民法院民事审判第一庭、浙江省劳动人事争议仲裁院《关于审理劳动争议案件若干问题的解答（二）》第14条亦解答如下："劳动者超过法定退休年龄，仍接受单位聘用的，其与聘用单位之间构成劳务关系，劳动者因工伤亡或者患职业病而向聘用单位主张工伤保险待遇的，不予支持。但劳动者尚未享受基本养老保险待遇或者领取退休金，且聘用单位已为其缴纳工伤保险费的，其工伤保险待遇应予支持。"即超过法定退休年龄的劳动者因工伤亡，要求聘用单位赔偿工伤保险待遇的，须以该聘用单位已为其交纳工伤保险费为前提条件。事实表明，原告受伤之时，被告没有给原告交纳工伤保险，故原告以双方之间存在劳务关系作为请求权基础请求被告赔偿，符合法律规定。一审法院判决：被告××复合布业有限公司应赔偿原告潘某因本起事故造成的物质损失139,826元的70%计97,878元，并赔偿精神损害抚慰金2000元，合计99,878元；扣除已付36,578元，尚应赔偿63,300元。

二审法院围绕上诉请求和理由评析认为，被上诉人因该次伤害受伤时已将近58周岁，已属于法定退休年龄，劳动者达到法定退休年龄的，劳动合同终止。〔2010〕行他字第10号与〔2007〕行他字第6号并非相互冲突矛盾，其系针对请示的问题所作的答复，并不是对涉及超过法定退休年龄的劳动者工伤认定及待遇的所有问题的答复。本案中作为聘用单位的上诉人并未为被上诉人交纳工伤保险费，不满足享受工伤保险待遇的条件，故一审法院以劳务关系处理，并无不当，二审法院予以照准。因此二审法院判决：驳回上诉，维持原判。

【裁判文书编号】

浙江省绍兴市中级人民法院民事判决书，(2016)浙06民终4043号

浙江省绍兴市柯桥区人民法院民事判决书，(2016)浙0603民初3287号

案例2：达到法定退休年龄人员因工受伤，可要求用工单位参照《广东省工伤保险条例》规定的工伤保险待遇支付有关费用，但不包括一次性就业补助金

张某玉于2013年3月12日入职申强公司，直到2019年8月2日辞职。2018年3月23日，张某玉操作机器不慎压伤右手掌及手指，经认定为工伤，经劳动能力鉴定为伤残十级。2019年8月14日，江门市江海区劳动人事争议仲裁委员会出具《不予受理案件通知书》，认为张某玉要求申强公司支付工伤待遇，经审核，张某玉已超过法定退休年龄，不是适格主体，因此不受理张某玉的申诉。张某玉遂向一审法院起诉要求申强公司支付工伤十级伤残赔偿金(12个月本人工资)、停工留薪期差额部分工资、住院伙食补助费、停工留薪期间护理费、后续治疗费、鉴定费。

一审法院判决：申强公司向张某玉支付一次性伤残补助金、一次性工伤医疗补助金、一次性伤残就业补助金、伙食补助费、护理费、停工留薪期间工资差额、鉴定费、后续治疗费。申强公司不服一审判决，提起上诉。

二审法院认为，本案系工伤保险待遇纠纷。根据双方的诉辩意见，本案二审争议焦点：申强公司应否向张某玉支付工伤保险待遇，数额应如何确定？张某玉于2013年3月12日到申强公司工作时已年满50周岁，达到法定退休年龄。2018年3月23日，张某玉工作时不慎压伤右手掌及手指，江门市江海区社会事务局出具《认定工伤决定书》认定张某玉受到的上述伤害为工伤，江门市劳动能力鉴定委员会经两次鉴定均鉴定张某玉劳动能力障碍程度为伤残十级，根据《广东省工伤保险条例》第63条“劳动者达到法定退休年龄或者已经依法享受基本养老保险待遇的，不适用本条例。前款规定的劳动者受聘到用人单位工作期间，因工作原因受到人身伤害的，可以要求用人单位参照本条例规定的工伤保险待遇支付有关费用。双方对损害

赔偿存在争议的，可以依法通过民事诉讼方式解决”及广东省高级人民法院、广东省劳动人事争议仲裁委员会《关于劳动人事争议仲裁与诉讼衔接若干意见》第16条“劳动者达到法定退休年龄或者已经享受基本养老保险待遇的，劳动关系终止。劳动者所受损害如被社会保险行政部门认定为工伤，劳动者要求用工单位参照《广东省工伤保险条例》规定的工伤保险待遇支付有关费用的，应予支持，但不包括一次性就业补助金”的规定，张某玉请求申强公司支付除一次性伤残就业补助金外的工伤保险待遇有关费用，于法有据。据此，一审法院核算后认定张某玉的一次性伤残补助金30,246.30元、一次性工伤医疗补助金4320.90元、住院伙食补助费2170元、护理费3100元、鉴定费及后续治疗费568元，并无不当，法院予以维持……根据广东省高级人民法院、广东省劳动人事争议仲裁委员会《关于劳动人事争议仲裁与诉讼衔接若干意见》第16条的规定，达到退休年龄的劳动者请求用工单位支付的工伤保险待遇并不包括一次性就业补助金，而适用该规定并无要求达到退休年龄的劳动者需同时享受基本养老保险待遇，故张某玉请求一次性伤残就业补助金没有法律依据。一审法院判决申强公司向张某玉支付一次性伤残就业补助金17,283.60元不当，法院予以纠正。

张某玉不服二审判决，申请再审。再审法院认为，劳动者领取养老保险需符合两个条件，一是达到退休年龄，二是满足一定的缴费年限。张某玉提交的公安县居民养老保险服务中心信息统计股出具的《证明》证实张某玉从2009年开始每年交纳一定的养老保险费用。因张某玉的缴费年限尚未达到领取养老保险的条件，故其仍需继续缴费，而从年龄上来看，其已经达到退休年龄。广东省高级人民法院、广东省劳动人事争议仲裁委员会《关于劳动人事争议仲裁与诉讼衔接若干意见》第16条规定：“劳动者达到法定退休年龄或者已经享受基本养老保险待遇的，劳动关系终止。劳动者所受伤害如被社会保险行政部门认定为工伤，劳动者要求用工单位参照《广东省工伤保险条例》规定的工伤保险待遇支付有关费用的，应予支持，但不包括一次性就业补助金。”根据上述规定，劳动者达到法定退休年龄与已经享受基本养老保险待遇为择一条件，只要符合其中之一，与用工单位的劳动关系即告终止。因此，张某玉认为其与申强公司之间成立劳动关系缺乏依据，且在一审法院作出相关法律性质的认定后，张某玉亦并未对一审判决提出异议。根据广东省高级人民法院、广东省劳动人事争议仲裁委员会《关于劳动人事争议仲裁与诉讼衔接若干意见》第16条的规定，在不成立劳动关系的情况下，如发生工伤，劳动者可要求用工单位参照《广东省工伤保险条例》规定的工伤保险待遇支付有关费用,但不包括一次性就业补助金。因此,二审判决处理符合相关法律规定。再审法院判决驳回再审。

【裁判文书编号】

广东省高级人民法院民事裁定书,(2020)粤民申 12912 号

风险应对

风险点:招录退休人员的风险

一些用人单位喜欢招用退休人员,或者已经到退休年龄的人员,原因有两点:一是此类人员不受劳动法保护,不用再为他们购买社保,可以节省用工成本;二是此类人员工作经验非常丰富,对用人单位的发展能提供更大的帮助。虽然如此,聘用离退休人员仍然存在较大的法律风险,不得不慎重,目前来看,法律风险集中于两个方面:一是工伤的法律风险,离退休人员因为年事已高,相较于年轻人来说,存在更高的工伤法律风险,如果未为他们购买工伤保险,一旦认定为工伤,将面临高额的赔偿;二是用人单位与此类员工的关系也有可能被认定为劳动关系,如果这种极个别的情形出现,用人单位将可能面临诸多用工法律风险,比如,向其支付工伤保险待遇、经济补偿金或赔偿金、加班费等,甚至可能被要求补缴社会保险费用。

【HR 防范策略】

用人单位可以根据其与退休人员之间的关系以及存在的现实问题,针对不同情况,采取相应的法律风险防范措施。

1. 招聘离退休人员时,应做好对退休人员的尽职调查,确认其已经解除或退出劳动关系,是否已经依法享受养老保险待遇,同时还要求其提供身份证、与原单位解除劳动关系证明或退工单、退休证、依法享受养老保险或领取养老保险金的相关证明。

2. 用人单位应为新招录的离退休人员交纳工伤保险费(在大部分地方,社保基金中心可以接受用人单位为退休人员交纳的工伤保险费,一旦此类人员发生工伤,也可以享受工伤保险待遇),或投保商业的人身意外保险,减少或免除因工伤而带来的赔偿责任。

3. 根据不同的情况，对离退休人员采取不同的法律措施。(1)如果用人单位与离退休人员之间的法律关系是劳动关系(如退休人员为内退人员，尚未到法定的退休年龄)，应与其签订劳动合同，明确双方的权利义务关系。(2)如果用人单位与离退休人员之间的人身依附性很弱，工作形式自由，退休人员也不用遵守用人单位的规章制度，用人单位最好与其采取合作或承揽之类的方式，因在合作或承揽关系中，合作方和承揽方应当自行承担由其自身原因所导致的法律责任。(3)如果用人单位与离退休人员之间属于劳务关系，应与其签订劳务合同，明确双方的权利义务。若无法为其购买工伤保险，最好在劳务合同中明确说明不能办理的原因。

疑难解答

一、退休返聘人员加班是否需支付加班费用?

根据现行法律规定，其签订的合同性质属于劳务合同，故其受领的经济利益属于薪酬。既然属于薪酬，那么不适用《劳动法》关于加班费用的相关规定。但是，返聘人员所从事的工作往往技术含量较高，同样的加班时间内为聘用单位创造的价值反而更高。如果一味地认定不能给予加班费用，这无疑是不合理的。

二、退休返聘人员是否有年假?

根据《劳动合同法》及相关规定，职工达到法定退休年龄，并且享受基本退休养老待遇是劳动关系终止的法定条件，劳动者从而进入社会保障体系，不再受《劳动法》的调整。法定带薪年休假属于《劳动法》中的福利待遇，所以依照上述规定，不适用退休返聘人员。虽不违反法律，但易引发员工反感情绪，可以根据情况给予一些带薪假期。

三、退休返聘人员工资是否纳税?

根据我国《个人所得税法》第 4 条第 1 款第 7 项规定，按照国家统一规定发给干部、职工的安家费、退职费、退休工资、离休工资、离休生活补助费这些个人所得，可免纳个人所得税。

四、退休返聘人员在回家途中受伤，算不算工伤？

如果用人单位与退休返聘人员存在特殊劳动关系，发生的事故属于工伤。比如，在广东省，如果用人单位聘用退休人员，但该退休人员未享受养老待遇，如果该退休返聘人员在回家途中发生非本人主要责任的交通事故，会被认定为工伤。

法条链接

1.《关于实行劳动合同制度若干问题的通知》(劳部发〔1996〕354 号)

第十三条 已享受养老保险待遇的离退休人员被再次聘用时，用人单位应与其签订书面协议，明确聘用期内的工作内容、报酬、医疗、劳保待遇等权利和义务。

2.《劳动部办公厅对〈关于实行劳动合同制度若干问题的请示〉的复函》(劳办发〔1997〕88 号)

二、关于离退休人员的再次聘用问题。各地应采取适当的调控措施，优先解决适龄劳动者的就业和再就业问题。对被再次聘用的已享受养老保险待遇的离退休人员，根据劳动部《关于实行劳动合同制度若干问题的通知》(劳部发〔1996〕354 号)第 13 条的规定，其聘用协议可以明确工作内容、报酬、医疗、劳动保护待遇等权利、义务。离退休人员与用人单位应当按照聘用协议的约定履行义务，聘用协议约定提前解除书面协议的，应当按照双方约定办理，未约定的，应当协商解决。离退休人员聘用协议的解除不能依据《劳动法》第二十八条执行。离退休人员与用人单位发生争议，如果属于劳动争议仲裁委员会受案范围的，劳动争议仲裁委员会应予受理。

3.《劳动合同法》

第四十四条 有下列情形之一的，劳动合同终止……(二)劳动者开始依法享受基本养老保险待遇的……

4.《最高人民法院行政审判庭关于离退休人员与现工作单位之间是否构成劳动关系以及工作时间内受伤是否适用〈工伤保险条例〉问题的答复》(〔2007〕行他字第 6 号)

根据《工伤保险条例》第二条、第六十一条(作者按：现已经修改，但内容未变)等有关规定，离退休人员受聘于现工作单位，现工作单位已经为其缴纳了工伤保险费，其在受聘期间因工作受到事故伤害的，应当适用《工伤保险条例》的有关规定执行。

5.《最高人民法院行政审判庭关于超过法定退休年龄的进城务工农民因工伤亡的，应否适用〈工伤保险条例〉请示的答复》(〔2010〕行他字第 10 号)

用人单位聘用的超过法定退休年龄的务工农民，在工作时间内、因工作原因伤亡的，应当适用《工伤保险条例》的有关规定进行工伤认定。

文书工具

《劳动雇佣协议书》【见书尾文书，文书编号：NO. 16】

第七节　非法用工

实务精讲

一、非法用工的定义及特征

(一)非法用工的定义

根据《工伤保险条例》第 66 条及《非法用工单位伤亡人员一次性赔偿办法》第 2 条的规定，"非法用工"是指"无营业执照或者未经依法登记、备案的单位与被依法吊销营业执照或者撤销登记及备案的单位或者用人单位使用童工违法用工的情形"。

(二)非法用工的法律特征

根据上述规定，"非法用工"具有以下特征。

第一，非法用工的主体是无营业执照或者未经依法登记、备案的单位以及被依法吊销营业执照或者撤销登记、备案的单位后没有再领取营业执照、再行登记、备案或者用人单位使用童工的用人单位。

第二，用人单位有非法从事生产经营活动的行为(包括过去、此刻两个时间段)。

第三，用人单位有非法用工的事实。简言之，就是非法用工单位无“用工权”而非法用工的情形。区分用工单位是“非法用工”还是“合法用工”，关键是要看用工主体是否经过依法登记、备案，有无营业执照，这是成立“非法用工”或“合法用工”的核心要件。

二、非法用工的当事人

依照2011年修订的《工伤保险条例》第2条和第66条的规定，非法用工单位和劳动者发生的劳动关系也按照劳动关系处理。所以可以将非法用工关系作为特别的劳动关系。

1. 未办理营业执照、营业执照被吊销、营业期限届满仍继续营业、以挂靠方式借用他人营业执照经营的，产生非法用工争议，劳动者可以将用人单位或其出资人，用人单位和营业执照出借方列为当事人[最高人民法院《关于审理劳动争议案件适用法律若干问题的解释(三)》第4条、第5条(已失效)]。

2. 分支机构未办理营业执照的视为职务行为，用人单位承担法律责任。

3. 如果用人单位设立分支机构，分支机构未办理营业执照，按照最高人民法院《关于贯彻执行〈中华人民共和国民法通则〉若干问题的意见》(已失效)第58条“企业法人的法定代表人和其他工作人员，以法人名义从事的经营活动，给他人造成经济损失的，企业法人应当承担民事责任”和《关于适用〈中华人民共和国民事诉讼法〉若干问题的意见》(已失效)第42条“法人或者其他组织的工作人员因职务行为或者授权行为发生的诉讼，该法人或其组织为当事人”的规定，可视为职务行为，由用人单位承担法律责任。

4. 被吊销营业执照且未按法律规定进行清算义务导致损失的，劳动者可以将清算组成员或公司股东、股份公司董事、控股股东作为当事人。依法被吊销营业执照的，根据《公司法》第181条，属于公司解散事由。根据法律规定，公司应在解散事由出现之日起15日内成立清算组，开始清算。逾期不成立清算组进行清算的，债权人可以申请人民法院指定有关人员组成清算组进行清算——申请强制清算。最高人民法院《关于适用〈中华人民共和国公司法〉若干问题的规定(二)》第11条规定，清算组未尽通知义务导致债权人未获清偿的，清算组成员需承担法律责任。第18条规定，有限责任公司的股东、股份有限公司的董事和控股股东未在法定期限内成立清算组开始清算，导致公司财产贬值、流失、毁损或者灭失，债权人主张其在造成损失范围内对公司债务承担赔偿责任的，人民法院应依法予以支持。

有限责任公司的股东、股份有限公司的董事和控股股东因怠于履行义务，导致公司主要财产、账册、重要文件等灭失，无法进行清算，债权人主张其对公司债务承担连带清偿责任的，人民法院应依法予以支持。

三、禁止招聘童工的含义

童工指年龄在16岁以下的未成年人，有些企业或因招工困难，或为节省用工成本，招录童工；有些企业却是因为在招工过程中受到一些急于找到工作并提供虚假年龄证明的劳动者的欺骗而招录了童工。用人单位只要招录了童工，就将面临刑事、民事或行政处罚的法律风险。

我国《劳动法》明确规定：任何组织或个人不得招用未满16周岁的未成年人。有些中小学生会在暑假期间找一些发传单、服务员之类的短期工作来增加自己的社会经验，其实法律上并没有“暑假工”这种说法，一般情况下，16周岁以下的，都属于童工。

四、禁止招聘童工的相关法律规定

随着《劳动法》、《未成年人保护法》以及《禁止使用童工规定》等法律法规的颁布实施，我国针对童工现象的政策法律体系已经基本建立。

（一）我国《劳动法》对童工的相关规定

《劳动法》第15条规定，禁止用人单位招用未满16周岁的未成年人。

文艺、体育和特种文艺单位招用未满16周岁的未成年人的，必须依照国家有关规定，履行审批手续。

（二）《未成年人保护法》对童工的相关规定

《未成年人保护法》第61条第1款明确规定，任何组织或者个人不得招用未满16周岁的未成年人，国家另有规定的除外。

（三）《禁止使用童工规定》对童工的相关规定

1. 雇用童工的单位或个人应承担的责任

（1）对违法使用童工的单位或个人，劳动行政部门有权责令其立即将童工送回

原居住地。童工被送回原居住地的费用,全部由使用童工的单位或个人承担;

(2)对企事业单位及个体户使用童工屡教不改、情节严重者,以及未满16周岁的少年、儿童领取个体营业执照者,劳动行政部门有权提请工商行政管理部门吊销其营业执照。

2.用人单位雇用童工的处罚

由劳动保障行政部门按照每使用一名童工每月处5000元罚款的标准给予处罚;在使用有毒物品的作业场所使用童工的,按照《使用有毒物品作业场所劳动保护条例》规定的罚款幅度,或者按照每使用一名童工每月处5000元罚款的标准,从重处罚。

3.受雇用童工受工伤的解决措施

此外,童工患病或者受伤的,用人单位应当负责送到医疗机构治疗,并负担治疗期间的全部医疗和生活费用。童工伤残或者死亡的,用人单位由市场监管部门吊销营业执照或者由民政部门撤销民办非企业单位登记;用人单位还应当一次性地对伤残的童工、死亡童工的直系亲属给予赔偿,赔偿金额按照国家工伤保险的有关规定计算。

(四)《刑法》对童工的相关规定

拐骗童工,强迫童工劳动,使用童工从事高空、井下、放射性、高毒、易燃易爆以及国家规定的第四级体力劳动强度的劳动,使用不满14周岁的童工,或者造成童工死亡或者严重伤残的,依照《刑法》关于拐卖儿童罪、强迫劳动罪或者其他罪的规定,依法追究刑事责任。

案例说法

案例1:在非法用工单位受伤,女工获得赔偿

从陕西汉中南郑县农村到咸阳打工的古某某,2年前好不容易找到一个在彩印厂糊纸盒的工作。彩印厂实行不定时工作制和计件工资制,每月按糊纸盒数量的多少发工资。一直在农村务农,只有小学文化水平的古某某没有经过安全培训,也不清楚工作环节中存在哪些事故隐患,更没想过一旦发生事故会造成什么后果。2003

年11月21日下午，古某某到机器前拿盒子时，手被卷进了卡盒机，当即失去了知觉。待她醒来时，已躺在了医院里。古某某的伤势经咸阳市劳动能力鉴定委员会鉴定"劳动功能障碍为五级"。2004年3月，古某某向咸阳市渭城区劳动争议仲裁委员会提起申诉。令人感到吃惊的是，仲裁委调查时发现，这个开办多年的彩印厂竟是没有在工商部门登记注册、未办理营业执照的黑企业。

咸阳市渭城区劳动争议仲裁委员会作出裁决。裁决认为，被申诉人彩印厂未经工商行政管理部门登记注册，未办理营业执照，属非法用工单位。申诉人古某某在工作中遭受意外伤害，彩印厂应当承担医疗救治和经济赔偿责任。

案例2：公司未经工商行政部门注册登记，与其雇用的员工不构成劳动关系，系非法用工

原告梁某康于2004年10月1日入职被告余某沾经营的开平市联运车队（又称开平市珠海专线联运股份有限公司、开平市珠海专线联运车队）工作，原告的工作岗位为司机。入职后，原告与被告余某沾没有签订书面劳动合同，余某沾也没有为原告购买社保。余某沾与开平市运输总公司签订《广东非自营道路客运班车承包经营合同》。后来，余某沾以开平市运输总公司的名义为原告购买了社会保险，但一直没有为原告办理公积金缴存。2019年，开平市运输总公司变更法定代表人，没有为原告办理工龄承接，原告一直要求开平市运输总公司更正，但开平市运输总公司至今未予更正。2020年4月1日，余某沾将原告无故解雇，故原告提起诉讼，要求被告余某沾支付解除劳动合同经济补偿金、工资等。

庭审中，原告梁某康主张珠海车队与其存在用工关系，并向法院提供了上岗证、工资签领表等证据予以证明，加之被告余某沾于庭审中确认梁某康主要在珠海车队从事司机工作，受其纪律管理，还确认梁某康于2019年2月前的工资均是由珠海车队发放或开平市运输总公司通过银行转账给梁某康，2019年2月前的工资款项亦是来源于珠海车队，且法院依法调取的《车辆转让协议书》亦显示余某沾与开平市运输总公司约定"车辆交付之日前的驾驶员（包括梁某康）劳动关系由余某沾负责"，根据最高人民法院《关于适用〈中华人民共和国民事诉讼法〉的解释》第108条第1款"对负有举证证明责任的当事人提供的证据，人民法院经审查并结合相关事实，确信待证事实的存在具有高度可能性的，应当认定该事实存在"的规定，法院认为原告梁某康与珠海车队存在用工关系已具有高度盖然性，法院依法认定原告梁某康与珠海车队存在用工关系。但因珠海车队未经工商行政部门注册登记,不属于《劳动法》规定的用人单位,故珠海车队与梁某康之间的用工关系属于非法用工关系。

关于经济补偿的金额问题。虽然原告梁某康自2005年1月1日起与珠海车队存在用工关系,但根据《劳动合同法》第97条第3款“本法实行之日存续的劳动合同在本法施行后解除或者终止,依照本法第四十六条规定应当支付经济补偿的,经济补偿年限自本法施行之日起计算;本法施行前按照当时有关规定,用人单位应当向劳动者支付经济补偿的,按照当时有关规定执行”的规定,于2008年1月1日《劳动合同法》施行前,未有法律法规规定劳动合同因用人单位解散而终止时用人单位应向劳动者支付经济补偿,故此,本案中,对原告梁某康主张的经济补偿计算年限应从2008年1月1日起算,即计算经济补偿的工作年限为2008年1月1日至2020年3月31日。综上,被告余某沾应向梁某康支付经济补偿48,668元(3893.44元×12.5个月)。因梁某康月平均工资并未高于本地区上年度职工月平均工资3倍,被告余某沾抗辩计算经济补偿不能超过12个月,没有事实和法律依据,法院不予采信。

【裁判文书编号】

广东省开平市人民法院民事判决书,(2020)粤0783民初5590号

案例3:用人单位雇用童工从事危重劳动,法定代表人被判刑

被告人陈某是汕头市×××有限公司法定代表人、总经理。2007年3月11日,被告人陈某非法雇用童工被害人李某某(1992年10月31日出生)到其公司工作,在明知该公司仓库存放易燃和具有危险性的甲苯或乙苯等溶剂的情况下,仍安排被害人李某某进入仓库工作。被害人李某某在无任何安全保护措施之下,抽取甲苯或乙苯等溶剂提供给印刷车间使用。2007年4月15日下午2时许,被害人李某某在上述仓库内抽取上述溶剂,因操作不慎导致溶剂发生燃烧并蔓延,造成被害人李某某受伤。

经广东省汕头市劳动能力鉴定委员会鉴定:被害人李某某的伤残等级为三级。该案民事部分,汕头市龙湖区人民法院、汕头市中级人民法院经审理,判决汕头市×××有限公司赔偿被害人李某某共计人民币575,082.27元。至2013年12月16日,被告人陈某已向被害人李某某支付全部上述赔偿款,被害人李某某及其家属向被告人陈某出具谅解书。

一审法院认为,被告人陈某作为企业负责人,违反劳动管理法规,雇用未满16

周岁的未成年人在易燃性危险环境下从事劳动,致被害人三级伤残,其行为已触犯《刑法》,构成雇用童工从事危重劳动罪,属于情节特别严重。公诉机关指控被告人陈某犯雇用童工从事危重劳动罪的罪名成立。鉴于被告人陈某是初犯,归案后如实供述自己的罪行,当庭自愿认罪,并已对被害人进行赔偿,取得被害人的谅解,主动向国家预缴罚金,有悔罪表现,符合法律规定的可以适用非监禁刑的条件,对其依法可以从轻处罚并宣告缓刑。

最终被告人陈某犯雇用童工从事危重劳动罪,被判处有期徒刑3年,缓刑3年6个月,并处罚金人民币3000元。

【裁判文书编号】

广东省汕头市龙湖区人民法院刑事判决书,(2014)汕龙法刑初字第126号

案例4:用人单位招用童工发生工伤,支付巨额赔偿

范某某出生于1997年,2012年10月底,未满16周岁的范某某进入×××公司工作,双方约定月工资为1000元。2012年12月29日,范某某在工作中发生触电事故,当即被送往瑞丽市人民医院治疗,因伤情严重,同日转入德宏州医疗集团人民医院进行治疗。2013年10月25日,经德宏州劳动能力鉴定委员会鉴定,范某某伤残程度为三级伤残,护理依赖程度为部分护理依赖等级,范某某支付鉴定费用300元。此后范某某申请了劳动仲裁,仲裁裁决作出后范某某对该结果不服,遂向法院提起诉讼。

一审法院认为,本案系童工因工致残后就赔偿数额与非法用工单位间发生的劳动争议。双方对范某某系童工并在工作中受伤致残的事实无争议,根据《工伤保险条例》第66条之规定,童工赔偿在按照人力资源和社会保障部制定的《非法用工单位伤亡人员一次性赔偿办法》(以下简称《办法》)计算一次性赔偿金与《工伤保险条例》计算工伤保险待遇之间适用就高原则并一次性支付。因此,法院判决芒市风驰广告有限公司给予范某某一次性赔偿1,943,703.97元。

二审法院认为,本案为工伤保险待遇纠纷。虽被上诉人范某某在为上诉人×××公司提供劳务时未满16周岁,属于童工,但根据《工伤保险条例》第66条第2款的规定,本案应确定为工伤保险待遇纠纷。关于被上诉人范某某的损失应如何确认的问题。根据《工伤保险条例》第66条第1款的规定,被上诉人范某某损失的确认应首先依据人力资源和社会保障部作出的《非法用工单位伤亡人员一次性赔偿办

法》确定,但又不得低于工伤保险待遇的规定。根据《工伤保险条例》第30条、第32条、第33条、第34条、第35条的规定,被上诉人范某某在工伤保险待遇项下享受的赔偿费用包括医疗费、一次性伤残补助金、残疾辅助器具费、伤残津贴、住院伙食补助费、交通费及陪护人员住宿费、停工留薪期待遇、护理费、鉴定费等费用,明显高于《非法用工单位伤亡人员一次性赔偿办法》第3条、第4条、第5条的规定。故,原审适用《工伤保险条例》的相关规定计算被上诉人范某某的损失符合法律规定,遂判决驳回上诉,维持原判。

【裁判文书编号】

德宏州中级人民法院民事判决书,(2014)德民一终字第102号

瑞丽市人民法院民事判决书,(2014)瑞民一初字第23号

风险应对

一、风险点:非法用工风险

无营业执照或未依法登记、备案或被吊销执照等不具有合法经营资格的用人单位录用劳动者,要承担以下法律风险。

1. 行政风险。《劳动保障监察条例》规定,对无营业执照或吊销执照,有用工行为的,要依法实施劳动监察,及时通报工商行政管理部门予以取缔。

2. 民事风险。对于劳动者已付出劳动的,要依据《劳动合同法》及相关规定给予劳动者劳动报酬、经济补偿金、赔偿金,造成损失的,赔偿损失。

3. 工伤风险。发生工伤的,应按《非法用工单位伤亡人员一次性赔偿办法》进行一次性赔偿。支付标准为单位所在地工伤保险统筹地区上年度职工平均工资的倍数:一级为16倍;二级为14倍;三级为12倍;四级为10倍;五级为8倍;六级为6倍;七级为4倍;八级为3倍;九级为2倍;十级为1倍。

【HR防范策略】

1. 用人单位取得营业执照前,尽量使用劳务派遣、人力资源外包等用工方式。若采用劳务派遣方式,如果发起人为公司,可由该发起人公司与劳动者签订劳动合同。

2. 劳动者入职时,重点审查劳动者的年龄等身份信息,避免违法使用童工的情

况出现。

3. 用工过程中，依法为劳动者交纳工伤保险，如高危险行业，建议为劳动者缴纳补充意外伤害险，以减轻劳动者工伤给用人单位带来的风险。

二、风险点：招聘童工的风险

企业招聘和使用童工需要承担以下民事法律责任、行政法律责任甚至是刑事法律责任。

1. 民事法律责任。由于法律禁用童工，用人单位使用童工也无法正常为其购买社会保险，一旦发生伤亡事故，根据《禁止使用童工规定（2002）》第 10 条的规定，用人单位不仅需要负担其治疗期间的全部医疗和生活费用，造成童工伤残或死亡的，用人单位还应当一次性地对伤残的童工、死亡童工的直系亲属给予赔偿，赔偿金额按照国家工伤保险的有关规定计算。

2. 行政法律责任。用人单位违法使用童工的，按照《禁止使用童工规定（2002）》第 6 条的规定，用人单位每使用一名童工，劳动保障行政部门给予每月处 5000 元罚款；在使用有毒物品的作业场所使用童工的，按照《使用有毒物品作业场所劳动保护条例》规定的罚款幅度，或者按照每使用一名童工每月处 5000 元罚款的标准，从重处罚。此外，用人单位还需负担将童工送回原居住地，将其交付给其父母或其他监护人，并负担返回路途中的交通费和食宿费用等。经劳动保障行政部门责令用人单位将童工送回，用人单位逾期未送回的，由劳动保障行政部门按照每使用一名童工每月处 1 万元罚款的标准处罚，并由工商行政管理部门吊销其营业执照或者由民政部门撤销民办非企业单位登记；用人单位是国家机关、事业单位的，由有关单位依法对直接负责的主管人员和其他直接责任人员给予降级或者撤职的行政处分或者纪律处分。

3. 刑事法律责任。非法使用童工情节严重的可能涉嫌刑事犯罪。《刑法》第 244 条之一第 1 款规定了雇用童工从事危重劳动罪，用人单位违反该条规定雇用童工从事超强度的体力劳动，或者从事高空、井下或其他危险环境下作业的，给未成年人造成身体上损害或雇用人数在 3 人以上等，情节严重，对直接责任人员处 3 年以下有期徒刑或者拘役，并处罚金，情节特别严重的，处 3 年以上 7 年以下有期徒刑，并处罚金。

【HR 防范策略】

第一，招聘之前应先确定拟招聘行业是否属于“文艺、体育和特种工艺单位”，只有“文艺、体育和特种工艺单位”可以招聘童工。确属该行业和工种的，也需取得未成年人和其监护人同意并保留其同意的书面材料，同时需要报劳动行政部门审批同意，且应保障未成年人的受教育权和身心健康。

第二，用人单位应该制定严格的招聘制度，明确不招用童工。在招聘过程中严格审查应聘员工的身份信息，核实其年龄，并保留身份证复印件，必要时可以要求员工签订年龄真实性声明。

第三，在与人才中介公司的合作中要严格而细致，确保不因中介公司的疏忽或过错而招录未满 16 周岁的员工，最好是保留好相关证据，并要求中介公司签订承诺书。

第四，做好录用登记和妥善保管审查资料。录用登记和保管的审查资料可以证明用人单位已尽合理审查义务，而不是用人单位故意招聘童工。

疑难解答

一、劳动者被不具备合法经营资格的用人单位非法用工的，可以主张哪些权利？

可以主张劳动报酬、经济补偿、赔偿金等，造成损害的，可要求不具备合法经营资格的用人单位承担赔偿责任。《劳动合同法》第 93 条规定对不具备合法经营资格的用人单位的违法犯罪行为，依法追究法律责任；劳动者已经付出劳动的，该单位或者其出资人应当依照本法有关规定向劳动者支付劳动报酬、经济补偿、赔偿金；给劳动者造成损害的，应当承担赔偿责任。

二、非法用工造成伤亡的情况下，如何要求单位承担工伤保险责任？

伤残职工或者死亡职工的近亲属可以要求非法用工单位给予一次性赔偿，赔偿标准不低于工伤保险待遇；用人单位使用童工造成童工伤残、死亡的，童工或者童工的近亲属可以要求用人单位给予一次性赔偿，赔偿标准不低于工伤保险待遇。其中构成残疾的，一次性赔偿金数额应当在受到事故伤害或者患职业病的职工或童工死亡或者经劳动能力鉴定后确定。

三、非法用工案件是否必须经过劳动仲裁前置程序？

应当按照劳动争议案件处理，应经过劳动仲裁前置程序。无论是《工伤保险条例》还是《劳动人事争议仲裁办案规则》《非法用工单位伤亡人员一次性赔偿办法》，都进行了规定，可见非法用工案件的处理应经过劳动仲裁前置程序。

四、企业非法用工会受到何种处罚？

非法用工由劳动行政部门给予警告，责令改正，给劳动者造成损害的，应当承担赔偿责任。根据《劳动法》第 89 条的规定，用人单位制定的劳动规章制度违反法律、法规规定的，由劳动行政部门给予警告，责令改正；对劳动者造成损害的，应当承担赔偿责任。第 94 条规定，用人单位非法招用未满 16 周岁的未成年人的，由劳动行政部门责令改正，处以罚款；情节严重的，由市场监督管理部门吊销营业执照。第 95 条规定，用人单位违反本法对女职工和未成年工的保护规定，侵害其合法权益的，由劳动行政部门责令改正，处以罚款；对女职工或者未成年工造成损害的，应当承担赔偿责任。

法条链接

1.《劳动法》

第十五条 禁止用人单位招用未满十六周岁的未成年人。

文艺、体育和特种文艺单位招用未满十六周岁的未成年人的，必须依照国家有关规定，并保障其接受义务教育的权利。

第九十四条 用人单位非法招用未满十六周岁的未成年人的，由劳动行政部门责令改正，处以罚款；情节严重的，由工商行政管理部门吊销营业执照。

2.《未成年人保护法》

第六十一条第一款 任何组织或者个人不得招用未满十六周岁的未成年人，国家另有规定的除外。

3.《禁止使用童工规定》(国务院令第 364 号)

第二条 国家机关、社会团体、企业事业单位、民办非企业单位或者个体工商户(以下统称用人单位)均不得招用不满 16 周岁的未成年人(招用不满 16 周岁的未成年人,以下统称使用童工)。

禁止任何单位或者个人为不满16周岁的未成年人介绍就业。

禁止不满16周岁的未成年人开业从事个体经营活动。

第四条 用人单位招用人员时,必须核查被招用人员的身份证;对不满16周岁的未成年人,一律不得录用。用人单位录用人员的录用登记、核查材料应当妥善保管。

第六条 用人单位使用童工的,由劳动保障行政部门按照每使用一名童工每月处5000元罚款的标准给予处罚;在使用有毒物品的作业场所使用童工的,按照《使用有毒物品作业场所劳动保护条例》规定的罚款幅度,或者按照每使用一名童工每月处5000元罚款的标准,从重处罚。劳动保障行政部门并应当责令用人单位限期将童工送回原居住地交其父母或者其他监护人,所需交通和食宿费用全部由用人单位承担。

用人单位经劳动保障行政部门依照前款规定责令限期改正,逾期仍不将童工送交其父母或者其他监护人的,从责令限期改正之日起,由劳动保障行政部门按照每使用一名童工每月处1万元罚款的标准处罚,并由工商行政管理部门吊销其营业执照或者由民政部门撤销民办非企业单位登记;用人单位是国家机关、事业单位的,由有关单位依法对直接负责的主管人员和其他直接责任人员给予降级或者撤职的行政处分或者纪律处分。

第十条 童工患病或者受伤的,用人单位应当负责送到医疗机构治疗,并负担治疗期间的全部医疗和生活费用。

童工伤残或者死亡的,用人单位由工商行政管理部门吊销营业执照或者由民政部门撤销民办非企业单位登记;用人单位是国家机关、事业单位的,由有关单位依法对直接负责的主管人员和其他直接责任人员给予降级或者撤职的行政处分或者纪律处分;用人单位还应当一次性地对伤残的童工、死亡童工的直系亲属给予赔偿,赔偿金额按照国家工伤保险的有关规定计算。

第十三条 文艺、体育单位经未成年人的父母或者其他监护人同意,可以招用不满16周岁的专业文艺工作者、运动员。用人单位应当保障被招用的不满16周岁的未成年人的身心健康,保障其接受义务教育的权利。文艺、体育单位招用不满16周岁的专业文艺工作者、运动员的办法,由国务院劳动保障行政部门会同国务院文化、体育行政部门制定。

学校、其他教育机构以及职业培训机构按照国家有关规定组织不满16周岁的未成年人进行不影响其人身安全和身心健康的教育实践劳动、职业技能培训劳动，不属于使用童工。

4.《刑法》

第二百四十四条之一第一款　【雇用童工从事危重劳动罪】违反劳动管理法规，雇用未满十六周岁的未成年人从事超强度体力劳动的，或者从事高空、井下作业的，或者在爆炸性、易燃性、放射性、毒害性等危险环境下从事劳动，情节严重的，对直接责任人员，处三年以下有期徒刑或者拘役，并处罚金；情节特别严重的，处三年以上七年以下有期徒刑，并处罚金。

5.《非法用工单位伤亡人员一次性赔偿办法》(人力资源和社会保障部令第9号)

第二条　本办法所称非法用工单位伤亡人员，是指无营业执照或者未经依法登记、备案的单位以及被依法吊销营业执照或者撤销登记、备案的单位受到事故伤害或者患职业病的职工，或者用人单位使用童工造成的伤残、死亡童工。

前款所列单位必须按照本办法的规定向伤残职工或者死亡职工的近亲属、伤残童工或者死亡童工的近亲属给予一次性赔偿。

6.《关于开展整治非法用工打击违法犯罪专项行动的通知》(人社部明电〔2008〕10号)

一、专项行动内容和重点

专项行动要对全国劳动密集型中小企业、城乡结合部和乡村企业，特别是乡村小砖窑厂、小煤矿、小矿山、小作坊等场所的下列情况进行全面排查：

(一)依法领取证照的情况，包括工商登记、税务登记及资源许可、生产许可、安全许可等；

(二)劳动用工的基本情况，包括招用人员的数量、来源、招用渠道等；

(三)执行劳动保障法律法规的情况，包括劳动合同签订、工资支付、社会保险、工时休假、生产安全、职业卫生、女职工和未成年工劳动保护等；

(四)违法犯罪情况，包括拐骗农民工和智障人员、使用童工、限制人身自由、强迫劳动、故意伤害等。

7.《劳动合同法》

第九十三条　对不具备合法经营资格的用人单位的违法犯罪行为，依法追究法律责任；劳动者已经付出劳动的，该单位或者其出资人应当依照本法有关规定向劳动者支付劳动报酬、经济补偿、赔偿金；给劳动者造成损害的，应当承担赔偿责任。

文书工具附录

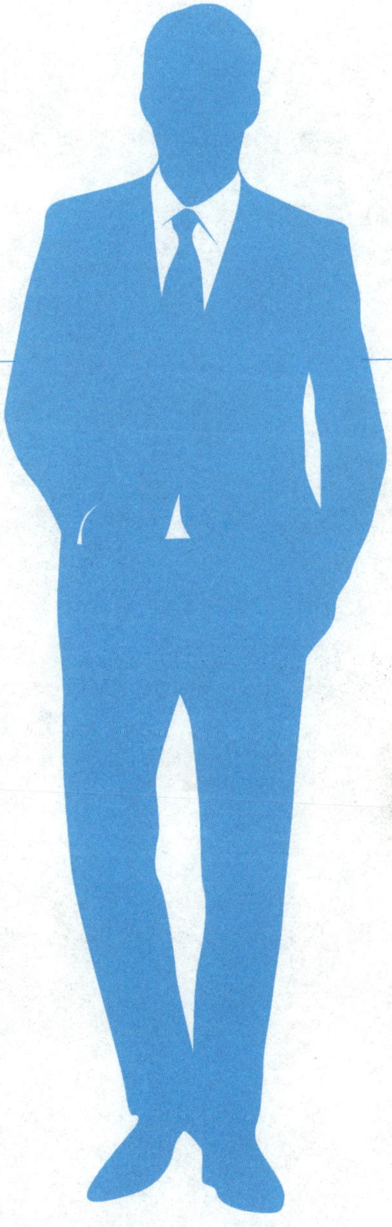

NO.01 《招聘管理制度》

招聘管理制度

一、总　　则

第一条　目的

为满足公司持续、快速发展的需要，特制定本制度规范员工招聘流程和健全人才选用机制。

第二条　原则

公司以"人才是企业之本"为指导思想，坚持公开、公平、公正的招聘原则，使公司用人机制更趋科学、合理。

第三条　适用范围

本制度适用于公司副总工程师、副总会计师、副总经济师、部门经理及普通员工（含临时员工）的招聘管理。

二、招 聘 组 织

第四条　招聘组织管理

1. 公司所有岗位的招聘工作由办公室负责，在办公室分管领导指导下开展工作，经总经理批准后执行。

2. 对公司部门经理以下职位的招聘工作由办公室负责拟订招聘计划并组织实施。副总工程师、副总会计师、副总经济师、部门经理的招聘工作由总经理直接领导，办公室承办。

三、招聘形式及流程

第五条　招聘形式

招聘分为内部招聘和外部招聘两种形式。招聘形式的选择，原则上采取"先内后外"的顺序，同时根据人才要求和招聘成本等因素来综合考虑。

（一）内部招聘

1. 鉴于内部员工比较了解企业的情况，对企业的忠诚度高，内部招聘可以改善人力资源的配置状况，提高员工的积极性，公司进行人才招聘应优先考虑内部招聘。

2. 内部招聘形式

在征得应聘员工及其目前所在部门意见的前提下，进行内部招聘，为供求双方提供双向选择的机会。

（1）内部招聘的主要方法有推荐法（公司内部推荐）、公告法（使全体员工了解职务空缺，通过竞聘选拔）等。

（2）中层管理以上职位可实行竞聘方式。经用人部门申请，办公室审核后，可对空缺岗位进行竞聘。

3. 内部招聘流程

（1）内部招聘公告

办公室根据招聘岗位的职务说明书，拟订内部招聘公告。

（2）内部报名

所有员工征得直接上级同意后，都有资格向办公室报名申请。

（3）筛选

办公室组织内部招聘评审小组对申请人进行内部评审，公司普通职位、一般管理职位的评审结果经各部门分管领导审核，报公司办公会通过后生效，中层以上岗位可参照公司有关竞聘方案。

（4）录用

经评审合格的员工应在一周内做好工作移交，并到办公室办理调动手续，在规定的时间内到新部门报到。

（二）外部招聘

1. 当内部招聘难以满足公司人才需求时，采取外部招聘方式。

2. 外部招聘组织形式

外部招聘工作的组织以办公室为主，其他部门配合。必要时公司高层领导、相关部门参加。

3. 外部招聘渠道

外部招聘要根据职系和岗位的不同采取有效的招聘渠道组织。具体招聘渠道如下：

(1)内部员工推荐

公司鼓励内部员工推荐优秀人才,由办公室本着平等竞争、择优录用的原则按程序考核录用。

(2)媒体、招聘会招聘

通过大众媒体、专业刊物广告、相关网站发布招聘信息,或通过人才招聘会招聘。

4. 招聘流程

(1)面试

办公室向初选合格的求职者发面试通知,并要求其面试时提供学历证书、身份证等相关证件的原件。面试由面试小组进行。面试小组一般由以下三方面人员组成:①用人部门分管领导;②办公室分管领导;③资深专业人士。专业技术人才的招聘必须有资深专业人士参加。面试结束后,小组成员讨论对各应聘者的意见并分别将评价结果填写在《应聘人员约谈记录单》(附件一)上,报公司总经理决定是否聘任。当小组成员未能达成一致结论时,提交总经理进行讨论决定。

(2)录用

通过面试的应聘人员应提供三甲医院近____个月以内的体检结果,办公室根据应聘人员的体检结果,对体检合格者发《录取通知书》(附件二)。

(3)报到

被录用员工必须在规定时间内持《录用通知书》上所列资料到公司报到,并填写《员工登记表》。如在发出录用通知 15 日内不能正常报到者,可取消其录用资格。特殊情况经批准后可延期报到。

应聘员工必须保证向公司提供的个人资料真实无误,若一经发现虚报或伪造,公司有权立即将其辞退。

5. 试用

(1)试用的目的在于补救甄选中的偏差。

(2)试用员工上岗,须参加岗前培训,合格后才能上岗。

(3)公司新进员工试用期一般为 2 个月。特殊人才经总经理批准可免于或缩短试用期。

(4)试用期满后,其直接主管部门应在《聘用员工评定表》(附件三)上详细列出考核意见,并明确以下事项后报办公室审核:

①胜任现职，同意聘用；

②不能胜任，予以辞退；

③无法判断，望延长试用期（最多延长3个月）。

(5)试用期间，新员工若有严重违纪行为或能力明显不足者，试用部门书面陈述理由报办公室，经审核后办公室办理辞退手续。

(6)对在工作中表现突出者，可提前聘用。提前聘用需由本人提出书面申请、试用期间的个人工作小结，试用部门负责人与部门分管副总在《聘用员工评定表》上详述考核意见并附上工作业绩材料，经办公室审核，报总经理批准后办理聘用手续。提前聘用必须具备如下条件：

①试用期满____月以上；

②试用期间无迟到、早退、因私外出、事假____日以上记录；

③工作积极主动，工作量饱满，工作实绩显著。

6. 最终聘用

对试用合格者由总经理与其签订聘用合同。从正式聘用之日起办公室依据《薪酬管理制度》，对试用合格者定级定岗。

第六条　特殊人才招聘

1. 对公司急需的特殊人才（如高级技术人才、高级管理人才和高级市场专家），由总经理等直接进行进面试，综合评定。

2. 办公室需不断跟踪专业人才市场情况，建立高级人才信息库，保持与一些特殊人才的联系，当公司需要时，可以通过临时聘请来满足公司的业务需要。

3. 对特殊人才采取特殊薪酬政策。薪酬水平参考职位说明书，与应聘者商定具体数额，经总经理批准后执行。

4. 特殊人才无须经试用期考核，直接由总经理与其签订聘用合同。

第七条　临时用工招聘

1. 临时用工是指因工作需要，确需临时用工的。

2. 临时用工由用人部门根据工作需要报计划至办公室，经办公室审核，报总经理批准后，由办公室负责临时工的招聘。

3. 临时工应聘时需提供应聘工作岗位所需的资格证明、三甲医院近____个月以内的体检结果、工作介绍人的担保证明，并填写《员工登记表》。

4. 临时工的薪酬依据工作岗位性质订立。

5. 工作不满____个月的临时工因违反劳动纪律或贪污、盗窃、营私舞弊等违法行为给公司造成经济损失的，除追究临时工个人责任外，担保人应按公司受损金额的____%予以赔偿。

四、附　　则

第八条　本制度的拟订和修改由公司办公室负责，报公司经理办公会审批后执行。

第九条　本制度由办公室负责解释。

NO. 02 《招聘管理实施细则》

招聘管理实施细则

第1章　总　　则

第1条　目的

为加强人员招聘录用管理，保证公司合理的人才结构和人才储备，为公司经营提供充足、合格的人才资源，特制定本细则。

第2条　管理职责

1. 人力资源部是公司人员招聘录用的归口管理部门，负责制订及实施人员招聘计划、建立人才引进渠道、疏定人才测评机制等工作。

2. 各部门负责本部门人员需求计划的拟订和试用人员的使用、管理及考核工作。

第3条　招聘原则

1. 招聘应由总经理批准，公司统一组织实施，且必须坚持“面向社会，公开招聘，择优录用，宁装毋滥”的原则。

2. 必须严格按岗位聘用条件，在有利于公司工作的前提下，适当考虑受聘者个人的意愿和业务专长，确定受聘者的聘用岗位。

3. 必须根据定编定员的要求，坚持任人唯贤，择优录用。

4. 必须贯彻竞争原则，优胜劣汰。

第2章　招聘计划

第4条　人员需求规划

1. 年度规划

各部门应于每年年底制订下一年度人员需求计划并将其报送人力资源部。人力资源部汇总各部门人员需求计划,根据公司全年的经营目标及人员现状拟定下一年度公司人员规划,报总经理审批同意后每季度遵照执行。

2. 季度规划

因组织工作安排和经营需要无法制订年度人员需求计划的,经人力资源部批准后,可按季度上报员需求计划,即每个季度末报下一季度人员需求计划。人力资源部汇总各部门计划,拟定季度人员需规划,报总经理审批同意后执行。

第5条　临时需求计划

各部门因工作需要或员工临时变动需补充人员时,应提交临时人员需求表,报公司总经理审批同后交人力资源部执行。

第6条　招聘计划

人力资源部根据各部门年度人员规划的阶段性计划,或季度人员规划以及各部门的临时人员需求计划拟订季度人员招聘计划。

第7条　人员招聘计划的内容

1. 需求岗位和人数。

2. 岗位说明,包括岗位职责和要求、到岗日期、岗位级别、薪资水平等。

3. 招聘渠道和时间。

4. 招聘费用预算。

第3章　招聘渠道

第8条　招聘渠道的选择

1. 招聘会招聘:本市人才招聘会、外地人才招聘会和公司专场人才招聘会。

2. 学校招聘:委托学校选拔、学校现场招聘。

3. 委托中介招聘:猎头公司、人才市场、人才中介等。

4. 媒体招聘:报纸、网络、电视、杂志等。

5. 内部招聘:内部员工推荐、内部人员自荐、内部提拔等。

第 9 条　员工举荐

公司欢迎各部门员工举贤荐能，有亲戚关系的应先向人力资源部说明，报总经理办公会讨论决定。凡引荐亲戚而不报备者，一律予以辞退，并追究相关人员的责任。

第 10 条　招聘渠道的开发及维护

人力资源部负责开发及维护招聘渠道，在招聘过程中尽量节约成本，注重建立和维持公司形象，增强招聘的效果。

第 4 章　人员选拔

第 11 条　普通员工

不同类别或级别的职位采用不同的招聘程序。

1. 人员资料的收集

由人力资源部组织，通过招聘渠道收集应聘人员资料。应聘人员资料包括个人简历、各种证书复印件和近期照片等。

2. 资格初审

由人力资源部负责，审查应聘人员的工作经历和各种证件、居住地点等是否符合应聘岗位的要求。

3. 人力资源部面试

面试工作由人力资源部组织和安排，要求应聘人员填写员工应聘登记表，同时全面了解应聘人员的工作、学习经历，家庭情况，性格倾向，个人职业意愿等，并做好详细的面试记录，填写人员面试记录表。

4. 综合素质测试

(1)笔试：由人力资源部和用人部门共同设计，内容涉及逻辑推理、性格测试、专业理论知识等。应聘者应在一定时限内单独完成。

(2)实际操作：主要针对专业技术人员。由人力资源部和用人部门共同组织，根据不同岗位安排不同的实作题，进行现场实际操作测试和评估。

5. 用人部门复试

通过面试和综合素质测试的人员，由用人部门进行复试，全面考察应聘人员的专业技能，以确定是否录用。

6. 资格复审

根据用人部门的复试意见，人力资源部对已决定试用的人员再次进行资格审查。(1)查验应聘人员所提供的学历、资历等证件的真实性。(2)对存有疑点的事项，必要时需进行背景调查。

7. 体检

对决定录用且资格复审合格的人员，由人力资源部安排在指定的医院进行招工体检，特殊岗位须办理健康证。

第 12 条　中层干部

1. 人员资料收集

由人力资源部组织，通过招聘渠道收集应聘人员资料，包括个人简历、各种证书复印件和近期照片等。

2. 资格初审

由人力资源部负责，审查应聘人员的工作经历和各种证件、居住地点等是否符合应聘岗位的要求。

3. 人力资源部面试

由人力资源部组织和安排，全面了解应聘人员的工作、学习经历，家庭情况，性格倾向，个人职业意愿等，并做好详细的面试记录，填写人员面试记录表。

4. 用人部门分管领导面试

一般采用面谈形式，考核内容由分管领导把握，可安排人力资源部相关人员做好面试记录。

5. 综合素质测试

(1)情景模拟：由人力资源部组织，邀请公司领导和其他中层干部参加，利用模拟工作环境的方式测试应聘者的工作技巧等。

(2)现场答辩：由人力资源部组织，邀请公司领导参加，利用提问的方式测试应聘者的应变及口头表达能力等。

(3)心理测试：由人力资源部组织，利用专业的心理特质测量表测量应聘者的心理素质和性格特征等。

6. 总经理复试

一般采用面谈形式，考核内容由总经理把握，可安排人力资源部相关人员做好面试记录。

7. 资格复审

根据用人部门的复试意见，人力资源部应对已决定试用的人员再次进行资格审查。(1)查验应聘人员所提供的学历、资历等证件的真实性。(2)对存有疑点的事项，必要时需进行背景调查。

8. 体检

对决定录用、资格复审合格的人员，由人力资源部安排在指定的医院进行招工体检，特殊岗位须办理健康证。

第13条　测试要求

1. 以上所有测试，相关部门和人员都应做好记录并签署意见。

2. 以上测试程序不适用于后勤保障部门招用清洁工、驾驶员、环卫工人、修理工、食堂工作人员等职位。

第5章　人员录用

第14条　资信调查与体检合格后，人力资源部发放录用通知书。

第15条　人力资源部定期跟踪录用人员在规定时间内到公司人力资源部办理报到手续，同时提前向公司内相关部门发送新员工入职通知书。

第16条　新员工入职须按新员工入职程序办理，各部门应切实履行职责，给新员工更多的关心与指导。

1. 从社会上正式聘用的新员工，凭录用通知书到人力资源部报到。到职当日应提供离职证明(或失业证)，并签订《劳动合同》与《保密协议》。离职证明和失业证均不能提供者，经公司领导同意，给予一个月的宽限期，一个月内未提供证明并且未签订《劳动合同》与《保密协议》的，不予正式录用。

2. 从校园引进的应届毕业生，应提前到公司实习，实习期间享受一定待遇，并签订实习协议，实习期内表现优秀者可签订就业协议。学生毕业且正式报到后可签订《劳动合同》与《保密协议》。

3. 其他兼职员工签订兼职聘用协议。

4. 非本地户籍的销售或工程岗位新员工、签订劳动合同前，需提供担保人；公司本部招聘，需请一位有稳定职业的市户籍人士作担保；异地招聘，需请一位有稳定职业的当地户籍人士作担保。

第17条　劳动合同由《劳动合同》及附件(各项协议书和公司规章制度)组成，

关于劳动合同的具体期限,可根据公司业务需要及岗位性质由公司和员工双方协商确定。确定原则如下:

(1)研发类岗位、劳动合同有效期为3年,试用期为3~6个月;

(2)管理类岗位,劳动合同有效期为3年,试用期为3~6个月;

(3)市场销售、工程类岗位,劳动合同有效期为2年,试用期为2个月;

(4)生产、服务类岗位,劳动合同有效期为1~2年,试用期为1~2个月;

(5)以上试用期均包括在劳动合同期内,新员工试用期满前,公司组织转正答辩考核,员工须通过考核才能转正。

第18条 为帮助新员工适应公司文化、胜任岗位职责,新员工需参加试用期的入职培训:由人力资源部及部门组织的新员工入职系列培训,主要了解公司经营理念、公司产品、公司文化、公司基本制度及本岗位职责和业务知识等。新员工参加培训的情况纳入新员工转正答辩考核项目。

第6章 附 则

第19条 本细则由人力资源部负责解释、补充。

第20条 本细则交总经理办公会讨论通过、经总经理批准后颁布执行。

NO.03 《招聘计划书》

招聘计划书

一、人员需求

本次招聘计划人数为××名,其中:

销售代表××名,要求本科以上学历,35岁以下;软件工程师××名,要求本科以上学历,30岁以下;行政管理人员××名,要求大专以上学历,女性,30岁以下;业务主管×××名,要求硕士研究生学历,具有5年以上管理经历,45岁以下。

二、招聘小组

组长: ×××,公司人力资源部部长。

副组长: ×××,公司综合部部长。

成员: ×××,销售部副部长。

×××,生产部副部长。

×××,行政管理科科长。

三、信息发布渠道班

1. ×××日报;

2. ×××晚报;

3. 本公司网站,网址: ××××。

四、招聘工作方案及时间安排

(一)销售代表

负责人: ×××销售部副部长。

资料筛选: ××月××日。

初试(笔试): ××月××日。

复试(面试): ××月××日。

(二)软件工程师

负责人: ×××生产部副部长。

资料筛选: ××月××日。

初试(笔试): ××月××日。

复试(面试): ××月××日。

(三)行政管理人员

负责人: ×××,行政管理科科长。

资料筛选: 初试(笔试):××月××日。

复试(面试): ××月××日。

(四)业务主管

负责人: ×××,公司人力资源部部长。

资料筛选: ××月××日。

初试(笔试): ××月××日。

复试(面试): ××月××日。

五、费用预算

本次招聘需经费××××元,其中:

广告费用×××元;

招聘人员补助费×××元;

会议费用×××元。

六、时间安排

××月××日:撰写招聘广告;

××月××日:联系刊登广告;

××月××日:接待应聘者;

××月××日:通知应聘者参加笔试;

××月××日:笔试日;

××月××日:通知应聘面试;

××月××日:面试日;

××月××日:发放录用通知;

××月××日:新员工持通知书报到;

××月××日:正式上班。

×××公司人力资源部

××××年××月××日

NO.04 《公司招聘广告》

×××公司招聘广告

为发展我公司的运输业务,我公司现诚聘运输部相关人员。

一、招聘对象

1. 运输部经理1名

招聘条件:运输专业本科以上学历,35岁以下,男性,有3年以上从事运输生产的工作经历,从事铁路运输业务者优先。

2. 运输部副经理1名

招聘条件:运输专业大专以上学历,35岁以下,有3年以上从事运输生产的工作经历。

3. 运输部工作人员3名

招聘条件:专科或者大专学历,30岁以下。

二、报名时间和地点

应聘者请于××××年××月××日前到我公司人力资源部报名。

三、报名应提供的资料

报名者应提供以下资料：

(1)学历证明；

(2)从事运输业务的证明；

(3)身份证；

(4)个人简历。

四、考试安排

在资格审查合格后，应聘人应填写应聘登记表，并于××月××日前寄交我公司人力资源部，逾期视为无效。

人力资源部在3日内向应聘人发出参加考试通知书，并明确考试日期。

考试科目为运输业务、运输法律和公共关系。参考书为×××。

××月××日前向初试合格者发出复试通知书。复试为面试，由公司组织测评，不进行笔试。

五、待遇

应聘者一经录用，即享受我公司员工的同等待遇。

招聘时间：__________

招聘地点：__________

联系电话：__________

联系人：__________

咨询电话：__________

×××公司人力资源部

××××年××月××日

NO. 05　招聘面试考核相关表单

表 1　供参考的面试录用标准

<table>
<tr><td rowspan="12">聘用标准</td><td rowspan="3">工作内容</td><td>1</td><td colspan="6"></td></tr>
<tr><td>2</td><td colspan="6"></td></tr>
<tr><td>3</td><td colspan="6"></td></tr>
<tr><td rowspan="3">工作经验</td><td>1</td><td colspan="6"></td></tr>
<tr><td>2</td><td colspan="6"></td></tr>
<tr><td>3</td><td colspan="6"></td></tr>
<tr><td rowspan="3">专业知识</td><td>1</td><td colspan="6"></td></tr>
<tr><td>2</td><td colspan="6"></td></tr>
<tr><td>3</td><td colspan="6"></td></tr>
<tr><td>语言表达</td><td colspan="3"></td><td colspan="2">性格要求</td><td colspan="2"></td></tr>
<tr><td>开拓能力</td><td colspan="3"></td><td colspan="2">写作能力</td><td colspan="2"></td></tr>
<tr><td>计算机操作</td><td colspan="3"></td><td colspan="2">外语能力</td><td colspan="2"></td></tr>
<tr><td>其他标准</td><td colspan="8"></td></tr>
<tr><td>薪酬标准</td><td>基本工资</td><td colspan="2"></td><td>其他收入</td><td></td><td colspan="2">其他津贴</td><td></td></tr>
</table>

表 2　面试表格设计

<table>
<tr><td>姓名</td><td></td><td>年龄</td><td></td><td>婚否</td><td></td><td>面试职位</td><td></td></tr>
<tr><td>居住地</td><td colspan="4"></td><td>联系方式</td><td colspan="2"></td></tr>
<tr><td>毕业时间</td><td></td><td colspan="2">毕业学校</td><td></td><td>专业</td><td colspan="2"></td></tr>
<tr><td>学历</td><td></td><td colspan="2">期望年薪</td><td></td><td>专长</td><td colspan="2"></td></tr>
<tr><td>应聘岗位</td><td colspan="3"></td><td colspan="2">愿意派往的工作区域</td><td colspan="2"></td></tr>
<tr><td colspan="8">工作经历</td></tr>
<tr><td colspan="8"></td></tr>
<tr><td colspan="4">问题</td><td colspan="2">回答</td><td colspan="2">评价(分数)</td></tr>
<tr><td colspan="4" rowspan="2">1</td><td colspan="2" rowspan="2"></td><td colspan="2">5　4　3　2　1</td></tr>
<tr><td>理由</td><td></td></tr>
<tr><td colspan="4" rowspan="2">2</td><td colspan="2" rowspan="2"></td><td colspan="2">5　4　3　2　1</td></tr>
<tr><td>理由</td><td></td></tr>
<tr><td colspan="4" rowspan="2">3</td><td colspan="2" rowspan="2"></td><td colspan="2">5　4　3　2　1</td></tr>
<tr><td>理由</td><td></td></tr>
<tr><td colspan="4">综合评价：</td><td colspan="2">考官评语：</td><td colspan="2">总分</td></tr>
</table>

表 3　面试题目设计

面试内容设计	考察目标
自我介绍	语言表达能力
介绍教育背景	知识技能水平
以往的工作经历与离职原因	是否能胜任应聘职位以及工作的持久性
应聘本职位的原因，对公司和有关岗位的了解程度	求职动机，工作兴趣，工作的主动性
对薪酬的要求	工作期望值
如果被录用，如何开展工作	工作能力，计划组织能力
对妨碍你完成工作的阻力，你是如何克服的	承受压力的能力
如何在职业和家庭中寻求平衡	个人价值观
如果工作安排与专业不对口，如何处理	应变和适应能力
如何处理部门之间或同事之间的矛盾	协调能力，判断与解决问题的能力
如何评价自己与上级管理层、客户和同事进行交流的能力	团队协作能力，沟通能力

NO.06 《不符合录用条件的具体情形》

不符合录用条件的具体情形(参考)

1. 员工应聘时提供的资料和信息与实际情况不符的;

2. 个人简历、入职登记表所载内容与真实情况不符的;

3. 有吸毒、嫖娼、参加邪教组织等违法行为,或因违法乱纪行为被公安机关等行政执法部门处罚的;

4. 经企业指定医院体检不合格或不具有企业所在行业健康要求者;

5. 隐瞒病史或以欺骗方法,取得体检合格证的;

6. 患有精神病、传染病或任何其他不适合从事企业所在行业的疾病;

7. 亏空、拖欠原单位公款尚未清偿者;

8. 不能提供离职证明者;

9. 与原服务单位签有竞业限制协议,不能在本企业服务者;

10. 不具备政府规定的就业手续者;

11. 曾被本单位开除或未经批准擅自离职者;

12. 判处有期徒刑,尚在服刑者;

13. 通缉在案者;

14. 未满 16 周岁者;

15. 在试用期内有欺骗、隐瞒或任何不诚实行为者;

16. 在试用期内有较重违纪行为者;

17. 岗前培训考核不合格者;

18. 工作能力、工作态度不符合岗位要求;

19. 累计缺勤达到 15 个工作日的;

20. 试用期工作目标无法完成者;

21. 试用期评估考核未能通过者;

22. 未能通过业务准则或行为准则考核的;

23. 员工入职后 1 个月内仍未提供公司要求的入职文件或无法办理规定的入职手续的;

24. 不符合双方约定的其他录用条件的。

NO. 07 《员工录用通知书》

(一)

×××××××有限公司

员工录用通知书

________先生/小姐:您好!

您诚意应聘本公司________职位,经初审合格,依本公司员工录用管理规定给予录取,竭诚欢迎您加入本公司行列。请于________年____月____日____时前回复是否愿意入职本公司。逾期不回复的,本通知书自动失效。如同意,请于________年____月____日持本通知书,并携带下列材料,到本公司人力资源部报到。逾期不报到或者您的体检不合格的,本通知书亦自动失效。

有关报到事项如下,敬请参照办理。

1. 报到日期:____。

2. 报到地点:____。

3. 携带资料:

(1)录用通知书;

(2)居民身份证(影印后退还);

(3)学历证明正本(影印后退还);

(4)职称证(有职称者);

(5)婚姻状况证明、计划生育证明、独生子女证的复印件;

(6)体检表或身体健康证明表;

(7)最近3个月内正面半身1寸照片4张;

(8)待业证或原工作单位终止劳动合同的证明;

(9)派出所出具的无犯罪证明;

(10)其他经指定应交的文件。

4. 按本公司之规定新进员工,必须先行试用____个月,试用薪资____元/月。福利包括________。公司根据国家和____________省(市)有关规定为您购买社会保险，其中个人承担部分已包含在您的税前工资中，由您个人负担，由单位代缴。试用期满且考核合格后，给予转正。最终录用以您和公司订立的《劳动合同》为准。

5. 我们诚挚地欢迎您到本公司工作。报到时，公司将安排入职培训，包括让您知道本公司相关的规章制度、福利、人事、公司概况及其他应注意事项，使您在本公司工作顺利。

6. 前列事项若有疑问或困难，请与本公司行政人事部联系，联系电话：________。

________有限公司

行政人事部

________年____月____日

(二)

公司录用通知书模版

________先生/女士：

非常荣幸地通知您，由于您出众的专业能力和优秀的综合素质，已经通过公司的面试考核，成为公司的一员，您将入职公司________部门担任________职位，我们对您加入________大家庭表示热烈的欢迎！

1. 请你于________年____月____日____时，到位于________市________区________路________号________大厦________公司人力资源部办理报到手续。

2. 请您办理入职手续时，提供以下资料，并请保证提供以下资料的真实性和可靠性：

(1) 居民身份证原件，外地户籍还需提供居住证原件；

(2) 最高学历证书及学位证原件；

(3) 专业技术职称证书原件、职业资格证书原件、上岗证书原件；

(4) 前一家公司离职证明原件；

(5) 银行储蓄卡(用于工资发放)；

(6) 最近 3 个月三甲医院体检证明；

(7) 个人近期 1 寸蓝底免冠照 8 张(用于档案资料、工作牌、劳动合同等办理)；

3. 您在公司的薪资福利待遇，将按公司相关制度及岗位薪酬等级标准规定执行。具体薪资金额，由公司财务部另行通知。

4. 该职位试用期为____月，试用期满通过考核合格后转正。

5. 公司提供工作餐和集体宿舍，如需要住宿，请向公司行政部提出住宿申请。

6. 本入职通知有效期截至________年____月____日____时，超过时间未办理报到手续，视为自动放弃。

7. 请将本通知打印出来，并在签名地方签字，报到时请携带该通知作为办理入职手续依据。

8. 如有疑问，请与公司人力资源部________联系，联系电话________________。

________公司人力资源部

________年____月____日

本人确认已收到××公司人力资源部录用通知，并自愿接受录用通知书上提供的职位，同时对录用通知书各条款意思理解清楚无误。

签名：

（签名需与身份证上名字一致）

日期：________年____月____日

NO. 08 《员工入职告知书》

员工入职告知书范本

尊敬的________（先生/女士）：

您好！我们真诚地邀请您于________年____月____日到我公司报到，并按以下内容到人力资源部办理入职手续。有任何工作问题请向您的直接上级或者人力资源部寻求帮助。

1. 职位名称：您的直接上级是________________；电话________________。

2. 合同期限：________年，其中试用期____个月，节假日顺延期限。

3. 薪酬构成："工资＋奖金"。

（1）工资：您的工资为税前人民币________元/月，其中试用期工资________元/月，工资每年支付____个月。

(2)奖金:按公司年度经营情况和公司相关规定和文件执行。

支付工资时,以下款项预先扣除:①社会保险等社会统筹个人交纳部分;②个人所得税;③其他应扣款。

4. 福利待遇:社会保险、员工宿舍、工作餐、国家规定的法定假期等,其他福利待遇参照公司相关文件执行。

入职须知:

1.《入职通知书》的回复:请您收到《入职通知书》后必须于____年____月____日前通过指定电子邮箱或书面形式回复是否接受入职邀请并同意接受以上聘用条件,并能按照入职须知的要求按时到公司人力资源部________报到。逾期未收到您的答复,《入职通知书》失效。

2. 报到递交的材料:请提供与原单位解除劳动合同证明(应届毕业生提供学校派遣证明)、身份证、学历证书、学位证书以及其他资历资格证书原件及复印件、户口簿首页及本人页复印件、照片(要求:一寸、白底、彩色、冲印,二代身份证件照)三张及照片电子版,交人力资源部存档。

3. 劳动合同的签订:自报到之日起一个月内必须到人力资源部处签订劳动合同或聘用协议,逾期不签或不能提供与原单位解除劳动合同证明文件或学校派遣证明,我公司将视为您不愿意或不具备签订劳动合同资格,我公司将与您变更劳动关系或不予录用。

4. 社会保险办理:在您入职转正定级后为您办理____________市社会保险等社会统筹缴纳手续,特殊要求提交说明材料。

5. 工作地点:________________。工作环境:________________。

6. 作息时间的安排:公司上班时间为每周____天,每周工作平均不超过______小时,周____至周____上班。冬季工作时间:________~________,________~________;夏季工作时间:________~________,________~________,周____休息。(注:执行不定时工作制的员工需公司确认后执行)

7. 工资发放:公司采取________银行代发制,每月____日前发放上月工资(工资结算周期为每月____日至次月____日),节假日顺延。工作时间不足一个月按日工资发放。请入职后尽快自行办____________市____________银行卡,并将卡号报人力资源部办理登记备案手续;由于我公司工薪实行保密制度,关于您应聘待遇的信息请勿向他人透露。

8. 入职后请认真学习公司各项规章制度,并请严格遵照执行。

9. 请保证所提供的文件信息完全合法、真实、有效,否则,公司将有权与您解除或终止一切劳动关系。

欢迎您成为我们的新同事！祝愿您与公司的事业共辉煌!

____________有限责任公司(盖章)

________年____月____日

请认真阅读此通知书,并亲笔签名,以便 HR 进行下一步工作。

本人已知悉公司《入职通知书》的内容,并同意上述聘用条件。本人愿意按照公司要求执行,如因本人隐瞒或提供虚假信息引起的纠纷及损失由本人承担全部责任。

本人签字:

身份证号码:

________年____月____日

NO.09 《招聘人员信息登记表》

招聘人员信息登记

应聘岗位:　　　　　　　　　　　　　　　　　　　　　　　　填表时间:

1. 基本情况							
姓名		曾用名		性别		民族	
出生年月		婚否		学历		职称	
身高		体重		血型		健康状况	
外语水平		语种		计算机水平		种类	
户口所在地				身份证号码			
现家庭住址				邮编		手机	
现工作地址				电子邮箱		固话	
政治面貌		紧急联系人			电话		

续表

声明：本人确认上表的本人联系地址和紧急联系人的联系地址为送达地址，如未填写的以身份证载明住址为送达地址，同意公司以快递等形式寄送文件或物品等，自寄送之日起第 4 日视为送达之日。如果联系方式发生变更，应当于 3 日内通知公司，否则因此产生的一切不利后果自行承担。

爱好特长			
有无亲友在本公司工作	□是　　□否	亲友姓名	
何处了解我公司	□网站　□报刊　□业务接触　□朋友　□其他________		

2. 工作经历（最近三份）

起止时间	公司名称	职位	薪资	离职原因	证明人电话

3. 教育、培训背景（请由近至远填写）

起止时间	学校名称	专业	获得学历	获得方式（统招/自考等）

4. 家庭成员

姓名	关系	工作单位、职务	联系电话	

5. 其他事项

薪资与福利状况

· 目前状况

应发薪酬：________　年终奖：________　福利及社保、公积金状况：________

· 期望项目

期望薪酬：________　期望年终奖：________　期望社保福利：________

您能否服从下列工作安排？（请在□内画√）

· 能否从事频繁出差的工作？

能□　　否□　　考虑□请详细描述：

续表

· 能否根据公司工作需要进行加班？ 能□　　否□　　考虑□请详细描述：
6. 其他声明？　（请填写"是"或"否"）
(1)是否有过以下疾病：(请在□内画√) 心血管疾病(如急性心功能不全/感染性心内膜炎/心脏病等)有□　没有□具体情况为： 呼吸道疾病(如支气管炎/肺结核/肺肿瘤等)　有□　没有□具体情况为： 血液系统疾病(白血病/血友病/恶性淋巴瘤等)　有□　没有□具体情况为： 内分泌及代谢性疾病(糖尿病/下丘脑疾病/白血症等)　有□　没有□具体情况为： 风湿病(类风湿性关节炎/红斑狼疮/血清病等)　有□　没有□具体情况为： 皮肤病(传染性红斑/感染性皮肤病/麻风病等)　有□　没有□具体情况为： 其他严重疾病或进行过手术　有□　没有□具体情况为：
(2)有过被开除或违纪的经历吗？(请在□内画√)有□　没有□具体情况为：
(3)有签订竞业协议或者保密协议记录吗？(请在□内画√)有□　没有□具体情况为： 声明：本人声明自己与原用人单位无保密协议或竞业限制协议，如侵犯原用人单位商业秘密等权利，一切不利后果自行承担。
(4)仍与其他单位存在劳动关系吗？(请在□内画√)有□　没有□具体情况为： 声明：本人与任何单位不存在劳动关系，如因本人与原单位未解除劳动关系使公司承担相关责任的，公司对本人有追偿的权利。

我谨此声明以上所述都准确无误，没有隐瞒任何资料。我也同意并接受在我受聘用后，如有虚假及不实信息，一经发现，企业有权予以处罚，包括解除劳动合同。同时我同意医生或医院可向企业披露任何有关我的病情病史。

签名：________　日期：________

NO.10 《劳动合同》

（一）完整版劳动合同

劳动合同书

甲方(公司)：______________________

地址：______________________

法定代表人：______________________

乙方(员工)：______________________

身份证号码/护照号码：______________________

住址：______________________

邮编：______________________

联系电话：______________________

甲、乙双方就建立劳动关系及其权利义务等事宜，根据《中华人民共和国劳动法》与《中华人民共和国劳动合同法》等有关法律、法规和规章，在甲方已向乙方如实告知涉及劳动合同的有关情况基础上，双方本着合法、公平、平等自愿、协商一致、诚实信用的原则签订本合同，双方承诺共同信守本合同所列各条款。

第1条　合同的前提条件

1.1　甲、乙为本劳动合同的当事人。

1.2　甲方系在中华人民共和国注册的合法用工主体，具有用工资格。

1.3　乙方向甲方保证，在本劳动合同签订之时，与任何第三方不存在劳动关系或雇佣关系，亦非在有关竞业限制期限内，且乙方保证与原用人单位之间没有任何足以影响本合同生效和履行的事宜。

1.4　乙方保证受于甲方后，从事甲方交付的任何工作均不会侵犯此前曾受聘单位的商业秘密及其他合法权益。如有违反，乙方将自行承担相应的法律责任。

第2条　合同期限

2.1　甲、乙双方就合同期限选择以下类劳动合同。

A. 有固定期限合同:本合同期限自________年____月____日起,至________年____月____日止。其中试用期为____个月,自________年____月____日起,至________年____月____日止。

B. 无固定期限合同:本合同期限自________年____月____日起履行,其中试用期为____个月,自________年____月____日起,至________年____月____日止。如终止条件出现,劳动合同即行终止。

C. 以完成一定工作任务为期限的合同:本合同自________年____月____日起履行,至工作完成时止,并以为该工作任务完成并终止合同的标准。

2.2 本合同试用期结束前,乙方未以书面形式通知甲方解除劳动合同的,甲方有义务以口头或书面形式通知乙方有关转正事宜:乙方试用期内不符合有关录用条件的或具有本合同第10.2.5条规定的情形时,甲方可解除劳动合同。

2.3 本合同期满,且不具有法定续签情形的,则本合同即行终止。

2.4 如本合同签订的起始日期与实际用工之日不一致,则甲、乙双方的劳动关系自实际用工之日起建立,劳动合同期与试用期期限亦自实际用工之日起算。

第3条 工作内容及工作地点

3.1 甲方根据生产经营需要,安排乙方在部门从事工作。乙方应履行本岗位的工作职责,按时、按质、按量完成其本职工作。

3.2 乙方的工作地点在________________。随着甲方经营范围的扩大,甲方在与乙方协商一致后,可委派乙方至其他城市工作。

3.3 甲方根据经营需要、乙方工作能力、工作表现及身体状况等因素,可依法合理变更本条中规定的乙方工作部门、工作内容及工作地点。

第4条 工作时间和休息休假

4.1 甲方实行标准工时制,具体工作时间由甲方制定或变更。每天的劳动时间不包括午餐及休息时间。

4.2 甲方可根据部分岗位特征、业务状况,经劳动行政部门批准,实行不定时工作制或综合计算工时工作制。在本合同期内,乙方所在岗位经劳动行政部门批准实行不定时工作制或综合计算工时工作制,则本合同约定的工作时同自动变更为不定时工作制或综合计算工时工作制。

4.3 甲方可以根据工作需要安排乙方加班,甲方将依法支付超时工作的劳动报酬,或给予调休。加班须根据相关规定办理加班申请手续。

4.4 乙方所在工作岗位申请不定时工作制或综合计算工时工作制后，加班按照相关法律执行。

4.5 乙方享有国家规定的法定节假日和婚假、丧假等假期。

第5条 劳动报酬

5.1 乙方正常出勤并在规定的工作时间内保质保量完成甲方安排的工作任务后，有权获得劳动报酬。

甲方实行岗位绩效工资制度，乙方工资收入 = 岗位工资 + 奖金 + 津贴。甲方根据乙方的工作位和实际技术业务水平，确定乙方的月岗位工资收入标准为____元；乙方奖金与其工作数量、工作质量、服务水平、出勤率等实绩挂钩；津贴按国家和公司的相关规定执行。其中，试用期月工资为____元。

5.2 甲方发薪期为次/当____月____日至____日。甲方有合理解释迟延支付劳动报酬的，不属于拖欠乙方工资。工资支付方式按照甲方规定执行。

5.3 本条第1款所列乙方收入为税前收入，乙方应依法缴纳个人所得税。

5.4 甲方有权根据自身经营状况、经济效益及乙方的业务能力、绩效情况、岗位、地点变化等对乙方的劳动报酬进行合理调整，包括提高或降低，乙方愿意服从甲方的决定。

5.5 奖金、津贴根据甲方内部规章制度执行。甲方有权根据需要制定、修改、完善或废止奖金、津贴制度。

第6条 社会保险及福利待遇

6.1 甲方应按照国家和省（区、市）有关规定，按比例为乙方交纳社会保险和住房公积金，乙方也应当按比例交纳其应承担的部分，并由甲方在工资内代为扣除。乙方保证其将及时向甲方递交办理社会保险和住房公积金的有效凭证，如因乙方迟延递交而造成的任何后果，乙方应承担相应责任。

6.2 乙方因病或非因工负伤期间待遇按法律、法规及相关规定执行。

6.3 乙方因工负伤及女职工孕期、产假和乳假等待遇按法律、法规及相关规定执行。

6.4 甲方将根据公司相关规定，结合乙方的工作岗位、工作地点向乙方支付或调整其他补贴及福利费用。具体标准由甲方制定。

6.5 培训员工、鼓励个人发展是甲方的义务之一，甲方会有计划地为乙方提供职业培训。除各种内部培训活动外，甲方也鼓励乙方自己参加一些外部的培训活动或课程。

如甲方提供专项培训费用对乙方进行专业技术培训的，则双方约定服务期至少一个月。在服务期内，如乙方提出辞职或因过失被甲方解除劳动合同，乙方向甲方支付违约金。

服务期违约金=（应服务月数-已服务月数）/应服务月数×培训费总额

如甲、乙双方另行签订培训协议的，该协议为本合同附件。存在冲突之处以另行签订的培训协议为准。

6.6 甲方可根据自身经营状况、经济效益等相应调整乙方的各项福利待遇。

第7条 劳动保护、劳动条件和职业病防护

7.1 甲方为乙方提供符合国家规定的劳动安全卫生标准的工作环境，确保乙方在人身安全及人体不受危害的环境条件下从事工作。

7.2 甲方根据乙方岗位实际情况，按照国家有关规定向乙方提供必要的劳动防护用品。

7.3 甲方将按照国家及当地政府的相关规定，积极采取职业病防护措施，确保乙方的人身安全。

第8条 劳动纪律

8.1 甲方有权在不与法律法规相抵触的情况下，遵循民主原则，制定员工手册及其他各项规章制度。甲方依据前述制度对乙方进行劳动纪律的日常管理。乙方应严格遵守甲方制定的前述制度，否则甲方可根据单位规章制度，给予相应的处分。

8.2 甲方制定的各项规章制度将及时予以公示。甲方要求乙方认真阅读相关内容，以保证及时了解掌握甲方的各项信息。如乙方因不在公司而无法阅览，甲方要求乙方在返回公司出勤后的一周之内及时进行阅览。如出现因乙方未能及时阅览上述信息而造成的后果，由乙方承担一切责任。

8.3 在履行本合同期间，甲方可以对其员工手册及其他各项规章制度进行修订，或者制定新的规章制度。如果原规章制度与甲方新的制度不一致，乙方同意按照甲方新的规章制度执行。

8.4 乙方要妥善保管甲方财物，乙方因任何原因离职时，均须归还甲方财物，包括但不限于电脑、软件、光盘、技术文档等。如乙方疏忽丢失或蓄意损坏，应予赔偿。

8.5 乙方保证其向甲方提供的所有信息、资料、证明等均属真实、有效，并承担相应责任。

8.6　乙方因尚未与原用人单位解除或终止劳动合同关系而致甲方损失的，应予赔偿。

第9条　保密及知识产权归属

9.1　甲、乙双方确认，乙方履行工作职责时会接触到甲方的商业秘密及与知识产权相关的保密事项，前述事项均属于甲方的财产和权利，乙方负有当然的保密义务。

9.2　从本合同生效之日起，乙方必须遵守甲方的任何保密规章、制度，履行与其工作岗位相应的保密职责。未经甲方书面同意或非为履行本合同项下的职责和义务，乙方不得向任何第三方（包括不得知悉该项秘密的甲方其他员工）泄露甲方的任何商业秘密。

9.3　甲、乙双方确认乙方因职务上的需要所持有或保管的一切记录甲方秘密信息的任何形式的载体，均归甲方所有。

9.4　乙方在甲方任职期间，因履行甲方交付的工作任务或主要利用甲方的物质和技术条件、业务信息等完成的发明创造、计算机软件、技术秘密、著作权等，其相关的知识产权归属于甲方（属于乙方的身份性权利除外）。

9.5　乙方保证，正确使用并妥善保管属于甲方或者虽属于他人但甲方承诺有保密义务的秘密信息，不得利用前述信息为自己或任何第三方牟利。除履行职务外，乙方承诺其在职期间及离职后，未经甲方书面授权，不得以泄露、告知、公布、发布、出版、传授、转让或者其他任何方式使任何第三方知悉属于甲方或者虽属于他人但甲方承诺有保密义务的秘密信息，也不得在履行职务之外使用这些秘密信息，直至甲方公布解密或保密信息实际上已经公开。

9.6　甲、乙双方劳动关系解除或终止后，乙方必须将所有机密信息和资料及其复印件返还甲方，并向甲方保证本人不再有任何使用该资料或者信息的权利，并申明已将该资料和信息的所有原件及复印件退还给甲方。如甲方发现乙方未及时归还前述资料，造成甲方损失的，乙方必须承担相应的赔偿责任。

9.7　凡未经甲方书面同意或非为履行本合同项下的职责和义务而以直接或间接、口头或书面等形式提供给第三方涉及保密内容的行为均属泄密，造成甲方损失的，乙方必须承担相应的赔偿责任。

第10条　合同的变更、解除及终止

10.1　劳动合同的变更

10.1.1　本合同订立时所依据的法律、法规、规章或政策规定发生变化，本合同应变更相关内容。

10.1.2　由于不可抗力致使本合同无法履行，经双方协商同意，可以变更合同相关内容。

10.1.3　甲、乙双方协商一致，可以对本合同的部分条款进行变更。

10.1.4　甲方对乙方的工作岗位、工作地点或职务所作的调整，如果双方未签订书面变更合同或协议，且乙方自知道后1个月内未提出书面异议的，视为乙方同意该调整。

10.2　劳动合同的解除

10.2.1　甲、乙双方经协商一致，可以解除本合同。

10.2.2　乙方解除本合同。应当提前30日以书面形式通知甲方，辞职书呈交主管人事部门，双方协商确定乙方最后工作日期。乙方在试用期内辞职的，须提前3日书面通知甲方。

10.2.3　甲方有法律、法规规定的情形的，乙方可解除劳动合同。

10.2.4　有下列情形之一的，甲方可以解除劳动合同，但是应当提前30日以书面形式通知乙方或额外支付乙方1个月工资：

(1)乙方因病或者因工负伤，医疗期满后，不能从事原工作也不能从事由甲方另行安排的工作的；

(2)乙方不能胜任工作，经过培训或者调整工作岗位仍不能胜任工作的；

(3)劳动合同订立时所依据的客观情况发生重大变化，致使原劳动合同无法履行，经双方协商不能就变更劳动合同达成协议的。

10.2.5　有下列情形之一的，甲方可以随时解除劳动合同且不支付经济补偿金，双方依法办理退工手续：

(1)乙方在试用期内被证明不符合录用条件的；

(2)乙方严重违反劳动纪律或甲方规章制度的；

(3)乙方严重失职、营私舞弊给甲方造成重大损害的；

(4)乙方被依法追究刑事责任或被劳动教养的；

(5)乙方被查实在应聘时向甲方提供虚假资料的；

(6)乙方与其他用人单位建立劳动关系，对完成甲方的工作任务造成严重影响或者经甲方提出，拒不改正的；

(7)以欺诈、胁迫的手段或乘人之危，使甲方在违背真实意思的情况下订立劳动合同而致本合同无效的；

(8)法律、法规规定的其他情形。

10.3 有下列情形之一的，劳动合同终止：

(1)劳动合同期满的；

(2)甲方被依法宣告破产的；

(3)甲方决定解散、被吊销营业执照、责令关闭或者被撤销的；

(4)乙方开始依法享受基本养老保险待遇的；

(5)乙方死亡，或被人民法院宣告死亡或者宣告失踪的；

(6)法律、行政法规规定的其他情形的。

10.4 乙方有下列情形之一的，甲方不得依据本合同第10.2.4条的规定解除或终止劳动合同，法律另有规定的从其规定：

(1)乙方从事接触职业病危害作业的，未进行离岗前职业健康检查，或者乙方因疑似职业病在诊断或医学观察期间的；

(2)乙方患职业病或因工负伤并被确认丧失或者部分丧失劳动能力的；

(3)患病或者非因工负伤，在规定的医疗期内的；

(4)女职工在孕期、产期、哺乳期内的；

(5)在甲方连工作满15年，且距法定退休年份不足5年的；

(6)法律、行政法规规定的其他情形。

10.5 解除或终止劳动合同时，甲方如需支付经济补偿金，按照法律法规执行。

10.6 在离职前，乙方应根据甲方的要求配合所在部门及其他部门办理完所有的工作交接手续，包括但不限于：

(1)归还所有代表公司员工身份的证明文件，如工作证、介绍信函、员工信息卡等；

(2)归还所有公司文件资料、录音录像设备、工具、文具、通信设备等；

(3)归还更衣箱、工具箱以及员工保管的所有公司的钥匙；

(4)向公司指派的其他同事交代清楚所有工作；

(5)财务部门结算所有应付款项、应收款项；

(6)其他根据公司规定必须移交的物品。

办理工作交接的程序根据甲方的要求进行。工作交接完毕，由甲方在工作交清单上签字确认。乙方不按规定办理交接手续，造成甲方损失的，甲方有权要求乙方赔偿。

第 11 条　违约及赔偿责任

11.1　在本合同期限内,如乙方接受甲方提供的出资培训,或者约定竞业限制的,依照双方约定办理。乙方违约,应承担违约责任,乙方给甲方造成的损失超过违约金数额的,乙方还应赔偿超过违约金部分的损失。

11.2　甲、乙双方任何一方违反本合同规定,给对方造成损失的,应予赔偿。

11.3　乙方侵占甲方财产给甲方造成损失的,乙方应返还相应财物,并赔偿甲方损失。没有法律规定或合同约定获得甲方利益的,乙方应将所获不当得利返还甲方。

第 12 条　其他事项

12.1　本合同如与现行相关法律、法规、规章不一致,应以相关法律、法规、规章为准。如果相关法律、法规、规章进行变更,应以新的有效的法律、法规、规章为准。

12.2　本合同未尽事宜,双方另有约定的从约定;双方没有约定的,遵照相关法律、法规、规章执行;法律、法规、规章没有规定的,双方应遵循平等自愿。

12.3　因履行本合同产生的争议,甲、乙双方应友好协商,协商不成的,任何一方可向有管辖权的劳动争议仲裁委员会提起劳动仲裁。不服仲裁的,可向人民法院提起诉讼。

12.4　释义:

本合同中所称“法律”“法规”“规章”,若未作特殊说明,系指中华人民共和国及甲方所在地的法律、法规、规章。

本合同中所称“第三方”,若未作特殊说明,系指除甲方、乙方之外的第三方。

12.5　本合同一式两份,经双方签字、盖章后生效,双方各执一份。两份合同具有同等法律效力。

乙方确认:

1. 劳动合同期内,乙方户籍所在地址、现居住地址、联系方式等发生变化,应当在 3 日内及时告知甲方。如乙方以上事项变更事宜,没有及时通知甲方,甲方依此信赖送达法律文书,将视为已经送达。

2. 乙方在签订本劳动合同时,已详细阅看,对合同内容予以全面理解,并已知晓甲方的各类规章制度。规章制度包括但不限于《员工手册》《岗位说明书》等,作为劳动合同的附件,与劳动合同其他附件一起,与劳动合同同等有效。

甲方：　　　　　　　　　　　　　　　　乙方：

法定代表人或授权代理人：

签订日期：________年____月____日　　签订日期：________年____月____日

（二）简明版劳动合同

劳动合同书

甲方（公司）：　　　　　　　　　　　　乙方（员工）：

地址：　　　　　　　　　　　　　　　　身份证号码/护照号码：

邮编：　　　　　　　　　　　　　　　　住址：

法定代表人/主要负责人：　　　　　　　有效联络地址：

联系电话：　　　　　　　　　　　　　　邮编：

　　　　　　　　　　　　　　　　　　　联系电话：

甲乙双方在平等自愿的基础上，按照《中华人民共和国劳动合同法》等法律规定，就甲方招用乙方一事，经协商一致达成本合同，供双方遵照执行。

第一条　劳动合同期限

1. 本劳动合同为（选择其中一项并填写完整）：

A. 有固定期限劳动合同：________年____月____日至________年____月____日。

B. 无固定期限劳动合同，自________年____月____日起。

C. 以完成工作为期限。

2. 本合同包含____个月的试用期（________年____月____日至________年____月____日）。

第二条　工作地点：____。

第三条　工作内容

1. 乙方同意在甲方____________部门（或岗位）担任职务，乙方具体工作内容按照甲方的岗位职责要求执行。

2. 假设因乙方不胜任该工作，甲方可调整乙方的岗位并按调整后的岗位确定一方的薪资待遇；如乙方不同意调整，甲方可以提前30日通知乙方解除劳动合同，经济补偿金按照国家规定发放。

3. 在工作过程中，因乙方存在严重过失或者故意造成甲方损失的，甲方有权向乙方追偿。

第四条 工作时间和休息休假

1. 工作时间：标准工时制，甲方保证乙方每天工作不超过 8 小时，每周工作不超过 40 小时。具体工作时间由甲方根据生产经营需要安排，乙方应当服从。

2. 休息休假：甲方按照国家的规定安排乙方休息休假。

第五条 劳动报酬

1. 乙方月工资标准为人民币________元，其中试用期内工资为人民币________元。

（假设实行计件工资按照以下标准：________）

2. 因生产经营需要，甲方安排乙方延长工作时间或者在休息日或者法定休假日工作的，甲方按国家规定的标准发放加班费。

3. 甲方保证按月发放工资，具体发放日期为____________________________。

第六条 社会保险

1. 甲方按照国家的规定为乙方办理各项社会保险，交纳社会保险费。

2. 依法应由乙方个人负担的社会保险费，甲方从乙方应得工资中扣缴，乙方不得有异议。

第七条 劳动保护、劳动条件和职业危害防护

甲方为乙方提供劳动所必需的工具和场所以及其他劳动条件；保证工作场所符合国家规定的安全生产条件，并依法采取安全防范措施，预防职业病。

第八条 甲方依法制定和完善各项规章制度，乙方应当严格遵守。

第九条 乙方应当保守工作期间知悉甲方的各种商业秘密、知识产权、公司机密等任何不宜对外公开的事项，否则造成甲方损失的，应当承担赔偿责任。

第十条 乙方承诺在签订本协议时，未与其他任何公司保持劳动关系或者签订竞业限制协议。否则给其他公司造成损失的，由乙方单独承担责任，与甲方无关。

第十一条 劳动合同解除或终止

1. 假设乙方需解除劳动合同书，应当提前 30 日以书面的形式通知甲方，书面通知以送达甲方（具体部门、职务）为准。

2. 有关解除或终止劳动合同的事项，按照《劳动合同法》等法律、法规有关规定

执行。

3. 当解除或者终止劳动合同时，乙方应当将正在负责的工作事项以及甲方交付乙方使用的财物与甲方指定的工作人员进行交接。因乙方原因未办理交接造成甲方损失的，由乙方赔偿。

4. 因解除或者终止劳动合同，乙方依法应获得经济补偿金，但乙方未与甲方办理工作交接前，甲方暂不支付经济补偿金。

第十二条 因履行本合同发生的争议，双方本着合理合法、互谅互让的原则协商处理；协商不成的，任何一方可依法向劳动争议仲裁委员会申请仲裁。

第十三条 本合同未约定的事项，按照法律、法规、行政规章以及地方性法规等规定执行。

第十四条 本合同自双方签字或盖章后生效，一式二份，双方各执一份，本合同的任何条款的变更，应当以书面形式经双方签字或者盖章确认。

甲方(盖章或签字)________

乙方(盖章或签字)________

签订日期:________________

NO. 11 《岗位说明书》

岗位说明

一、基本信息			
岗位名称		所属部门	
编写		审核	
审批		批准时间	
二、职责综述或职位目的			

续表

三、工作关系	
内部工作关系	

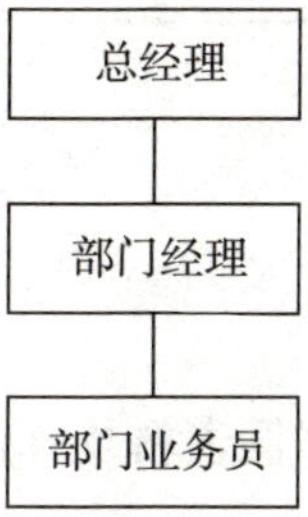

外部工作联系	
与公司内其他部门或岗位联系	(示例:公司各部门)
与公司外的单位或人员联系	(示例:客户)

四、主要工作职责(根据岗位特点制定)	
职责范围	主要工作内容
客户管理	

五、任职要求		
显形素质要素	学历	
	资质	
	相关技能	
	相关工作经验	
隐形素质要素	职业意识	有较强的组织协调能力、执行能力,团队意识较强,善于与人沟通,工作严谨
	职业化行为能力	谈判技巧、沟通技巧
	职业道德与态度	具备良好的职业操守、敬业精神与责任感、团队协作精神

续表

六、工作环境和条件	
工作环境特征	
工作地点特征	出差/派驻/……

NO. 12 《未提供虚假资料及陈述承诺书》

未提供虚假资料及陈述承诺书

本人××(身份证号码:××××××××××××××××××××××),××××年××月××日至××××年××月××日在××公司工作。本人郑重承诺入职审查所提供的材料真实有效,本人未提供虚假资料及陈述。如有不实之处,本人愿负相关的法律责任,××公司可解除/终止劳动关系。

特此声明!

承诺人:

××××年××月××日

NO. 13 《非全日制用工招聘管理办法》

某报社非全日制用工招聘管理办法

第一章 总 则

第1条 为规范本报社非全日制用工管理工作,制定本办法。

第二章 用人岗位和应聘者条件

第2条 报纸的征订、投递岗位招聘人员时,实行非全日制用工。

第3条 非全日制用工应聘人员必须符合国家规定的劳动年龄,即年满18周岁,身体健康,能胜任报纸征订、投递工作。

第4条 非全日制劳动合同期限为1年,不约定员工试用期。

第5条 签订非全日制用工合同人员可以与报社以外的用人单位订立劳动合同,但是不得影响与报社订立的劳动合同的履行。

第6条 签订非全日制用工合同人员可以与报社以外的用人单位订立劳动合同,但不得影响与报社订立的劳动合同的履行。

第7条 非全日制用工每季度办理1次。

第三章 招聘工作流程

第8条 提出和报批招聘申请

8.1. 发行站长口头征求征投管理部主任的意见,征投管理部主任同意后,以征投管理部名义提出用工申请,用工申请要写明当次计划招聘人数和拟招聘人员名单;

8.2. 将招聘申请报主管发行的社领导初审,同意并签字后,报主管人力资源的社领导审核批准;

8.3. 交人力资源部执行。

第9条 考核和确定拟聘人选

9.1. 人力资源部向征投管理部书面批复招聘申请;

9.2. 人力资源部指导发行站对拟聘用人员进行聘前考核;

9.3. 人力资源部汇总考核情况,与征投管理部、主管发行的社领导沟通,对每名考核对象做出是否聘用的初步意见;

9.4. 将拟聘人选提交主要领导审定。

第10条 签订劳动合同

10.1. 人力资源部向征投管理部通报拟聘人选审定结果;

10.2. 征投管理部安排发行站内勤引导拟聘人员到人力资源部签订劳动合同。签订合同时,需携带下列资料:个人简历;近期照片;身份证复印件;学历证明复印件;户口本复印件;体检表;受聘岗位可能会接触报纸征订款的,入职时需交纳预收报款300元,离职时返还。

第11条 组织员工入职

11.1. 发行站长负责与入职员工谈话,明确工作职责和工作任务,提出希望和要求;

11.2. 发行站内勤登记入职人员资料;

11.3. 领取报社制度，视情况进行岗前培训，岗前培训工作由人力资源部会同征投管理部共同进行；

11.4. 劳动合同自签订之日起3日内，由人力资源部办理劳动合同备案。

第四章 劳动合同中应特别注明的事项

第12条 必须注明劳动岗位。劳动岗位统一填写为________。

第13条 必须注明工作任务。

第14条 必须注明劳动报酬

14.1. 注明工资标准。完成最低任务，达到市最低工资标准。

14.2. 注明工资发放周期：工资发放周期为半个月，每月分月中、月末两次发放，月中发放时包括前半个月的投递工资和征订提成，月末除发放后半个月的投递工资和征订提成外，还兑现征订奖励。

14.3. 注明社会保险责任：报社不承担非全日制用工人员的社会保险。

14.4. 注明如终止用工报社不支付经济补偿。

第15条 必须要求受聘员工接受报社管理，遵守报社规章制度，在履行劳动合同时给报社造成损失的，应根据损失情况和责任予以赔偿。

第16条 必须注明：受聘员工在受聘期间如不接受报社管理、不遵守报社规章制度、给报社造成较大损失，或连续3个月不能完成最低任务，报社有权随时解除合同。

第五章 合同终止和续聘

第17条 人力资源部负责监测受聘员工劳动合同到期情况，受聘人员劳动合同期满前1个月，人力资源部向征投管理部提供合同到期人员名单，由征投管理部指导发行站在合同到期前对要求续聘的人员进行考核，提出是否续聘的意见。符合续聘条件同意续聘的，报主管发行的社领导批准，即可由人力资源部与受聘者签订续聘合同。本人不再要求续聘或经考核不合格不符合续聘条件的，不再续聘。

第18条 终止合同、解除合同或签订续聘合同的，需在终止、解除、续聘手续办理起3日内由人力资源部统一进行劳动备案。

第19条 任何一方在合同期内因解除或终止非全日制工劳动合同而发生争议时，按国家和当地政府的有关规定办理。

NO. 14 《外国人就业申请表》

外国人就业申请表

Application Form for Foreigner's Employment in China

申办单位全称： Full name of employer：			照片 Photo
聘用单位地址： Business address：			
中文名： Name in Chinese：			
外文名： Name in native language：			
国籍： Nationality：		性别： Sex：	
出生日期和地点： Date and place of birth：			
受聘职务： Position：		聘用期限至：________年____月____日 Duration of employment：________ YY ____ MM ____ DD	
文化程度： Education：	婚姻状况： Marital Status：	健康状况： Health condition：	
有否在中国就业的经历： Worked in China before：			
来中国前从事的职业： The previous profession before coming to China：			
法定代表人姓名： Name of the Employer：			
联系人： Contact：	联系电话： Contacting phone number：	邮编： Zip code：	

续表

<table>
<tr><td>申办单位：
Applied by：
（公章）
（seal）</td><td colspan="2">行业主管部门：
Authority：
（公章）
（seal）</td><td>审批机关：
Approved by：
（公章）
（seal）
年 月 日
YY MM DD</td></tr>
<tr><td colspan="2">就业许可证号码：
Employment License No.</td><td colspan="2">有效期：年 月 日
Valid until YY MM DD</td></tr>
<tr><td colspan="2">说明：
1. 本表用钢笔中文填写（外文名按护照写）。
2. 表中“审批机关”“就业许可证号码”“有效期限”三栏由审批机关填写，申办单位不要填写。
3. 无行业主管部门的单位，只须加盖申办单位公章。
4. 本表不能复印。</td><td colspan="2">Further explanations：
1. This form should be filled in Chinese with fountain pen（English name must be filled according to the passprot）.
2. “Approved by”，“Employment License No.”，and “Valid until” MUST be filled by the approval Organization.
3. For those employers that has no “Authority”，only the “Applied by” part should be sealed.
4. This form could not be photocopied.</td></tr>
<tr><td colspan="2">受理日期：
Acceptdate：</td><td colspan="2">承办人：
Undertaker：</td></tr>
</table>

NO. 15 《实习协议》

实 习 协 议

甲方（实习基地）：

地址：

经济类型：　　　　　　　　　　法定代表人：

乙方（实习生）：　　　　　　　　学历：

所属（毕业）院校：　　　　　　　专业：

毕业时间：　　　　　　　　　　联系电话：

身份证号码：

现地址：

为明确甲、乙双方实习期间的权利和义务，根据国家有关法律、法规，本着平等自愿的原则，经甲乙双方协商一致，签订本协议。

第一条 乙方自愿到甲方实习，并承诺实习期间自觉遵守国家的法律法规，遵守甲方的各项规章制度，服从甲方的日常管理。

第二条 甲方将根据相关的法律法规及本单位的规章制度和生产经营的实际需要，并结合乙方的实际情况为乙方合理安排实习岗位及实习工作时间。

第三条 乙方在甲方的实习时间为____个月，即自________年____月____日起至________年____月____日止。

第四条 甲方安排乙方到________部门，从事________工作。

第五条 实习期待遇

1. 甲方依其规章制度对乙方的实习进行考核评价，乙方按照实习计划或甲方规定完成实习内容的，甲方给予乙方实习补贴，补贴标准为____________，乙方因故缺勤，按所缺天数扣减相应的实习补助。

2. 在实习期间，乙方不享受甲方员工依据《劳动合同》和甲方规章制度所享受的福利待遇。

第六条 乙方在实习期间应遵守以下规定

1. 遵守甲方各项的工作纪律及管理制度，按照甲方的安排开展实习期的工作；

2. 服从甲方对其实习指导人员的安排，尊重并虚心接受实习指导人员的业务指导及日常管理，努力学习；

3. 与甲方员工融洽相处，爱护甲方财产，保守甲方的技术和商业机密；

4. 如因乙方个人的过错给甲方造成财产损失或是泄露技术秘密和商业机密而给甲方造成技术和商业利益损害，则乙方应承担相应的责任。

第七条 实习期间甲方应遵守以下规定

1. 甲方应对乙方进行劳动安全培训，包括但不限于工作纪律、安全责任、工作注意事项等。并为乙方提供国家规定的安全卫生的工作环境，保证乙方的人身安全，因乙方原因造成的安全事故责任由乙方承担。如乙方在实习期间发生意外，均由乙方自行承担。

2. 甲方可以根据需要，调配乙方从事不同的实习岗位；如乙方由于个人能力和身体原因,不能参加正常的实习活动,或拒不服从甲方工作安排、工作要求或各项规章制度,甲方有权提前终止乙方实习活动并解除本协议。

3. 甲方应安排专门的指导人员对乙方进行技术指导和日常管理,并结合实际情况,为乙方提供学习专业知识、从事专业实践活动的机会,并委派有关人员进行指导。

4. 实习期结束时,根据需要和现实表现,为乙方提供一份客观公正的实习鉴定。

第八条 协议解除

1. 甲乙双方协商一致本协议可以解除。如乙方欲提前解除本协议,应提前 7 日以书面形式向甲方告知原因,经甲方同意并在完成工作交接后方可与甲方终止实习合同,否则,乙方应赔偿由此给甲方造成的损失。

2. 乙方如有违法行为、严重违反劳动纪律或甲方规章制度的解除本协议。

3. 实习期间,甲方如发现乙方不符合实习要求或者不能胜任实习工作,可向乙方提出解除实习协议,在支付给乙方生活补贴并履行相关手续后,解除本协议。

4. 如果乙方实习或者工作中不能与同事和睦相处、作风散漫等由于乙方自身的原因,并影响到工作的开展等情况,甲方有权解除协议。给造成甲方损失的,乙方承担赔偿责任。

5. 实习期满,实习协议自动解除,如用人单位欲招收乙方为正式工作人员,则应按《劳动法》有关规定为其办理就业手续,签订新的劳动合同。

6. 其他根据法律规定和本协议约定可以解除的。

第九条 其他事项

1. 甲、乙双方充分理解本协议下所建立的实习关系,不构成劳动合同关系。

2. 实习期间,乙方在履行工作职责中或利用甲方的资源所取得的知识产权成果,权益归甲方所有。

3. 根据本协议约定乙方承担的责任,并不免除乙方根据法律应向甲方承担的责任。

4. 本协议未尽事宜由甲乙双方另行协商。因本协议而引起的纠纷,双方友好协商解决,协商不能的,任何一方可向甲方所在地人民法院提起诉讼。

双方自愿协商一致的其他事项:

甲方出现岗位空缺或新增岗位等情况,同等条件下,应给予优先录用实习生的条件。

第十条 法律效力

本协议经甲乙双方签字盖章后生效，协议文本一式二份，甲、乙双方各执一份。

甲方（盖章） 乙方（签字）

代表人（委托授权人）：

________年____月____日 ________年____月____日

NO.16 《劳动雇佣协议书》

劳务雇佣协议书

甲方：____________有限公司，法定代表人：________，住所地：____________

乙方：________，性别：____，出生日期：________年____月____日，居民身份证号码：____________，家庭住址：________________

鉴于甲方业务发展的需要，雇佣乙方为____________有限公司提供劳务服务，经双方协商订立正式《劳务雇佣合同书》如下：

一、合 同 期 限

第一条 本合同于________年____月____日生效，期限____年，其中试用期至________年____月____日止。

如双方需要，可在合同期满前一个月协商续签劳务雇佣合同。如合同期已满，双方不再续签合同，但受雇方从事的有关工作和业务尚未结束，则合同应顺延至有关工作业务结束。

二、甲、乙双方的义务和责任

第二条 乙方同意根据甲方工作需要，承担____________岗位（工种）工作。

第三条 乙方工作应达到甲方规定该岗位职责的要求和甲方对该岗位之特别规定（详见《岗位责任书》）的标准。

第四条 乙方每周工作时间为____天，每天工作____小时；乙方应按照工作职责保证完成甲方规定的工作和任务。

第五条 乙方应接受甲方的绩效考核。

第六条 未经甲方许可，乙方不得承接与乙方职责相关的个人业务。

第七条 甲方应向乙方提供乙方所承担工作中必需的工作条件。

第八条 乙方应严格遵守本合同的附加条款。

三、劳 务 报 酬

第九条 甲方每月 11 日前以货币形式支付乙方劳务报酬，标准为________元/月或按董事会拟定的标准额执行。

乙方在试用期间的劳务报酬为转正后的 80% 或双方约定。甲乙双方对劳务报酬的其他约定____________，甲方在以下情况有权扣除乙方相应额度的劳务报酬：

(1)因乙方的过失给甲方造成经济损失的；

(2)乙方违反公司管理制度的；

(3)双方约定的其他情况。

四、合同的终止与解除

第十条 合同期满如未续签，则视为《劳务雇佣合同书》自行终止，双方应及时办理相关手续。

第十一条 经甲乙双方协商一致，本合同可以解除。

第十二条 乙方有下列情形之一，甲方可以解除本合同：

(1)在试用期间被证明不符合录用条件的；

(2)严重违反甲方有关规定及按照本合同约定可以解除劳务合同的；

(3)严重失职，营私舞弊，对甲方利益造成重大损害的；

(4)被依法追究刑事责任的。

五、双方约定的其他内容

第十三条 甲乙双方约定本合同增加以下内容：

(1)乙方有义务向甲方提供真实的个人信息与相关证明，并如实填写《劳务人员登记表》，否则甲方有权随时解除本合同，并且不给予任何经济补偿。

(2)甲方有权对公司的有关规定进行修改、完善。修改后的内容对本合同具有同等效力。

(3)甲方可以在合同有效期内，根据需要调整乙方的岗位职责和工作范围，劳务报酬等事项也将作出相应调整。乙方愿意服从甲方的安排。

(4)乙方在合同期内承担的甲方工程项目中的工作及责任的,在该项目未结束前,乙方不得未经甲方同意擅自离职。

(5)甲方将定期或不定期对乙方进行工作绩效考核,考核不合格者,甲方有权解除或终止本合同。

(6)本合同到解除日期时,乙方应按照《________________有限公司员工手册》中的离职制度办理离职手续,否则甲方有权扣除或拒绝支付乙方劳务报酬。

第十四条 本合同的附件如下:

附件一:《保密协议》;

附件二:《岗位职责书》;

附件三:甲方制定的《员工手册》及有关规定。

第十五条 本合同一式两份,甲乙双方各执一份。

甲方(盖章):____________　　乙方(签字):____________

法人或委托代理人

签字或盖章:____________　　签订日期:____________

后　　记

2007年秋，我与导师颜运秋教授合著《劳动合同争议处理程序》一书，在法律出版社出版，其时《劳动合同法》草案已经公布，但未正式施行，我硕士快要毕业，即将投身律师行业，开始我漫长的律师生涯。我当时并没有想到，我会在今后的工作中与劳动法结下如此深刻而难解的缘分。

2008年我开始从事律师工作，服务了数十家大中型企业，这些企业管理的劳动者达数万人之多。我因此接触了许多的劳动争议案件，还有更多的咨询，也深深感受到劳动合同法对于中国的意义。它对于劳动者倾斜性的权利保护，让用人单位感到压力巨大。我也因此认识了不少HR朋友，他们在处理劳动关系过程中的酸甜苦辣，我都感同身受。我想写一本书，把我在从业过程中碰到过的劳动争议风险故事告诉他们，让他们能够及时规避这些风险。

在法律出版社朱海波编辑的帮助下，我超出预期地实现了这个梦想。他建议我分"入职""在职"和"离职"各编写一本书，要系统地讲述劳动关系管理全过程中的法律知识，描述潜藏的法律风险和解决方法，以便HR能够更为深刻地理解这个领域的劳动法律知识。我欣然接受了他的建议和任务，这三本书于是得以面世，呈现在你们面前。

2007年编写《劳动合同争议处理程序》时，我并无实务经验，导致这本书理论偏多，实用性不足，显得较为粗糙，我内心颇为不安，觉得对不住读者。15年过去了，我也已经在这个领域执业十余年，对相关的主题有了更深的体会，但愿这三本书比2007年那本能够好一些，同时希望它们能为HR们及相关从业人员提供一些帮助，这样我才会觉得这个工作是对我15年前粗糙写作的一些补救，至少让我觉得心安一点。

感谢朱海波编辑，您的构思和后期的诸多帮助使这三本书得以顺利付梓出版。感谢我的合作编写者郑孟孟、池翔、黄俞欣、封温馨、刘诗瑾，你们为这三本书的编写辛勤工作,克服不少困难,你们的努力使我们团队如期完成了这个工作,你们出色的表现让我颇感欣慰。

周晓明

2023 年 1 月于广州